O ENEAGRAMA
As nove faces da alma

Dados Internacionais de Catalogação na Publicação (CIP)
(Câmara Brasileira do Livro, SP, Brasil)

Rohr, Richard.
  O eneagrama : as nove faces da alma / Richard Rohr, Andreas Ebert; tradução de Edgar Orth. 17. ed. Petrópolis, RJ : Vozes, 2013.

  10ª reimpressão, 2023.

  ISBN 978-85-326-0887-1

  1. Eneagrama 2. Vida espiritual – Autores católicos I. Ebert. Andreas. II. Título.

92-3038   CDD-248.2

Índices para catálogo sistemático:
1. Experiência religiosa : Cristianismo   248.2

Richard Rohr
Andreas Ebert

O ENEAGRAMA
As nove faces da alma

Tradução de Edgar Orth

EDITORA
VOZES

Petrópolis

© 1989, Claudius Verlag München

Tradução realizada a partir do original em alemão intitulado
Das Enneagramm. Die 9 Gesichter der Seele

Direitos de publicação em língua portuguesa – Brasil:
1993, Editora Vozes Ltda.
Rua Frei Luís, 100
25689-900 Petrópolis, RJ
www.vozes.com.br
Brasil

Todos os direitos reservados. Nenhuma parte desta obra poderá ser reproduzida ou transmitida por qualquer forma e/ou quaisquer meios (eletrônico ou mecânico, incluindo fotocópia e gravação) ou arquivada em qualquer sistema ou banco de dados sem permissão escrita da editora.

CONSELHO EDITORIAL

Diretor
Volney J. Berkenbrock

Editores
Aline dos Santos Carneiro
Edrian Josué Pasini
Marilac Loraine Oleniki
Welder Lancieri Marchini

Conselheiros
Elói Dionísio Piva
Francisco Morás
Gilberto Gonçalves Garcia
Ludovico Garmus
Teobaldo Heidemann

Secretário executivo
Leonardo A.R.T. dos Santos

Editoração: Lúcia Matilde Endlich Orth
Diagramação: Sheilandre Desenv. Gráfico

ISBN 978-85-326-0887-1 (Brasil)
ISBN 3-532-62088-X (Alemanha)

Este livro foi composto e impresso pela Editora Vozes Ltda.

Caríssimos, agora somos filhos de Deus, embora ainda não se haja manifestado o que havemos de ser. Sabemos que, quando Ele aparecer, seremos semelhantes a Ele, porque o veremos tal qual Ele é.

1 Jo 3,2

Certa vez, um macaco viu, através do vidro de uma garrafa, que havia no interior dela uma cereja; quis roubá-la. Meteu a mão aberta através do gargalo, apanhou a cereja e fechou a mão em torno dela; mas, assim, não conseguiu retirar a mão. Nisto surge o caçador que havia preparado a armadilha. O macaco ficou tão atrapalhado com a garrafa que não conseguiu fugir e foi capturado. "Ao menos tenho ainda a cereja na mão", pensou o macaco. Neste instante, porém, o caçador deu forte pancada no cotovelo do macaco de forma que a mão se abriu e saiu da garrafa. E, assim, o caçador ficou com a fruta, a garrafa e o macaco.

Do livro de Amu darja (Sufismo)

Quando não mais figuras e números
Forem a chave de todas as criaturas
Quando souberem cantar e beijar
Mais do que sabem os doutos homens,
Quando o mundo se voltar de novo
Para a vida livre que nele existia,
Quando sombra e luz outra vez
Juntarem sua força em pura claridade,
E quando a história universal tiver
A verdade narrada em verso e prosa,
Então o falso ente fulgirá apressado
Diante da única palavra secreta.

Novalis

Às nossas mães
ELEANORE DREILING-ROHR
RENATE APFELGRÜN-MAYR

Sumário

Prefácio – Um espelho da alma, 9

Parte I – O gigante adormecido, 17
Uma tipologia dinâmica, 19

Parte II – Os nove tipos, 53
Tipo Um, 55
Tipo Dois, 73
Tipo Três, 93
Tipo Quatro, 111
Tipo Cinco, 130
Tipo Seis, 148
Tipo Sete, 166
Tipo Oito, 184
Tipo Nove, 202

Parte III – Dimensões profundas, 221
Conversão e nova orientação, 223
"O arrependimento de que ninguém se arrepende" – Meditação de Dieter Koller, 286

Índice, 303

Prefácio
UM ESPELHO DA ALMA

Este livro tem uma história inusitada. Quando, há quatro anos, visitei Richard Rohr que, na época, era dirigente da comunidade familiar de *New Jerusalem*, em Cincinnati/Ohio (EUA), ele introduziu-me, pela primeira vez, no eneagrama – um meio de autoconhecimento e de acompanhamento espiritual de outras pessoas, já muito antigo, mas só descoberto pelo Ocidente há pouco tempo. Usava-o no campo pastoral em sua comunidade. Havia ainda pouca literatura sobre o eneagrama.

No verão de 1988 tive oportunidade de participar de um seminário de vários dias sobre o eneagrama, realizado no novo lugar de trabalho de Richard Rohr, no Centro de Ação e Contemplação, em Albuquerque/Novo México. Neste meio-tempo a situação nos Estados Unidos havia mudado muito. Desde meados dos anos de 1980 foram sendo publicados muitos livros sobre o eneagrama. Inúmeros psicólogos e teólogos acham que o eneagrama é instrumento precioso de ajuda às pessoas em seu caminho de crescimento espiritual e psíquico.

Após meu regresso dos Estados Unidos fiquei indeciso entre traduzir algum livro já publicado sobre o assunto ou organizar o que Richard Rohr havia dito no seminário e que fora gravado em fita. Por várias razões, escolhi a última alternativa. Richard Rohr já era conhecido do público de língua alemã por seus livros *Der wilde Mann* e *Der nackte Gott*. Sua maneira nem sempre sistemática, e por isso mesmo mais viva, mas também às vezes relaxada, de comunicação oral, facilita o eneagrama que por longo tempo foi transmitido exclusivamente por via oral, talvez de forma mais acertada do que por uma exposição com forte pretensão científica.

Ao mesmo tempo fui estudando a literatura já existente. Isto se reflete sobretudo na primeira e terceira partes do livro. E neste meio-tempo pude reunir uma série de experiências próprias com o eneagrama. Também elas entraram aqui, de modo que temos um "produto misto". Contribuições próprias, mudanças e complementos eu os combinei com Richard Rohr, por carta ou por telefone. Foi um procedimento caro, mas também excitante. Este livro é, além do mais, um testemunho de colaboração ecumênica entre um franciscano norte-americano e um pastor luterano da Baviera. Três regras práticas fazem com que se distinga a contribuição de Richard Rohr de meus complementos: 1. O "eu", sempre que não se diga outra coisa, provém de Richard Rohr; 2. Os textos em letra menor e todas as notas de rodapé são contribuição minha; 3. A terceira parte do livro eu a escrevi sozinho.

Durante o trabalho no livro, percebi que o eneagrama vinha sendo usado, há alguns anos, em nosso ambiente de língua alemã. Alguns jesuítas e a organização leiga da Ordem, as "comunidades de vida cristã", empregavam o eneagrama em retiros e na formação de dirigentes de retiros e de "acompanhantes espirituais". O "produto final" recebeu incentivos importantes de Hildegard Ehrtmann, muito ligada a este tipo de trabalho.

Finalmente, entrou no livro o *feedback* (realimentação) de um primeiro congresso sobre eneagrama, realizado em Schloss Craheim / Unterfranken, de 31/3-2/4 de 1989. Quase setenta participantes, entre os quais vários pastores e terapeutas, submeteram o assunto a um exame. Houve várias manifestações por escrito que pude levar em conta na redação final do livro. Agradeço a Axel Denecke, Anton Dembinsky, Claus Fiedler, Werner Küstenmacher, Albert Rau, Klaus Renn, Andreas Richter-Bóhne, Andreas Schrappe, Diana Schurrmann, Uwe Steinbach e Christian Wulf. O jovem artista e estudante de Teologia Reiner Schaufler fez montagens de figuras para todos os nove tipos que encabeçam as descrições.

Agradecimento especial merece Marion Küstenmacher, leitora da Claudius Verlag. Acompanhou desde o início a publicação do livro e sempre me estimulou com seu entusiasmo. Christian Sudermann foi incansável na procura de literatura, na confecção de diagramas e na divisão dos capítulos.

Desejo a este livro leitores que estejam dispostos a trilhar um caminho interessante, mas também penoso do autoconhecimento e da conversão.

Vejo claramente o perigo de que um modelo tipológico tão excitante como o eneagrama possa ser mal usado: alguns poderão classificar a si e a outros pura e simplesmente dentro de um esquema, e dessa forma *não* mais crescerem, mas estagnarem. O verdadeiro autoconhecimento tem algo a ver com trabalho interno que é penoso e doloroso. A verdadeira mudança se opera sob dores de parto. Exige coragem trilhar este caminho.

Muitas pessoas temem o caminho do autoconhecimento por acharem que seus abismos possam tragá-las. Sabem os cristãos – ainda que muitas vezes de modo apenas teórico – que Cristo viveu todos os abismos humanos e caminha conosco se tentarmos uma luta honesta dentro de nós mesmos. E pelo fato de Deus nos amar sem condições – inclusive nossos abismos e lados escuros – não precisamos fugir de nós mesmos. À luz deste amor, o sofrimento do autoconhecimento pode ser também o início de nossa salvação e integralização. Deus nos ama, mesmo que não sigamos este caminho, mas desse modo nós mesmos recusamos muitos frutos do amor divino.

Os mestres e diretores espirituais de todas as tradições religiosas do Ocidente e do Oriente sempre souberam que o verdadeiro autoconhecimento é o pressuposto da "viagem interior". Teresa de Ávila, a grande mística cristã, escreve em sua obra mais importante, *O castelo interior:*

> Não é pequena a miséria e confusão que acarreta o fato de, por culpa própria, não nos entendermos e não sabermos quem somos. Não pareceria ignorância espantosa se alguém não soubesse responder às perguntas: quem é você? quem são seus pais? de que país você provém? Isto seria sinal de irracionalidade animal; mas estupidez pior seria se não nos interessássemos por saber quem somos e nos contentássemos com o ouvir dizer, porque a fé no-lo ensina, de que temos uma alma. Poucas vezes, porém, refletimos sobre as boas qualidades que a alma encerra, sobre quem nela mora e sobre o grande valor que ela tem; e por isso nos preocupamos tão pouco em salvaguardar, com extremo cuidado, a sua beleza[1].

---

1. Teresa de Ávila. *O castelo interior.*

O eneagrama é um modelo de psicologia que não é genuinamente cristão, mas provém da tradição sapiencial dos sufistas orientais. Discutia-se, então, nas Igrejas cristãs, o modo de abordar as vertentes espirituais do Oriente que influenciavam sempre com maior força a consciência do mundo ocidental, com o nome genérico de *New Age*. Não há receitas para saber quais os componentes das experiências e conhecimentos extracristãos que podemos integrar e quais devemos rejeitar. O "exame (discernimento) dos espíritos" (1Jo 4,1) é necessário, mas nem sempre fácil: "Examinai tudo e ficai com o que é bom" (1Ts 5,21). Paulo atribui sempre à sua comunidade a capacidade de decidir o que pode e o que não pode assumir criticamente. Em princípio, está à disposição dos cristãos o mundo e tudo o que nele há de bom, verdadeiro e belo: "Tudo é vosso, mas vós sois de Cristo" (1Cor 3,22).

Paulo e o Evangelista João assumiram sem maiores problemas em seus escritos concepções e imagens da filosofia grega da religião, então em voga, "batizando-as"[2]. Assim, por exemplo, João apresenta o Cristo como o *Logos encarnado* (Jo 1). A concepção do *Logos* significava que havia uma espécie de inteligência do universo que está por detrás de tudo e que em tudo impera. *Logos* designa com bastante exatidão o que os esotéricos de hoje denominam "consciência suprema". João não teme assumir este conceito de "maus antecedentes" esotéricos. Toma posse dele de forma nova e, assim, explica a seus contemporâneos o Evangelho *em sua linguagem*.

É impressionante como se parece a análise da "vida interior" humana, feita pelos místicos de todas as grandes religiões, sejam judaicas, zen-budistas, sufistas ou cristãs. Em poucas palavras poderíamos apresentá-la assim: Principalmente em sua primeira metade da vida, a pessoa constrói seu "eu empírico" que também pode ser entendido

---

2. Por "batismo" entendo que alguém ou alguma coisa tenham sido retirados de um contexto primitivo, consagrados a Cristo e colocados a seu serviço. O cristianismo não tem linguagem própria. Todas as tentativas de criá-la levam àquela horrível e muitas vezes caricata "língua de Canaã" que repugna aos espectadores de fora. O cristianismo não tem "material" próprio. "Cristão" se torna, por exemplo, um quadro não porque o pintor usou cores diferentes, mas pelo que representou com estas cores. Também muitos conhecimentos científicos ou experiências religiosas não são cristãos ou não cristãos "em si"; tornam-se assim pela maneira como os empregamos.

como a soma de suas atitudes e mecanismos de comportamento. A superidentificação com esses papéis, costumes e traços caracterológicos é o principal empecilho na busca do homem por seu (verdadeiro) "si-mesmo" (Deus, salvação).

Todos os caminhos místicos oferecem métodos para desmascarar este eu falso e ilusório e para livrar-se dele – seja através de conhecimento, ascese, boas obras ou meditação. Há um texto do místico alemão Johannes Tauler que aborda muito bem o assunto de que estamos falando: "Quando a pessoa está praticando o recolhimento interior, o eu humano não tem vez alguma. O eu gostaria de ter algo, gostaria de saber algo e gostaria de querer algo. Até este tríplice algo morrer dentro da pessoa, ela passa por maus bocados. Isto não acontece em um dia e nem em curto espaço de tempo. Ao contrário, há que usar de muita força e ir se acostumando com diligência pertinaz. Há sofrimento no início, mas depois vem a felicidade e o prazer.

No cristianismo entende-se a libertação do falso eu como graça de Deus. Discute-se até que ponto o homem pode preparar-se, dispor, abrir ou sintonizar para esta graça. Na maioria dos casos o problema é resolvido desta forma: a pessoa deve agir como se tudo dependesse dela. Posteriormente compreenderá que foi o espírito de Deus – e não ela própria – que a motivou e lhe deu a capacidade de procurar, lutar e rezar. O próprio Paulo já formulava este paradoxo insolúvel entre o esforço pessoal e a graça de Deus: "Trabalhai para vossa salvação com temor e tremor. Porque é Deus quem, segundo seu benévolo desígnio, realiza em vós o querer e o fazer" (Fl 2,12s.).

Nas religiões orientais a participação do homem em sua salvação é mais acentuada, ainda que o aspecto da graça – por exemplo, em segmentos do budismo – tenha total primazia. Por isso, a afirmação genérica de muitos cristãos de que os caminhos orientais nada mais seriam do que autossalvação não é correta. A verdade é o seguinte: Há, na análise da situação humana, maior consenso entre as religiões do que na questão da *terapia*. O texto de Tauler mostra que também a *praxis* mística tem grande semelhança uma com a outra – apesar da diferença nos conceitos de graça.

Nós, cristãos, temos forte inclinação de falar da graça que atua por si, mas ficamos devendo resposta às pessoas que procuram caminhos onde possam experimentar a graça transformadora e salvífica. Hoje em dia, muitas pessoas declaram que os caminhos do Oriente as ajudaram a redescobrir sua fé abalada ou a aprofundar sua vida de oração. Não é possível entrar aqui no debate para saber se isto é "legítimo" ou não. Pessoalmente acho que os caminhos que Deus trilha com os homens nem sempre correspondem às normas e leis de pessoas fixadas em certas regiões.

Em nosso século foram "batizados" por pastores cristãos sobretudo os conhecimentos das ciências humanas porque se mostraram úteis à compreensão dos processos intrapsíquicos (e sociais). Em 1927 o teólogo conservador norueguês Ole Hallesby assumiu a concepção do médico e filósofo grego Hipócrates sobre os quatro temperamentos diferentes e a tornou proveitosa para a cura de almas no cristianismo[3]. Nos últimos decênios foram recebidos pela pastoral cristã as *Formas primitivas do medo*, de Fritz Riemann, mesmo que sua descrição dos quatro tipos de medo tenha sido pervadida por considerações astrológicas. Apesar de sua origem não cristã, estes modelos se revelaram instrumentos úteis da pastoral. Espero o mesmo do eneagrama.

Ao final da Bíblia, o vidente João pinta o quadro da nova Jerusalém, da futura cidade de Deus. Neste contexto descreve como os povos da terra trazem seus presentes para esta cidade (Ap 21,26). Este quadro significa que tudo o que é valioso em termos de ideias e experiências dos povos e das religiões pertence ao Deus único. Podemos utilizar, agradecidos, estes presentes. Ver os presentes dos outros faz com que não absolitizemos nossos próprios conhecimentos cristãos e não os empreguemos imperialisticamente *contra* os outros. Há muito que aprender dos sábios orientais. Se ouvirmos com atenção e humildade a sua sabedoria, em vez de querermos saber tudo melhor de antemão, talvez eles também se disponham a levar mais a sério o nosso testemunho cristão.

Acredito que também o eneagrama nos possa ajudar num relacionamento mais autêntico e mais profundo com Deus – ainda que não seja uma descoberta de cristãos! Quem tiver olhos poderá descobrir nele a

---

3. HALLESBY, Ole. *Dein Typistgefragt* – Unsere Veranlagungenundwaswirdaraus machen könen. Wuppertal: [s.e.], 1986.

própria imagem, a imagem de Deus e – como num ícone – a imagem de Cristo. Paulo escreve: "O Senhor é Espírito e onde está o Espírito do Senhor há liberdade. Todos nós, de face descoberta, refletimos a glória do Senhor, como num espelho, e nos vemos transformados nesta mesma imagem, sempre mais gloriosa, pela ação do Senhor, que é Espírito" (2Cor 3,17-18).

Como espelho da alma, o eneagrama é um instrumento que pode ser relegado a qualquer tempo. O eneagrama não é *a* resposta, mas um guia entre muitos outros. Guias mostram o caminho, mas andar cabe a nós mesmos. Espero, pois, que ninguém faça do eneagrama uma doutrina de salvação, nova e absoluta. Toda forma de autoconhecimento, seja "apenas" psicológica ou "também" espiritual como o eneagrama, integra aquele campo que Dietrich Bonhoeffer denominou, em sua *Ética*, "o penúltimo". Nosso conhecimento permanece "obra inacabada" como diz Paulo. Mas até que Deus não leve a nós e ao mundo à plenitude, é melhor compreender e fazer a obra inacabada do que ficar completamente cego e paralisado.

Munique, verão de 1989

Andreas Ebert

Os seguintes livros sobre o eneagrama serão citados no texto pelo nome dos autores:

BEESING, Maria; NOGOSEK, Robert & O'LEARY, Patrick. *The Enneagram*: A Journey of Self Discovery. Denville: [s.e.], 1984 [Beesing/Nogosek/O'Leary].

BENNETT, John G. *Enneagram Studies*. York Beach: [s.e.], 1983 [Bennett].

FRINGS KEYES, Margaret. *Uses of Depression, Anxiety and Anger in the Enneagram*. Muir Beach: [s.e.], 1988 [Frings Keyes].

METZ, Barbara & BURCHILL, John. *The Enneagram and Prayer*. Denville: [s.e.], 1987 [Metz/Burchill].

MYERS, Diane. *Using the Enneagram* – Paths to Self Knowledge. Denville: [s.e.], 1982 [Myers].

NOGOSEK, Robert. *Nine Portraits of Jesus*: Discovering Jesus through the Enneagram. Denville: [s.e.], 1987 [Nogosek].

PALMER, Helen. *The Enneagram*: Understanding Yorself and the Others in Your Life. San Francisco: [s.e.], 1988 [Palmer].

RISO, Don Richard. *Personality Types*: Using the Enneagram for Self Discovery. Boston: [s.e.], 1987 [Riso].

WAGNER, Jerome P. *A Descriptive, Reliability, and Validity Study of the Enneagram Personality Typology*. Chicago: University of Chicago, 1981 [Doctoral Dissertations – não publicado, só disponível sob forma mimeografada].

Parte I

O GIGANTE ADORMECIDO

Uma tipologia dinâmica

O eneagrama é uma doutrina tipológica bem antiga que apresenta nove caracteres diferentes. Tem em comum com muitas outras tipologias a redução do comportamento humano a um limitado número de caracteres tipológicos.

A astrologia apresenta doze tipos de pessoas relacionados ao zodíaco em que se encontra o sol à época do nascimento. O médico grego Hipócrates († 377 aC) referiu seus quatro temperamentos (sanguíneo, melancólico, colérico e fleumático) a diferentes "humores corporais" (sangue, bile negra, bile amarela e muco). No século XX Ernst Kretschmer (1888-1964) estudou a conexão entre a constituição do corpo e a tendência para certos sofrimentos psíquicos. Distingue três tipos somáticos: 1. o pícnico (baixote), 2. o leptossômico (magro e esguio) e 3. o atlético, acrescentando-lhes os traços caracterológicos de 1, ciclotímico (tendência a doenças maníaco-depressivas), 2. esquizotímico (tendência a esquizofrenia) e 3. viscoso (tendência à epilepsia). Carl Gustav Jung (1875-1961) parte do princípio de que há três pares de funções que são distintos em toda pessoa: extroversão-introversão; sensação (percepção sensória)-intuição; pensamento-sentimento. Cada pessoa privilegia oportunamente uma das duas possibilidades. Daí resultam oito combinações possíveis ou tipos como, por exemplo, o tipo *pensamento intuitivo-extrovertido* ou o tipo *sentimento sensual-introvertido*. A americana Isabel Briggs Myers descobriu outro par funcional (*judging-perceiving,* a tendência a julgamentos e decisões rápidos e claros diante da predisposição para muitas influências e informações) e, baseado em Jung, o *Myers-Briggs Type Indicator* elabora um teste que distingue 16 tipos, muito empregados nos Estados Unidos, tanto na indústria quanto nos círculos eclesiais. Karen Horney (1885-1952) cita originalmente três modos diferentes de como a pessoa procura dominar seu medo, sua angústia vital: submissão (voltar-se para outras pessoas), hostilidade (agressão contra outros), retraimento (isolamento com relação aos outros). Mais tarde desenvolveu um modelo em que apresenta as quatro principais maneiras que as pessoas usam para proteger-se contra seu medo fundamental: amor, submissão, poder e distanciamento. Este modelo corresponde mais ou menos ao esquema desenvolvido pelo psicanalista e astrólogo Fritz Riemann (1902-1979). Ele parte de *quatro* medos básicos da pessoa: 1. medo de proximidade; 2. medo de distância; 3. medo de mudança; e 4. medo de estabilidade. Disso resultam quatro tipos fundamentais: o esquizoide, o depressivo, o obsessivo e o histérico[1].

Todos esses modelos procuram – sob diferentes pressupostos – levar em conta a experiência de que as pessoas são muito *diferentes*, mas que também há pessoas profundamente *semelhantes*. Cada uma dessas tipologias pode ser comparada a um mapa que visa facilitar a visão geral do reino da alma humana. Assim como existem mapas cujo objetivo principal é mostrar o aspecto geológico, político ou viário, também as tipologias têm interesses peculiares e, por isso mesmo, têm pontos fortes e fracos. Nenhuma delas é universal e nenhuma delas detém a verdade exclusiva. Quanto à mais querida das tipologias – a astrologia – questiona-se a confiabilidade de seu pressuposto axiomático, de haver uma correspondência entre o curso dos astros e as tendências da sorte humana. Seja como for: o estudo de um mapa nunca substitui a "viagem" pelos locais nele indicados.

Todas as tipologias têm a desvantagem de desconsiderar, forçosamente, a singularidade, originalidade e peculiaridade do indivíduo. Por isso muitos psicólogos lhes fazem grandes e compreensíveis restrições. É grande o perigo de forçar a si e a outros para dentro de um compartimento de certo signo zodiacal e aí estabelecer-se para sempre. A descoberta de "regularidades" no comportamento humano só tem sentido quando existe a possibilidade de mudança e de libertação do peso do determinismo. Esta possibilidade é oferecida pelo eneagrama.

O eneagrama é um mapa bem antigo. À semelhança de outras tipologias, descreve diferentes tipos de caráter. Mas isto é apenas o começo. Além da descrição de estados de espírito, o eneagrama possui uma dinâmica interna que visa à mudança. Exige muito e é cansativo

---

1. Literatura selecionada: KRETSCHMER, Ernst. *Körperbau und Charakter* – Untersuchungen zu Konstitutionsproblemen und zur Lehre von den Temperamenten. Berlim: [s.e.], 1921. • JUNG, C.G. *Psychologische Typen* [OC 6]. • MYERS, Isabel Briggs. *Introduction to Type*. Gainesville: [s.e.], 1976. • Ibid. *Gifts Differing*. Palo Alto: [s.e.], 1980. • HORNEY, Karen. *Unsere inneren Konflikte*. Frankfurt no Meno: [s.e.], 1984. • Ibid. *Neurose und menschliches Wachstum*. Frankfurt no Meno: [s.e.], 1985. • Ibid. *Der neurotische Mensch unserer Zeit*. Frankfurt: [s.e.], s.d. • RIEMANN, F'ritz. *Grundformen der Angst*. Munique: [s.e.], 1979. Axel Denecke uniu Horney e Riemann e estudou como a pregação é influenciada pelo tipo a que pertence o pastor: *Persönlich predigen*. Gütersloh, 1979, p. 62-67.

sempre que aprendido e assumido conforme sua intenção original. O eneagrama é mais do que um jogo divertido de autoexperimentação. Trata-se de *mudar* e *voltar*, trata-se daquilo que as tradições religiosas chamam *conversão* ou *penitência*. Confronta-nos com as determinações e leis sob as quais vivemos – na maioria das vezes de modo inconsciente – e nos convida a superá-las e caminhar no campo da liberdade.

O ponto de partida do eneagrama são os becos sem saída pelos quais enveredamos em nossa busca de proteger nossa vida contra as ameaças internas e externas. Segundo a concepção bíblica, o homem, tal como foi criado por Deus, é *muito bom* (Gn 2,31). Esta sua *essência* (seu "verdadeiro si-mesmo") é exposto ao assalto de forças ameaçadoras já durante a gravidez ou, no mais tardar, no momento do nascimento. A doutrina cristã do *pecado original* aponta para esta realidade psicológica ao frisar que em tempo algum de sua *existência* realmente existe o homem invulnerável, livre e "muito bom". Somos expostos, desde o início, a forças destrutivas e, portanto, necessitamos de redenção. O próprio material genético de que somos constituídos já contém programações que codeterminam nosso ser desde o momento da geração.

A criança entra em contato com o mundo externo sobretudo na figura de seus pais e irmãos, depois pelos companheiros, professores, valores e normas do grupo e da religião e pelo "clima mais amplo" da sociedade. Muitos fatores diferentes concorrem, marcam nosso interior e se condensam naquilo que neste livro chamamos "vozes". Estas vozes são formuladas na maioria das vezes em frases curtas e densas em conteúdo; acompanham-nos – muitas vezes inconscientemente – pela vida toda e atuam de forma determinante sobre nosso comportamento e caráter. Às vezes estas vozes nos foram transmitidas verbalmente ("Diga sempre muito obrigado!"); às vezes surgiram como reação ao comportamento coletivo não verbal do mundo ambiente ("Não chegue muito perto de mim").

O homem em formação reage a estas vozes na medida em que internaliza certos *ideais* ("Sou bom quando..."), desenvolve *estratégias de fuga* para evitar castigos e outras consequências desagradáveis do "comportamento errado" e cria *mecanismos de defesa* específicos. *Sentimentos de culpa* nascem sempre que nosso ideal não é alcançado ou realizado. A atitude errada propriamente dita que se manifesta no eneagrama em nove "pecados de raiz" permanece quase sempre oculta. Nossos "pecados" fazem parte dos meios que empregamos na consecução de nossos falsos ideais. O eneagrama revela esses ideais ilusórios e falsos sentimentos de culpa e nos torna capazes de encarar o nosso verdadeiro dilema.

Partimos do princípio de que somos marcados por condições "hereditárias" e pelas influências do mundo ambiente. Mais importante do que investigar as causas (a pergunta pelo "de onde?") é a pergunta pelo objetivo de nossa vida ("para onde?"). Os discípulos de Jesus, ao encontrar um cego de nascença, perguntam ao Mestre: "Quem foi que pecou, ele ou os pais dele, para ele nascer cego? Jesus respondeu: Ninguém pecou, nem ele nem os pais. Foi para que nele se manifestassem as obras de Deus" (Jo 9,1s.). O eneagrama pode ajudar-nos a ter uma visão de nosso futuro e de nosso destino, a vislumbrar a face que ainda não temos.

Sabedoria milenar – descoberta outra vez

Don Richard Riso chama o eneagrama de "gigante adormecido". A história do eneagrama é bastante desconhecida e, por isso, conduz facilmente a especulações. Provavelmente foi usado durante séculos por mestres e diretores espirituais. As raízes mais antigas remontam, segundo opinião de alguns, há mais de 2.000 anos. É bastante seguro que tenha sido aperfeiçoado por algumas irmandades sufistas, ao término da Idade Média.

Já por volta de cem anos após a morte de Maomé, havia piedosos muçulmanos que – influenciados também pelo monacato cristão – queriam levar uma vida simples. Renunciavam muitas vezes a toda e qualquer propriedade e vestiam, como sinal de ascese, grosseiras roupas de lã (em árabe, "suf"). Alguns se tornavam pregadores ambulantes; outros viviam em irmandades e comunidades espirituais. Muita coisa de seu modo de vida lembrava os franciscanos de época posterior que talvez estivessem mesmo influenciados pelos sufistas[2]. Assim como na mística cristã da Idade Média, também no movimento do sufismo participavam muitas mulheres.

---

2. Cf. SHAH, Idries. *Die Sufis* – Botschaft der Derwische, Weisheit der Magier. Colônia: [s.e.], 1989, p. 200s.

Através da oração e meditação, queriam os sufistas tomar consciência do amor de Deus. O amor de Deus era tema central do movimento como o demonstra a oração da mestra sufista Rabia al-Adawiyya, do século VIII: "Ó Deus, se te adorar por medo do inferno, então lance-me às chamas do inferno; se te adorar por causa da esperança de alcançar o paraíso, então não me atendas; mas se te adorar por causa de ti mesmo, então não me negues tua beleza eterna"[3]. Os sufistas foram muito combatidos pelo islamismo oficial. Mas foram venerados pelo povo simples como santos. A muitos deles foram atribuídas forças milagrosas. Lendas envolveram a vida e a atividade de grandes mestres sufistas.

Faziam parte das irmandades sufistas também as ordens dos *dervixes* e o movimento dos *faquires* (faquir = pobre). Muitos deles ainda existem hoje (sobretudo no norte da África)[4].

Entre os sufistas havia uma tradição de direção espiritual que visava ajudar as pessoas no caminho para Deus. Nos longos anos em que os mestres sufistas desenvolveram seu método, descobriram nove padrões constantes, devido aos quais certas pessoas nunca encontravam *Deus*, mas só esbarravam continuamente *em si mesmas* e eram obstruídas por suas barreiras e bloqueios internos.

No século XV os matemáticos islâmicos descobriram o valor do zero e desenvolveram o sistema decimal. Além disso, descobriram que surge nova espécie de número quando se divide 1 por 3 ou por 7 (a fração decimal periódica). Esta descoberta e o conhecimento empírico da dinâmica da alma humana confluíram finalmente no símbolo sufista do eneagrama. Chamaram-no o "semblante de Deus" porque viam nos nove pontos energéticos que o eneagrama descreve nove rupturas do *único* amor de Deus. A palavra "eneagrama" é uma invenção posterior, composta dos conceitos gregos *ennea* (nove) e *gramma* (letra, tipo).

---

3. SCHIMMEL, Annemarie. *Gärten der Erkenntnis* – Das Buch der vierzig Sufi-Meister. Düsseldorf/Colônia: [s.e.], 1982, p. 21.

4. O livro padrão sobre os sufistas é o de SCHIMMEL, Annemarie. *Mystische Dimensionen des Islam* – Die Geschichte des Sufismus. Colônia: [s.e.], 1985. Como introdução: SHAH, Idries. *Die Sufis* (cf. nota 2). • STODDART, William. *Das Sufitum* – Geistige Lehre und mystischer Weg. Friburgo na Brisgóvia: [s.e.], 1979.

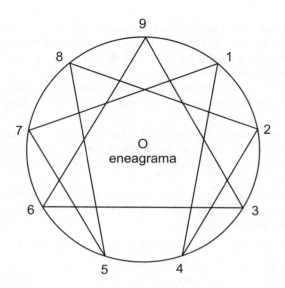

Fig. 1: O eneagrama

O eneagrama consite em um círculo cuja circunferência é dividida em nove pontos, numerados de 1 a 9 no sentido dos ponteiros do relógio. Os pontos 3, 6 e 9 estão ligados entre si por setas que formam um *triângulo retângulo*, enquanto um *hexágono* de setas perpassa os pontos 1, 4, 2, 8, 5 e 7, aquela sequência periódica que sempre aparece quando um número cardinal qualquer (com exceção do próprio 7) é dividido por 7.

A sabedoria do eneagrama foi uma tradição estritamente oral, passada pelo mestre aos discípulos durante séculos. Ligações com as especulações matemáticas da *cabala* judaica e com a doutrina cabalística da árvore da vida são meras coincidências; também a doutrina cristã dos oito, respectivamente, sete pecados capitais ou "vícios" (séc. IV) deixou evidentemente suas marcas: todos os sete pecados capitais clássicos da tradição eclesiástica também se encontram entre os *nove pecados de raiz* do eneagrama. Os nove *frutos espirituais* do eneagrama são quase iguais à lista dos nove "frutos do espírito" que Paulo enumera em Gl 5,22.

O caucasiano Georg Iwanowitsch Gurdjieff (1870-1949), por aventura e curiosidade, estudou, quando jovem, a mística tibetana, sufista, indiana e cristã e, depois disso, atuou no Ocidente como guru e diretor espiritual. Conheceu o eneagrama no Afeganistão – segundo ele mesmo informa – e o descreveu como um *perpetuum mobile*. Parte das formas de dança e de movimentos que desenvolveu se baseia na dinâmica do eneagrama. Gurdjieff comparou o eneagrama à legendária "pedra filosofal" e ressaltou que "não era encontrado em parte alguma da literatura ocultista [...] Era atribuída ao eneagrama tão grande importância pelos sábios que achavam necessário manter em segredo seu conhecimento"[5]. Como *doutrina psicológica dos tipos*, o eneagrama teve para Gurdjieff papel secundário. Jamais elaborou uma descrição dos nove tipos de personalidades.

A forma mais conhecida hoje de eneagrama como "espelho da alma" remonta sobretudo a Oscar Ichazo. Afirma ele ter aprendido este sistema com os mestres sufistas em Pamir (Afeganistão) e antes de tomar conhecimento dos escritos de Gurdjieff. Nos anos de 1950 e de 1960 Ichazo lecionou em La Paz (Bolívia) e Arica (Chile). Em 1971 foi para os Estados Unidos[6]. O psiquiatra Claudio Naranjo, do Instituto Esalen em Big Sur, Califórnia, aproveitou o modelo de Ichazo e o aperfeiçoou. Vários jesuítas americanos, sobretudo o Padre Robert Ochs, tomaram conhecimento do modelo através de Naranjo. Após experimentos que duraram anos e após acurado exame teológico, a ordem jesuíta decidiu assumir o eneagrama como instrumento de acompanhamento espiritual e modelo dos retiros espirituais.

A partir de meados dos anos de 1980 foram publicados vários livros sobre o eneagrama que nasceram, em parte, do trabalho de ordens religiosas americanas com o eneagrama e, na maior parte, da psicanálise ou da psicologia humanista.

Ficou demonstrado que o eneagrama deve ser associado à tradição religiosa (e cristã) de acompanhamento e direção das pessoas. Também parece que é "compatível" com muitos conhecimentos e experiências das modernas ciências humanas. Por isso, poderia ser uma ponte entre a espiritualidade e a psicologia. O eneagrama não reivindica, no atual estágio, caráter "científico". Pesquisas clínicas vêm sendo feitas nos Estados Unidos, mas estão apenas no início. Enquanto não houver material estatístico que se baseie em reconhecidos métodos de pesquisa, vamos contentar-nos com considerar o eneagrama um caminho "de sabedoria" para o mundo interior. A forma com que o transmitimos atualmente apresenta uma síntese de concepções e conhecimen-

---

5. Apud OUSPENSKY, P.D. *Auf der Suche nach dem Wunderbaren*. Munique: [s.e.], 1978, p. 422.

6. Apresentação do método de Oscar Ichazo por Sam Keen, Oscar Ichazo and the Arica Institute. *Psychology Today*, julho 1973, p. 66-72.

tos bastante diversificados. Ela trabalha com associações subjetivas e acolhe uma série de elementos simbólicos cuja "adequação" não é possível demonstrá-la com métodos científicos, mas apenas comprová-la no tratamento prático.

A mistura de psicologia, espiritualidade e teologia pode perturbar aqueles que insistem numa separação "metodologicamente limpa" entre esses caminhos aparentemente tão diferentes e a realidade. A tradição da sabedoria e direção espiritual tanto ocidental quanto oriental (gurus, guias e mestres orientais, Inácio) à qual se deve este livro sempre insistiu na afinidade do amadurecimento psíquico-caracterológico e religioso-espiritual. Nesta tradição era inconcebível o que entre nós é comum: pessoas analiticamente versadas e psicologicamente "integradas", mas espiritualmente atrofiadas, ou pessoas religiosas cuja falta de caráter e instabilidade psíquica salta aos olhos[7].

Irrupção para o totalmente outro

Em poucas palavras, trata-se no eneagrama da seguinte questão: Por que, na luta pela vida, sempre nos voltamos sobre nós mesmos, em vez de irrompermos para Deus, para o *totalmente outro?* Em nossa sociedade egocêntrica temos a forte tendência de ficar presos a nossos próprios pensamentos e sentimentos. Por isso, para muitas pessoas do Ocidente, Deus nada mais é do que projeção do próprio eu: um Deus como o precisamos, queremos ou gostaríamos de ter. Não acontece o encontro com o *totalmente outro,* com o *não eu.*

Os antigos mestres e diretores espirituais queriam que as pessoas tomassem consciência de seus bloqueios e preconceitos, ou seja, de seu *modo de percepção,* isto é, de seu costume de olhar e configurar a vida a partir de um ponto de vista rígido. Na Idade Média estas estreitezas eram chamadas *paixões* ou *vícios.* Fazem com que a pessoa considere aquela *parte* da vida que ela conhece ou domina como se fosse o *todo.*

---

7. Andreas Ebert: Quando, durante meu ano sabático, visitei um coral (católico) e me apresentei ao dirigente como teólogo, sua primeira reação foi: "Tenho más experiências com teólogos. Quem se preocupa muito com sua piedade quase não tem tempo de se ocupar com o desenvolvimento de um caráter normal e decente", lista "saudação" me atingiu em cheio e me fez pensar.

Por isso é necessário superar essas paixões e aprender a perceber a realidade maior de forma *objetiva*. É preciso passar para Deus, o *totalmente objetivo* que, para os cristãos, é também o *totalmente subjetivo*, pois Ele entrou em nosso mundo e se fez parte dele. É preciso que aprendamos a voltar-nos para outra coisa que não sobre nós mesmos.

Pessoalmente trabalho há anos com diversos movimentos dentro da Igreja e estou convencido de que precisamos disso com urgência. Muitas pessoas de Igreja levantam-se levianamente em nome de Deus dizendo terem compreendido Deus. Disso podemos inferir na maioria das vezes que delas não brota outra coisa a não ser seu temperamento, seus preconceitos e aquilo que já conhecem. É uma das razões por que o cristianismo perdeu tanta credibilidade. Muitos contemporâneos nossos já não conseguem levá-lo a sério. Convivem com pessoas religiosas que não são *autênticas* e que, ainda por cima, agem egoisticamente porque perseguem abertamente seus próprios objetivos, mas cultivando um jargão piedoso como se visassem unicamente a Deus e ao seu reino.

O eneagrama pode ajudar-nos a purificar nossa autopercepção, a sermos francamente honestos conosco mesmos e a discernirmos cada vez melhor quando estamos ouvindo apenas nossas próprias vozes e impressões internas ou estamos presos a nossos preconceitos – e quando somos capazes de nos abrirmos para o Novo.

Inácio de Loyola (1491-1556), fundador da ordem dos jesuítas, desenvolveu um método espiritual e psicológico altamente sensível para a direção espiritual das pessoas. Seus *exercícios espirituais* levam a um caminho de exercícios. Revelam os casos em que a alma está presa e ensinam o "discernimento dos espíritos", aquelas vozes e impulsos internos e externos que nos influenciam constantemente. O discernimento se realiza em três etapas: 1. "Sentir as diversas moções que se produzem na alma"; 2. "Reconhecê-las", isto é, entender sua origem e finalidade e fazer uma avaliação para saber se elas me conduzem construtivamente para o sentido de minha vida ou se destrutivamente dele me afastam; 3. Tomar posição diante dessas moções, isto é, aceitá-las ou recusá-las[8]. O

---

8. Cf. WULF, Christian. "Lebensentscheidung – Entscheidung zum Leben. Exerzitien des Ignatius aus Herausforderung und Weg". *Korrespondenz zur Spiritualität der Exerzitien*, caderno 53, 38, 1988, p. 84s.

objetivo dos exercícios espirituais é encontrar caminhos para a liberdade cristã. Será possível mediante um relacionamento pessoal com Jesus que nos torna capazes de ouvir o chamado de Cristo em nossa vida e dispostos a entrar para seu serviço.

O eneagrama é um meio auxiliar bastante parecido com o método acima e, em certos aspectos, mais preciso para atingir aquele objetivo. Foi uma das razões por que vários mestres de exercícios espirituais começaram a usar também o eneagrama, ao lado dos exercícios inacianos tradicionais.

Um cardeal acorda

Em 1970, no ano de minha ordenação sacerdotal, fui "iniciado" neste sistema por um jesuíta. Insistia-se naquela época que não deveríamos difundi-lo por escrito e que ninguém deveria saber onde o havíamos conseguido. Devo confessar que às vezes me portei algo desonestamente com relação a isto. Aconteceu algumas vezes entrar alguém em meu consultório de orientação espiritual e eu, após curto tempo – graças ao eneagrama –, captar com bastante exatidão a energia ou o "modo de perceber" dessa pessoa. Enquanto eu utilizava meus "conhecimentos secretos", o consulente ficava pensando: "Richard Rohr lê na minha alma como num livro aberto e acerta em cheio no meu problema. Onde será que aprendeu isto?" E dessa forma eu era considerado por alguns como uma espécie de vidente, como se tivesse o dom de "ler os corações", faculdade atribuída a alguns santos da Igreja oriental.

É esta a forma em que o eneagrama foi empregado originalmente. Trata-se de um *saber esotérico* que os diretores espirituais passaram adiante só dentro de seu grupo. Nunca colocaram nada por escrito, mas o empregaram na ajuda aos outros. Quando nós, americanos, tomamos conta dele, aconteceu o que deveria acontecer: começamos há alguns anos a escrever sobre ele. Agora, é um livro após outro. Formou-se um verdadeiro cortejo triunfal sobretudo no campo católico. Talvez isso se deva ao fato de nós, pertencentes a ordens religiosas católicas, termos tempo e casas de recolhimento para nos dedicarmos intensamente a estas coisas. A partir daí é transmitido o conhecimento do eneagrama a pessoas interessadas das mais diversas camadas. Agora que já não é possível mantê-lo secreto, gostaria de contribuir com esta apresentação para que se tornasse o mais autêntico e útil possível. Talvez agora o tempo esteja maduro para que este "gigante adormecido" desperte e torne sua velha sabedoria acessível às pessoas que o queiram. Esta sabedoria não foi obviamente "inventada" por ninguém, mas captada intuitivamente e "descoberta", no correr dos séculos, por aqueles que procuravam e amavam a verdade.

Nunca transmiti o eneagrama a grupo algum que não o tivesse achado interessante, seja pelo motivo que for. Isto é admirável pois seu início é *negativo*. O eneagrama não visa bajular ou acarinhar o "eu empírico". Quer ser uma ajuda para soltar ou tornar desnecessário o que Thomas Merton[9] chamou de "falso eu". Não conheço outro meio que possa executar esta tarefa de forma mais direta do que o eneagrama.

Recentemente preguei um retiro para 20 bispos em Michigan. No primeiro dia falei sobre a oração contemplativa. Os bispos ouviam – afinal eram bispos e precisavam, por delicadeza, prestar atenção quando o assunto era a oração. Via-se que acompanhavam a conferência, mas não estavam realmente "ligados" no assunto. Não me lembro do que falei no dia seguinte, mas percebi que já estavam mais atentos. No terceiro dia, dois bispos me chamaram à parte e disseram: "Você tem que trazer para este grupo o eneagrama". Não era a minha intenção. Mas os bispos insistiram. "Ele precisa disso". Na manhã seguinte comecei com o eneagrama. Pude observar em alguns participantes, inclusive um cardeal recentemente nomeado, como de repente acordaram e ficaram todo ouvidos. Desde então ficaram atentos até o final do retiro.

O eneagrama representa uma verdade essencial de nossa vida psíquico-espiritual. E o faz de uma forma em que a maioria de nós nunca ou raras vezes o experimentou. Apresentei-o a muitos grupos de sacerdotes em todo o país, havendo entre eles alguns bem tradicionalistas e conservadores. Mas não encontrei nenhum sacerdote que dissesse que o assunto nada "tinha a ver". O eneagrama é de uma sabedoria subjugante. Não preciso fazer propaganda dele ou tentar vendê-lo.

---

9. Thomas Merton (1915-1968), monge trapista e poeta, é considerado o místico e autor espiritual mais importante dos Estados Unidos no século XX.

Reação de desencanto

Quando, em 1970, conheci o eneagrama, foi isto uma das três grandes vivências de mudança em minha vida. Pude literalmente assistir a queda de um véu e, de um só golpe, ficou-me claro o que havia feito até agora. Sempre havia feito *o que era certo* (isto é para nós, do tipo UM, desejo fundamental) – mas por razões *falsas*. É algo vergonhoso reconhecê-lo e confessá-lo. Por isso vale como regra básica: Quem não sentir o todo como algo de qualquer maneira humilhante, ainda não encontrou o seu "número". Quanto mais humilhante, tanto melhor percebemos a coisa. Quem disser: "É maravilhoso que um seja do tipo TRÊS" – ou não é TRÊS ou não entendeu realmente o que eu disse sobre o tipo TRÊS. Lembro mais uma vez que é minha intenção desmascarar o ego e revelar seus pontos negros. O eneagrama acaba com a encenação que estávamos fazendo.

Creio que este instrumento e os conhecimentos que proporciona me permitem continuar assim. Se eu, naquele retiro de bispos, tivesse dito a um deles: "O senhor é inflexível e dogmático", ele certamente ficaria furioso. Ninguém gosta de ser chamado de "inflexível e dogmático". Mas quando digo "o tipo UM – como eu – são pessoas muitas vezes inflexíveis e dogmáticas", coloco primeiro a carapuça em mim e posso então convidar o público a fazer o mesmo. Por qualquer razão é mais fácil dessa maneira.

Sigo este princípio porque é muito eficaz e acredito que o eneagrama sirva para o enriquecimento espiritual e nos leve à mais elevada forma de consciência espiritual que conheço e para a qual Deus nos chama a todos: que abdiquemos do nosso *falso eu* porque dele não mais precisamos. Espero que todos aqueles que encararem de frente seu "lado negro" ou seus "pecados de raiz" sintam algo daquela liberdade que eu experimentei quando comecei a colocar para mim o fato de que eu era o tipo UM. Mesmo que nesta vida não consiga realizar isto plenamente, sinto que, desde então, minha vida ficou mais tranquila. Tive que tomar posição diante de *minha* mentira existencial, de meu absurdo e do meu ridículo e, por isso, sinto-me em condições de recomendá-lo aos *outros*: se os outros me suportam, não tenho motivo para também não suportá-los. Tenho o *meu* "lado negro", conforme se costuma dizer hoje, e os *outros* têm o *deles*. Desde aquela época não mais fiz tantos e tão apressados julgamentos sobre os outros.

Muitos temem que esta espécie de sistema leve as pessoas a se classificarem e a se confinarem mutuamente em gavetas. Para ser franco, é exatamente isto que acontece com o eneagrama, ao menos *no começo*. Quem tomou conhecimento do eneagrama andará, por algum tempo, pelo inundo e observará tudo sob o aspecto do UM, DOIS, TRÊS, QUATRO, CINCO, SEIS, SETE, OITO, NOVE. Em três quartos dos casos erraremos, pois, no início, só percebemos traços externos de um tipo. Há que conviver e lidar por algum tempo com o eneagrama para se passar além desses traços externos e ver a *energia*. Meio auxiliar para isso é o humor. Rir de si mesmo pode ser tão libertador quanto chorar sobre si mesmo. Em meu trabalho com o eneagrama pude constatar ambas as situações. Quando tivermos alcançado esta profundidade de autoconhecimento, poderemos tranquilamente dispensar um instrumento como o eneagrama.

Espero mais do que tudo que o eneagrama nos ajude a ter muito amor. Se isto acontecer, o objetivo para o qual somos criados foi atingido. Acredito que nos torne mais capazes de amar os outros, a nós mesmos e a Deus. Antigamente isto foi para mim uma experiência desoladora e ao mesmo tempo muito bonita: Deus já sabia disso tudo há muito tempo! Sabia que eu era um tipo UM. Sabia que eu sempre fazia *o certo* a partir do motivo *errado* ou, no mínimo, a partir de motivos bastante misturados. Sabia que por uma série de motivos diferentes me ordenara sacerdote, assumira o celibato, fundara a comunidade de *New Jerusalem* e me dirigira para Albuquerque – mas isto está em ordem! É humilhante, mas também libertador saber que Deus *sabe* e que se aproveita de nossos *pecados* para conseguir seus objetivos. Quem descobre a força e a verdade do eneagrama chega impreterivelmente a este ponto: Deus se aproveita de nossos *pecados*! (emprego conscientemente a palavra *pecado*, mesmo sabendo que para muitos ouvidos esta palavra tem conotação moralizante e avaliadora! Ainda voltarei a este assunto.) Isto é vergonhoso e libertador ao mesmo tempo, pois é uma experiência de *amor incondicional* como nunca a tivemos antes. Sobretudo para o tipo UM, perfeccionista como eu, é uma experiência inebriante quando obtém a clareza de que Deus ama algo *imperfeito,* isto é, a *mim*! Se Deus está disposto a amar e a utilizar algo imperfeito – outra coisa Deus jamais conseguirá, pois não existe nada perfeito neste mundo – isto abre um formidável espaço de liberdade.

No eneagrama trata-se daquele *trabalho interior* que pode dar legitimidade ao nosso caminho espiritual. Ao mesmo tempo traz novas dificuldades. Nossos pressupostos inquestionáveis e nossas soluções mais imediatas já não funcionarão como antes, pois o eneagrama nos mostra, entre outras coisas, o *lado negro de nossas aptidões.*

Pecadores talentosos

Os *sufistas* eram de opinião – ainda que isto não pareça em princípio muito convincente – que as pessoas eram estragadas por seus dons. Nós somos estragados por nossos dons porque nos identificamos demais com aquilo que sabemos bem. Antigamente nos diziam que seríamos destruídos por nossos *pecados.* É correto, mas a coisa é algo mais sutil. No linguajar religioso do meu tempo de noviciado, assim se dizia: Nós estamos *fixados* em nossos dons. Estamos por demais fixados naquilo que nos é dado *por natureza.* Temos um preconceito *natural* e um modo de comportamento *natural*, um modo de ver *natural* e uma paixão *natural.* Tudo isso nós desenvolvemos sobretudo nos primeiros trinta anos de nossa vida. Vivemos isso intensamente e cobramos aplausos.

Por isso não faz sentido ocupar-nos com o eneagrama já nesta época. Nos anos da juventude a gente participa do grande jogo. Isto é certo e importante. O eneagrama poderia tornar-se, cedo demais, o estragador do jogo. Jesus disse certa vez – sem qualquer censura – a Pedro: "Quando eras jovem, tu te vestias e ias aonde querias" (Jo 21,18). Nos anos jovens o eu precisa ser construído e fortalecido, é preciso deixar-nos levar por aquela energia que parece *natural.*

Mas aos trinta e, no máximo, aos quarenta, este jogo se torna cada vez mais insípido. Até então tudo funcionou muito bem e podíamos causar nos outros a impressão de que éramos o "estudante calmo", ou o "mais engraçado", ou "sério e compenetrado". E nesta autoimagem a gente estava fixado e se deixava fixar. Era um meio de delimitarmos o nosso eu dentro do meio ambiente. Quanto mais estes limites do eu se fortalecerem e quanto mais alguém se identificar com esta autoimagem e quiser mantê-la a todo custo, tanto mais aparecerá a outra face da medalha. Se alguém estiver preocupado, até os quarenta anos, em cultivar esta imagem, ficará difícil mudar de atitude. Ficará sempre mais claro: a coisa já não funciona mais. O que era prazer torna-se pesar. Esta época da metade da vida traz em si a grande chance de refletir criticamente sobre o que realizamos, de mudarmos e de nos tomarmos mais maduros, mais sábios e mais profundos. É então que a continuação das palavras de Jesus a Pedro se torna atual: "Quando envelheceres estenderás as mãos e será outro que as amarrará e te levará aonde não queres" (Jo 21,18).

Após alguns anos na pastoral tive certeza de que não existe outra coisa em que as pessoas mais se fixam do que na sua *autoimagem*. Estamos literalmente dispostos a enfrentar o inferno antes que abandoná-la. Isto determina a maior parte das coisas que fazemos ou deixamos de fazer, que falamos ou calamos, com quem nos relacionamos ou não. Todos somos afetados por isto. E a pergunta é esta: Tenho a liberdade de ser outra coisa que não este papel e esta imagem?

Quando entramos em contato com Deus, o *grande amante*, temos que mudar. Pois o *grande amante*, em sua maneira bem imaginativa, nos abre os olhos para vermos quão rica e variada poderia ser e é a nossa vida, de modo que nosso jogo anterior se torna repentinamente enfadonho. Esses jogos limitam a possibilidade do amor. Impedem que o *grande amor* chegue a nós. De acordo com a minha experiência na pastoral e aconselhamento, o eneagrama pode ajudar as pessoas a libertar-se de sua autoimagem: "Deixe disso! Você não precisa disso! Você não deve aprisionar-se na imagem limitada que tem de você mesmo! Não importa que você seja isto ou aquilo. Você é o filho querido de Deus, a filha querida de Deus – e isto é o que vale!" Nossa identidade é formada em primeiro lugar por um *relacionamento* e não é algo que devemos enclausurar, proteger, definir e defender[10]. O enea-

---

10. Dietrich Bonhoeffer, o teólogo e opositor ferrenho de Hitler, escreveu, em 1944, na cela da prisão, a poesia "Quem sou eu". Martirizava-o a questão: Sou aquele que os outros veem em mim: "tranquilo, jovial, seguro; livre, amigável e claro; resignado, risonho e altivo" – ou sou aquele que eu sinto quando estou sozinho: "inquieto, nostálgico, doente, como um pássaro na gaiola lutando por um sopro de vida [...] com fome de cores, flores e vozes de passarinhos, com sede de belas palavras, de calor humano, tremendo [...] impotente [...] cansado e vazio [...]?" Ao final chegou à conclusão de que nem ele e nem os outros conseguem definir sua identidade, mas apenas Deus: "Quem sou eu? Questão ímpar que caçoa de mim. Quem quer que eu seja, você me conhece. Sou seu, ó Deus" (BONHOEFFER, Dietrich. *Widerstand und Ergebung,* Munique: [s.e.] ,1951, p. 179).

grama pode ajudar a nos *desarmarmos* internamente, a abrirmos mão da defesa daquela autoimagem que criamos.

Neste sentido, nossos *dons* podem tornar-se nossa infelicidade. Nós nos identificamos demasiadamente com o que sabemos fazer bem. Há dois anos fiz um ano sabático contemplativo. Havia percebido claramente: "Richard, você precisa, ao menos por um ano, parar de dar conferências". Alguns amigos me animaram dizendo que não havia um único pensamento meu que *não* estivesse gravado em fita. E isto é verdade! Inclusive agora, quando estou dizendo isto, há um gravador rodando. Dissera a mim mesmo naquela época: "É simplesmente demais! Você não é nenhum conferencista ou pregador. Você é Richard. Afinal, você ainda sabe que és este Richard? Você ainda conhece este filho de Deus, esta pessoa, este homem Richard – sem estas máscaras e imagens que você assume em público? O povo o aprova e você dança com ele sem parar. Você consegue viver sem ele?" Isto vale para todos: será que conseguimos viver sem os *nomes* que fabricamos para nós? Quanto mais notórios se tornarem, tanto mais perigoso é o caso. Mas todos desempenhamos estes papéis. Podemos defendê-los tão freneticamente em casa ou em nosso pequeno mundo quanto em praça pública.

E assim todo *dom* sobre o qual nos fixamos em demasia torna-se, paradoxalmente, nosso *pecado*. Nossos dons e nossos pecados são os dois lados da mesma medalha. Para encontrar os seus dons, você precisa *ruminar, engolir* e *incorporar* os seus pecados. *Coma-os, deguste-os, sinta-os e deixe-se humilhar por eles!* Isto é doutrina bem tradicional da Igreja. Todo culto divino começa com a menção do pecado. Na liturgia chama-se *confiteor* (confissão dos pecados) ou *confissão geral das culpas* e é realizada de maneira bastante antisséptica. Prometo que na conexão com o eneagrama isto não vai acontecer de forma antisséptica. Queremos *sentir e conhecer* os nossos pecados e *ver* quão exagerado, excessivo e absurdo é isto tudo. Se sentirmos o gosto e ruminarmos a nossa escuridão, se sentirmos o quanto ela prejudicou a nós e a outras pessoas e quanto ela contribuiu para que eu não amasse e não me deixasse amar – se fizermos tudo isso, prometo que acordaremos para o outro lado, para a nossa maior aptidão, ou melhor: para única profundidade de nossos dons.

Para isto ser possível precisamos ser limpos e purificados. Nosso velho eu, nosso velho Adão, nossa velha Eva têm que morrer. A sensação é realmente de morte. Não há nada para floreio romântico e não há graça alguma nisso. Dói. A gente se sente como se todos estivessem rindo de nós. Temos a sensação de ter estragado e matado muitos relacionamentos quando nos damos conta da grande quantidade de pessoas que usamos exclusivamente para construir e manter nossa autoimagem (pessoas que não fizeram o nosso jogo nós as excluímos, em geral, de nosso círculo de amigos).

Eis a razão por que, na vida espiritual, nossos inimigos são nossos melhores amigos. Por isso é tão importante o mandamento de Jesus "amai vossos inimigos". Se não permitirmos ao inimigo diante da porta, a este *não eu* pisar o nosso mundo, jamais conseguiremos encarar nosso pecado e nosso lado negro. Pessoas que me dão nos nervos, que me ameaçam e fazem medo não precisam necessariamente ser meus amigos íntimos, mas eles têm importante mensagem para me dar. Espero que o eneagrama nos torne mais receptivos a esta mensagem. Veremos que há certos tipos que, pela própria constituição, são ameaça para nós porque revelam nosso jogo, ou porque não precisam de nosso jogo. Não precisam de ninguém que sempre tenha razão como eu. Há pessoas que não suportam meus cassetes porque em seu interior há muitas vozes moralistas em ação e que levantam o dedo indicador. É aí que aparece Richard Rohr para dizer como sermos melhores e mais perfeitos! Há aqueles que dizem: "Isto minha mãe já fazia comigo. Não o quero mais!" Por isso não me suportam e precisam de outro. Esta é a razão por que entendemos a Igreja como "corpo de Cristo". Significa, entre outras coisas, que só aceitamos a verdade provinda de outras pessoas em certas épocas determinadas. Há pessoas para as quais, em sua situação momentânea, sou exatamente veneno com o meu modo de ser.

A verdade é simples e bela

Vi recentemente um videocassete sobre a origem do universo. Aí se dizia que Einstein estava sempre à procura de uma teoria universal sobre a energia. Estava convencido de que a explicação do mundo e de suas causas deveria, em última análise, ser *simples* e *bonita*. Era de opinião ainda que uma "fórmula do mundo" que não fosse *simples* e *bela* também não poderia ser *verdadeira*. É, por assim dizer, o *Credo* de um cientista. É possível transferir isto para o eneagrama: transmite uma experiência que nos assusta e desafia, mas que também é simples e bela. O eneagrama é *belo* porque nos mostra como pessoas pequenas, parciais e partidas. É belo quando enfim não precisamos agir como se fôssemos mais do que isto e quando percebemos que estamos todos no mesmo barco. Todos fazemos os nossos jogos, cultivamos os nossos preconceitos e nossa visão não redimida do mundo.

Por isso devemos aceitar os nossos *dons* e olhar o nosso *pecado* – e devemos aceitar o nosso *pecado* para reconhecer o quanto somos *dotados*. Devemos *limitar* os nossos dons, caso contrário nosso pecado se transformará em armadilha que nós chamaremos de "virtude". Também isto é doutrina tradicional da Igreja. Tomás de Aquino e muitos escolásticos disseram que as pessoas escolhem algo que lhes *parece* bom. Ninguém pratica voluntariamente o *mal*. Cada qual montou um sistema que explica por que é certo e bom o que fazemos. Por isso é tão importante o "discernimento dos espíritos", como diz a Bíblia. Precisamos de ajuda para desmascarar o nosso falso eu e nos distanciarmos das ilusões. Isto exige que instalemos uma espécie de "observador interno" ou, como dizem alguns, uma "testemunha fiel". A princípio isto soa bastante complicado, mas, após certo tempo, parece muito natural. No fundo, trata-se de uma parte de nós mesmos que é honesta – não apenas no sentido negativo, mas também no positivo. Ela, por exemplo, nos diz: "Você ama verdadeiramente a Deus e anseia por Ele. Você é bom! Pare de rebaixar-se tão brutalmente! Você é uma filha de Deus! Você pode ser compassivo!" Ajuda-nos a distinguir moralismo de verdadeira moral, sentimentos de culpa, de culpa verdadeira, falso orgulho de autêntica força. No autoconhecimento que o eneagrama proporciona não se trata *apenas* de conhecimento do pecado. Trata-se também e principalmente de libertar tudo o que seja bom, mesmo que só na aparência, para podermos descobrir em nós o que é bem melhor, o que realmente é bom.

Sobretudo para os que cresceram em ambiente religioso demora um pouco mais até conseguirem ouvir estas vozes *positivas*. Neles são as vozes negativas que fazem os julgamentos internos: "Bom, melhor, ótimo, certo, errado, santo, pecado mortal, pecado venial, meritório, indigno, condenável" – e todos os graus intermédios. De certa forma, não há coisa mais difícil do que lidar com gente religiosa. Têm tal propensão a moralizar que são incapazes de aceitar a realidade e enfrentá-la de cara. Por isso podemos aprender tanto da espiritualidade criacional, da espiritualidade indígena dos autóctones americanos e da espiritualidade franciscana (nos seus melhores momentos). Elas deixam que a criação, a natureza, a terra – portanto, *tudo que existe* – nos falem. No entanto, nós, pessoas religiosas, estamos sempre prontas a acorrer com nossas conclusões pré-fabricadas, citações bíblicas e dogmas, de modo que já não precisamos olhar a realidade e o momento atual. Menciono isto neste contexto porque espero que o eneagrama nos possa ajudar a fazê-lo. Ele nos ajudará a afastar os juízos moralizantes de valor porque nos mostrará quão exagerados eles são. O eneagrama nos faz ver os nossos preconceitos que impedem experimentarmos a realidade em seu todo.

Somos escravos de nossos hábitos

Nosso *pecado* e nossa percepção não redimida do mundo são, paradoxalmente, também o método que nos ajuda a alcançar a nossa força motriz. Quando cometemos o nosso "pecado preferido", estamos "satisfeitos". Por isso não podemos "renunciar" a ele sem mais. Já pertence à nossa maneira de organizar a nossa vida. Faz parte da estratégia de sobrevivência que traçamos desde crianças, faz parte do ambiente onde nos sentimos em casa. Todos somos escravos de nossos hábitos. Sempre nos voltamos para onde nos sentimos em casa. Por isso devemos procurar nossos *dons* onde o nosso pecado se sente em casa.

Parto sempre de mim mesmo. Nós, do tipo UM, somos idealistas e perfeccionistas. Queremos aperfeiçoar o mundo. Aborrecemo-nos quase sempre, às ocultas, porque o mundo não é perfeito. Ao mesmo tempo somos gênios da percepção: vemos mais claramente do que os outros o que não está realmente em ordem. Mas pode ser o inferno conviver com isso. Quando ficamos entregues a nós mesmos, tornamo-nos hipercríticos, pessoas cuja presença vai aos poucos irritando os outros. O demasiado bem torna-se automaticamente algo ruim. Isto vale para os nove tipos: o *demasiado* faz dos dons uma praga. Por isso é válida a pergunta: Como apresentar com liberdade nossas energias para servirem à vida e à verdade? Como tipo UM não sei como chegar à minha própria energia a não ser que me irrite pelo fato de o mundo ser tão bobo e absurdo. Pela *ira* (meu pecado capital), faço jorrar realmente minha fonte de energia. Mas logo no início devo possuir suficiente liberdade para dizer-me: "Agora basta, Richard!" Devo poder libertar-me de mim mesmo: "Sim – mas [...] Sim, tudo isso faz sentido, mas você exagera! Você tem razão – mas também toma posição errada". Esta é a função do "observador objetivo": Posso perceber alguma coisa e também abandoná-la a seguir. Vinculação e liberdade trabalham, assim, juntas construtivamente.

Acredito que sejam poucas as pessoas com tal liberdade. Encontramos muitos ideólogos, sobretudo nos círculos religiosos: de direita, de esquerda, liberais, conservadores. Controlam a vida a partir de uma torre imaginária que se encontra em sua cabeça. Qualquer dia, isto se torna cansativo. A gente se pergunta se é possível uma comunidade de pessoas quando todas se aferram a seus preconceitos e se identificam com suas opiniões e *sentimentos* preestabelecidos. Estes se tornaram dogmas exatamente nos círculos "progressistas": "Tenho direito absoluto a meus sentimentos". O eneagrama diz: "Não! Eles são demasiado e excessivamente dominadores. Você tem que chegar ao ponto de poder libertar-se também de seus sentimentos, senão acabará ficando sem sentimento algum, pois os sentimentos tomarão conta de você". Percebo isto em muitos dos grupos religiosos com que trabalho: conventos, bispos, religiosos, leigos, conselhos paroquiais, carismáticos – todas aquelas pessoas que acham ser as únicas que detêm a verdade total. Quando se observa mais de perto, percebe-se em todos que há ego demais, nenhuma disposição para a autorrenúncia, nenhuma liberdade para relativizar o próprio eu (e o próprio "geniozinho"). Mas às vezes a gente encontra pessoas que têm esta liberdade interna, que estão livres de si mesmas: elas exprimem o que as move e podem, por assim dizer, dar um passo para trás. Elas se introduzem, mas a gente percebe que elas não se acham donas da verdade. Sem esta espécie de "trabalho interior" que consiste em poder *introduzir-me* e *relativizar-me* não é possível verdadeira comunidade. Quantas comunidades eclesiais fracassam, por exemplo, pela incapacidade de a diretoria da Igreja e os representantes da comunidade se entenderem. Aprender isto significa trabalho duro. Exige bastante de nós e é muito mais que um divertido jogo social.

Obsessões

Quando descobrimos, com ajuda do eneagrama, nossa *armadilha* ou *pecado*, veremos que "funciona" de maneira semelhante a uma obsessão sexual. Segundo consta, os rapazes teriam a cada dez minutos pensamentos ou sensações sexuais. Com a energia do eneagrama acontece a mesma coisa. Ele nos classifica, no mínimo, a cada dez minutos. É por isso que talvez seja denominado *paixão*. A cada dez minutos sou um tipo UM e, provavelmente, a cada cinco ou três minutos. Este ser UM está em minhas juntas, em meus ossos, em meu sangue, ele é minha pele, meu fôlego, minha maneira de pensar, minha mímica e meus gestos. Eu, por exemplo, não consigo falar sem ficar constantemente futricando de cá para lá com o dedo indicador. Isto é o tipo UM. Não consigo *não* ser assim. Ficarei sendo eternamente um tipo UM.

Alguns querem evitar uma verdadeira mudança ao dizerem: "Sou um pouco tipo QUATRO, tipo SEIS e tipo DOIS". Isto é correto. Todos temos um pouco de tudo em nós. Todos participamos do atual jogo social e cometemos todos os nove pecados capitais. Mas o que importa é ver o nosso *único e grande pecado*. Existe um dilema principal, uma raiz principal do mal, um vício predileto em cada um de nós que dá cor e sabor a todos os aspectos de nossa vida. Esta armadilha está tão completamente presente em nossa vida que já não a reconhecemos. Sempre fomos assim. Por isso precisamos tentar agarrá-la com astúcia, por assim dizer. Quando isto acontece, está, em geral, vinculado a uma grande reação. De repente fica claro por que fiz tudo aquilo que fiz. Percebo que já tive o mesmo comportamento quando rapaz novo. É a linha vermelha de minha vida. Explica tudo: por que escolhi certos amigos, por que pratiquei certo tipo de esporte etc. Em toda parte está a linha vermelha. Reconhecer isto é realmente duro.

Quando estamos na armadilha de nosso "número" e de nossa energia não somos livres – isto é óbvio. Permitimos, então, que outros acontecimentos e outras pessoas determinem nossa energia. Eles determinam, não importando se isto favorece ou prejudica nosso ser. Não estamos realmente vivendo nossa vida.

O caminho para a dignidade própria

O amor incondicional de Deus liberta os homens para se sentirem "genuinamente fortes". Neste contexto, emprego o termo "força" no sentido religioso-espiritual da palavra. Uma perífrase bíblica para o Espírito Santo é *dynamis,* que significa "força", "vigor". Trata-se daquela força que nos torna conscientes de que Deus nos atrai para Ele e que temos comunhão com o Deus santo. O *mal* ou o demônio está interessado em tirar-nos esta experiência de nosso *poder e dignidade.* Talvez fosse melhor falar só de dignidade, pois tudo o que está ligado a *poder, força, vigor* foi muitas vezes mal usado e pode gerar equívoco.

O eneagrama pode levar-nos a esta experiência interna de dignidade e força. Ele nos mostra, sem piedade, nossas faltas! Muitas vezes fazemos o certo baseados em razões falsas. Mas quando sairmos da armadilha que nos prende ou rompermos as barras da jaula e nos posicionarmos do lado de fora, estaremos diante da profundeza de nosso próprio eu. Ali encontraremos uma paixão purificada, uma força limpa, o nosso melhor e verdadeiro si-mesmo. A tradição deu a este lugar o nome de "alma", aquele ponto onde Deus e a pessoa se encontram, onde é possível a união e onde religião não consiste apenas em palavras, apelos, normas, dogmas, rituais e frequência ao culto, mas verdadeira experiência de encontro. Gosto de difundir o eneagrama porque ele faz parte daquelas poucas coisas que me fizeram ver com meus próprios olhos como várias pessoas mudaram ajudadas por ele.

Caminhos de erro e caminhos de deslize

O eneagrama define seus nove tipos de pessoas a partir de nove "armadilhas", "paixões" ou "pecados capitais". Podemos entender estes pecados como mecanismos de defesa que são estudados e construídos no período do desenvolvimento infantil de uma pessoa para que se vire no mundo em que está[11]. Além disso, há também qualidades caracterológicas "hereditárias" que desempenham seu papel. Mas nem isto e nem aquilo são carta branca para prejudicar a si e aos outros. É de admirar que nos nove pecados do eneagrama se trate em primeiro lugar dos sete *pecados capitais* "clássicos" da tradição escolástica (*soberba, inveja, ira, preguiça, avareza, intemperança* ou *"gula"* e *"luxúria"*) e, em segundo lugar, de dois outros "pecados" (*mentira e medo*) que faltam na doutrina tradicional. Sobre este elenco impressionante de defeitos e sobre seu pano de fundo voltarei mais adiante.

As listas mais antigas dos "pecados de raiz", donde brotam os pecados e vícios "atuais" como galhos de uma árvore, remontam ao século V. João Cassiano menciona oito "pecados de raiz": intemperança, impudicícia, avareza, ira, tristeza, amargura, vaidade, orgulho. Gregório Magno considera a soberba como o autêntico pecado original donde promanam sete outros pecados: vaidade, inveja, ira, avareza, imoralidade sexual, intemperança e preguiça. Mas, finalmente, tornou-se obrigatório o "sagrado" número sete.

Na literatura e pintura medievais, os sete pecados capitais desempenharam papel importante (cf. "O purgatório", na *Divina comédia* de Dante; "Conto do pároco", em *Canterbury Tales* de Chaucer; a pintura alegórica de Jerônimo Bosch).

Interessante é a mudança do conceito de "pecado de raiz" para "pecado mortal". A concepção original de "pecado de raiz" parte da ideia de que a "árvore do pecado" tem algumas raízes principais das quais saem todos os outros pecados. A concepção escolástica de "pecado mortal" dá mais atenção às consequências do pecado. São Paulo já dizia que a morte é o "salário do pecado" (Rm 6,23). Na Epístola de Tiago, o caminho da tentação é consumado através do pecado, na morte: "Ninguém tentado diga: 'É Deus quem me tenta'. Deus não pode ser tentado para o mal nem tenta ninguém. Cada um é ten-

---

11. O teólogo pastoralista americano Donald Capps uniu a doutrina católica tradicional dos sete pecados capitais com a teoria psicológica desenvolvimentista de Erik H. Erikson e chegou à conclusão de que em cada grau de desenvolvimento da pessoa pode se firmar um certo comportamento errôneo ou bloqueio. Mas, por outro lado, pode se desenvolver em cada grau uma "virtude" bem específica (CAPPS, Donald. *Deadly Sins and Saving Virtues.* Filadélfia: [s.e.], 1987).

tado pela própria concupiscência que alicia e seduz. Depois, a concupiscência, após conceber, dá à luz o pecado e este, uma vez consumado, gera a morte" (Tg 1,13-15).

Finalmente, na Primeira Epístola de João, distingue-se entre pecados que levam à morte e que não levam à morte: "Se alguém vir o irmão cometer um pecado que não leva à morte, ore e alcançará a vida para os que não pecam para a morte" (1Jo 5,16). Esta distinção leva em conta o fato de que há faltas de caráter e erros menores que são toleráveis, e formas grosseiras de comportamento errado, de delito contra a vida, que são altamente destrutivos para a alma de alguma pessoa e para a convivência humana.

O perigo dessa doutrina sobre o pecado consiste em que apenas as violações comprovadas das normas são chamadas "pecado", permanecendo esquecida a dimensão profunda do pecado. Por isso, os reformadores recusavam a distinção entre pecados "veniais" e "mortais". Segundo a visão deles, o problema não eram os pecados individuais, mas o próprio homem pecador. O pecado de raiz é a *falta de fé*. Os pecados atuais, concretos, são fruto dela. A crítica justificada à compreensão católico-romana de pecado teve consequências desagradáveis na práxis protestante: os protestantes se consideravam "pecadores" em sentido bem genérico, mas este conceito perdeu todo e qualquer conteúdo concreto. A confissão pessoal caiu em desuso quase por completo. Não é apenas o fato de sermos pecadores que é mortal. A morte se torna concreta em nossas atitudes erradas atuais: prejudicam nossa psique, nosso relacionamento com Deus, nossas relações humanas, a natureza e o mundo. O fato de o pecado *"gerar a morte"*, como se lê na Epístola de Tiago, é mais do que figura de linguagem. Nossa *ganância* destrói animais e florestas, nossa *agressividade* e *medo* levaram a gigantescos arsenais bélicos, a *inveja* e a *avareza* das nações industrializadas são pagas com a vida dos pobres. Em nossa *preguiça* deixamos tudo acontecer como se não nos dissesse respeito. Empregamos neste livro o antigo conceito de "pecado de raiz" para sublinhar que precisamos de uma renovação radical (*radical* vem do latim *radix* = raiz).

O conceito de "pecado" tornou-se de difícil compreensão para muitas pessoas de hoje. Já a própria palavra desencadeia uma oposição. A doutrina da Igreja sobre o pecado foi usada muitas vezes para amedrontar as pessoas. Sobretudo a moral sexual foi apresentada, durante séculos, de tal forma que causava milhares de temores, repressões e sentimentos de culpa. Tudo isso favoreceu que se rejeitasse de todo este conceito. Mas com isso surgiu um vácuo impossível de preencher. Parece-nos mais indicado que haja uma nova compreensão desse conceito. Pecados são endurecimentos e fixações escolhidos pela pessoa e que impedem a energia vital, o amor de Deus fluir livremente. Isto se torna claro principalmente no *medo* que é o "pecado de raiz" do tipo SEIS.

Medo não é categoria moral, mas pode colocar-se entre nós e Deus e, assim, impedir o amor e a vida. Neste livro entendemos por "pecado" aqueles bloqueios e empecilhos colocados pela própria pessoa que interceptam a relação com Deus, portanto, com a plenitude da vida, e cortam nossas próprias potencialidades positivas. Ainda que nossos pecados sejam em parte reação a culpas alheias, nós os "escolhemos", fixamo-nos a eles e somos, neste sentido, responsáveis por eles.

Ao lado da lista dos pecados capitais, havia, naquela época, "catálogos de virtudes", alguns dos quais já na Bíblia: a relação dos sete *dons messiânicos do espírito* que se encontram em Is 11,2 (temor de Deus, piedade, sabedoria, fortaleza, conselho, ciência, conhecimento)[12] e a enumeração dos nove *frutos do espírito* por São Paulo (Gl 5,22: caridade, alegria, mansidão, paz, longanimidade, afabilidade, bondade, fidelidade, continência). A lista "clássica" mais conhecida de virtudes é a combinação das quatro "virtudes cardeais", de Aristóteles (justiça, inteligência, moderação, coragem), com as três virtudes "teológicas" de 1Cor 13,13 (fé, esperança e caridade). Estas são as "sete virtudes" que muitas vezes foram representadas alegoricamente na arte (por exemplo, no "Poço das virtudes", diante da Igreja de São Lourenço, em Nurenberg). Geoffrey Chaucer (ca. 1340-1400), o maior poeta inglês antes de Shakespeare, apresenta em seu "Conto do pároco", no livro *Canterbury Tales*, uma lista muito interessante: parte do princípio de que há ao menos uma virtude específica como antídoto para cada um dos pecados capitais. E nisso temos uma grande proximidade ao eneagrama, pois os pares correspondentes em Chaucer são praticamente idênticos aos do eneagrama.

---

12. Para os sete dons do Espírito, cf. SPLETT, Jörg. *Zur Antwort berufen*, Frankfurt no Meno: [s.e.], 1984, p. 94-110. Seguindo São Boaventura, Splett agrega os sete dons tradicionais do Espírito aos sete pecados capitais. Assim são obtidas as sete virtudes tradicionais. Cada um dos pedidos do Pai-nosso serve a este processo. Depois é agregada a cada grupo uma das bem-aventuranças em Mt 5. Temos assim as seguintes carreiras de 5 elementos; Temor de Deus, soberba, temperança, santificado seja o vosso nome, pobreza; piedade, avareza, justiça, venha a nós o vosso reino, mansidão; ciência, ira, prudência, seja feita a vossa vontade, pesar; fortaleza, preguiça, firmeza, o pão nosso de cada dia nos dai hoje, fome e sede; conselho, cobiça, esperança, perdoai-nos as nossas ofensas, misericórdia; inteligência, gula, fé, não nos deixeis cair em tentação, pureza de coração; sabedoria, luxúria, amor, livrai-nos do mal, espírito pacífico.

O "Conto do pároco", de Chaucer, é uma espécie de retrato da confissão. Deus gostaria que todos fossem salvos, mas há muitos caminhos para a cidade celestial. Um deles é o *arrependimento* – o lamentar os próprios pecados – e o bom propósito de não mais pecar. Há pecados veniais e mortais. O pecado mortal consiste em amar mais uma criatura do que a Deus. Para cada um desses pecados um remédio, uma virtude salvadora. Contra a *soberba* se coloca a *humildade*, contra a *inveja* temos o verdadeiro *amor a Deus*, o remédio contra a *ira* é a *paciência*, a *preguiça* é vencida pela *coragem*, a *ganância* pela *misericórdia*, a *gula* pela *sobriedade* e *temperança*, a *libertinagem* pela *castidade*. A *confissão* e *reparação* da culpa através de esmolas, jejuns e sofrimentos corporais levam às alegrias eternas no céu[13]. Falaremos dos "frutos do espírito" quando descrevermos os dons ou "virtudes" específicos dos nove tipos do eneagrama. Este conceito bíblico (Gl 5,22) apoia-se, como o conceito do pecado de raiz, na imagem da árvore da vida. Jesus diz: "Árvore boa dá bons frutos" (Mt 7,17).

Os três centros: ventre-coração-cabeça

Os nove tipos do eneagrama, como já dissemos, são dispostos na linha circular no sentido em que andam os ponteiros do relógio. Cada três tipos formam um grupo.

O grupo que abrange os tipos OITO, NOVE e UM é o grupo das *pessoas do ventre*. Seu centro de gravitação está no baixo-ventre onde se encontra a "matéria-prima" de nossa existência: o instinto de poder, nossa sexualidade, os instintos. Neste sentido, falamos também do grupo dos *tipos sexuais*. Reagem imediata e espontaneamente sobre o que encontram e não filtram primeiro a realidade através do cérebro. Os tipos DOIS, TRÊS e QUATRO são as *pessoas do coração* ou os *tipos sociais*. Os tipos CINCO, SEIS e SETE formam o grupo das *pessoas da cabeça* ou os *tipos autoconservadores*.

---

13. Isto está bem acentuado na doutrina eclesiástica da Idade Média. Mas encontra-se também nos contos de Chaucer evidente acolhida de textos sufistas, sobretudo do *Parlamento dos pássaros,* do mestre sufista Altar. Cf. "Resumo do sermão", de CHAUCER, Geoffrey. *The Canterbury Tales*. Harmondsworth: [s.e.], 1977, p. 505s. • SHAH, Idries. *Die Sufis*. [s.l.]: [s.e], p. 98.

Fig. 2. *O eneagrama e os três centros*

A psicanalista americano-alemã Karen Horney partiu inicialmente da concepção de que havia três tipos de pessoas, ou seja, três "soluções neuróticas" para os conflitos vitais: um grupo que se afasta dos outros, o segundo que cultiva uma atitude hostil para com os outros e o terceiro que se volta para os outros[14]. Gurdjieff distingue três regiões corporais: cabeça, coração e ventre, atribuindo-lhes espécies diferentes de "inteligência". À cabeça atribui o centro mental, ao coração o centro emocional, ao ventre o centro sexual, instintivo e motor[15]. Em cada pessoa predomina uma dessas três regiões corporais.

Daremos uma rápida visão dos três centros. De imediato pode-se perceber que os pertencentes aos diferentes grupos precisam de impulsos também diferentes para sua integralização. Por isso já daremos aqui rápidas indicações sobre a forma de espiritualidade que pode aju-

---

14. HORNEY, Karen. *Unsere inneren Konflikte*. Frankfurt no Meno 1984, p. 15. Em seu livro *Neurose und menschlichs Wachstum* (Frankfurt no Meno 1985, sobretudo da p. 208 a 326) fala de "soluções expansivas" (barriga), "autonegação como solução" (coração) e "resignação" (cabeça).
15. Cf. PALMER, p. 48.

dar os integrantes dos diversos grupos a superar as respectivas unilateralidades.

Centro no ventre

Os *tipos ventrais*[16] correspondem aos "tipos hostis" de Horney. O centro corporal que os rege principalmente é o aparelho digestivo e o plexo solar. Pessoas ventrais reagem *instintivamente*. *Ouvidos* e *nariz* são seus sentidos mais aguçados. Numa nova situação dizem em primeiro lugar: "Aqui estou, tratem comigo" – ou perguntam: "Como estou *eu* neste momento?" A vida é para eles uma espécie de campo de batalha. Interessam-se por *poder* e *justiça* de forma muitas vezes inconsciente. Precisam saber quem está no comando, são em geral *diretos,* abertos ou dissimuladamente *agressivos* e reivindicam seu próprio "espaço". Pessoas ventrais vivem no presente, recordam o passado e esperam algo do futuro. Mas é difícil para eles seguir um plano bem definido e manter-se fiel a ele. Quando se dão mal, atribuem a culpa geralmente a si mesmos: "Fiz tudo errado. Sou mau". As pessoas ventrais são regidas – consciente ou inconscientemente – por agressões. Mas têm pouco domínio sobre suas angústias e temores que ficam escondidos atrás de uma fachada de autoafirmação. Externamente atuam com desembaraço e firmeza, ao passo que internamente podem ser atormentados por dúvidas morais.

Seu primeiro contato com Deus é muitas vezes o *pai.* As práticas de meditação, onde estão voltados inteiramente sobre si mesmos e sobre o próprio corpo (por exemplo, o zen) parecem-lhes fáceis. Uma vez que seguem muitos impulsos "instintivos", faz parte de sua tarefa vital que da "variedade amorosa" brote o *amor.*

Centro no coração

A energia das *pessoas do coração* (os "tipos que se voltam para os outros", de Horney) move-se em direção aos outros. O mundo

---

16. As referências aos três centros baseiam-se em parte num trabalho não publicado (dezembro de 1988) de Hildegard Ehrtmann; utilizado com consentimento da autora.

dos sentimentos subjetivos é seu domínio. Seu tema são as *relações* inter-humanas. O *coração* e o *sistema circulatório* são seu centro corporal. Os sentidos mais desenvolvidos são o *tato* e o *paladar*. Assim como nas pessoas ventrais o importante é o poder, nestas o que interessa é o *estar à disposição*. É difícil se concentrarem sobre si mesmas. Em cada nova situação perguntam logo de saída: "Vocês precisam de mim?" ou "Com *quem* estou reunido?" Encaram a vida como *tarefa* que precisa ser executada. Por isso procuram (muitas vezes de forma não consciente) *prestígio e aparência*. O lado positivo disso é que possuem em geral um *sentimento de responsabilidade* bem desenvolvido. Tendem a adaptar-se, a reclamar atenção e espaço e a saber melhor das coisas. Muitas vezes são dominadas pelo que os outros pensam delas e julgam saber o que é bom para os outros. Enquanto vivem exageradamente sua preocupação pelos outros, reprimem suas agressões e se escondem por trás de uma fachada de bondade e ativismo. Exteriormente atuam de forma desembaraçada, alegre e harmônica, mas internamente se sentem muitas vezes vazias, incapazes, tristes e envergonhadas.

As formas de piedade que possuem calor e tranquilidade sociais (por exemplo, comunidades de oração) exercem sobre estas pessoas grande atração. Porém, antes de mais nada, precisam aprender a ficar sós e a rezar de tal forma a não serem percebidas nem recompensadas pelos outros. Valem especialmente para elas as palavras de Jesus: "Quando rezares, entra no teu quarto, fecha a porta e reza ao Pai que está no oculto" (Mt 6,6). Seu encontro com Deus acontece em geral através de uma experiência comunitária (*Espírito Santo*). Mas, em dado momento, este passo deve levar para o sossego e a solidão, para que a vida de oração não se torne uma autoilusão. Dietrich Bonhoeffer diz: "Quem não sabe viver só, cuide-se da comunidade"[17]. Pelo fato de as pessoas do coração acharem que podem tudo, é difícil para elas aceitarem a salvação como graça total. Sua tarefa vital consiste em fazer nascer a verdadeira *esperança* daquele muito que constantemente esperam.

---

17. BONHOEFFER, Dietrich. *Gemeinsames Leben*. Munique: [s.e.], 1983, p. 64.

Centro na cabeça

O grupo que abrange os tipos CINCO, SEIS e SETE tem "o maior peso na cabeça". Trata-se, na classificação de Horney, dos "tipos que se afastam dos outros". Sua torre de controle é o cérebro. Segundo Horney, a energia cerebral é uma energia que se afasta dos outros. Em cada situação os integrantes desse grupo dão primeiro um passo para trás para refletir. São regidos pelo sistema nervoso central e o sentido mais desenvolvido neles é a *visão*. Numa situação nova querem primeiro localizar-se: *"Onde* estou?" ou: "Como isto tudo se ajusta?" Encaram a vida principalmente como enigma e mistério. Têm grande senso de ordem e dever. Sua atitude é, em geral, isenta e objetiva ("Está correto!"). Parecem ter menos necessidades e podem deixar espaço para os outros. Pessoas da cabeça se perguntam muitas vezes: "Será que sou dependente? Será que sou independente?" Agem apenas depois que refletiram e então prosseguem metodicamente. Em situações de necessidade, acusam a si mesmas de bobas e indignas. Enquanto seu medo é exagerado, escondem não raro seus sentimentos de ternura atrás de uma fachada de objetividade e imparcialidade. Externamente agem de forma clara, convincente e inteligente, mas internamente sentem-se muitas vezes isoladas, confusas e absurdas[18].

Seu encontro com Deus é muitas vezes *o filho*, no qual Deus se manifestou e se tornou *visível*. Sua vida de oração pode parecer ao observador de fora seca, abstrata e como simples cumprimento de obrigação, mas estas pessoas conseguem, mediante um rodeio sobre as ideias abstratas, produzir sentimentos ardorosos. Também gostam de formas objetivas de meditação (por exemplo, de contemplação de um quadro) das quais podem aproveitar alguma coisa. As pessoas da cabeça precisam sobretudo dar o passo do pensar para o agir e o passo do isolamento para a comunidade. Para elas vale a segunda parte da citação de Bonhoeffer: "Quem não está em comunidade cuide-se do estar só"[19]. Sua tarefa vital consiste em que das muitas dúvidas e verdades

---

18. Cf. o poema de Dietrich Bonhoeffer "Wer bin ich", nota 10 da Parte I deste livro. Bonhoeffer era uma "pessoa da cabeça".

19. *Gemeinsames Leben,* p. 65.

parciais brote a fé não só na cabeça, mas como autoconfiança da pessoa toda.

As nove faces da alma

A parte principal deste livro apresenta os perfis dos nove tipos do eneagrama. Trata-se de esboços grosseiros e às vezes de caricaturas. O exagero serve para salientar melhor os contornos. Nem todas as características se encontram em todos os representantes de determinado tipo. É uma proposta para encontrar-se a si mesmo no espelho desta exposição. Também a conclusão *"Não* sou assim" faz parte do legítimo autoconhecimento.

O mesmo objetivo é perseguido com a apresentação de certos símbolos: a cada tipo é atribuída de maneira tradicional uma série de *animais*. Características comportamentais, verdadeiras ou aceitas em geral, desses animais têm sua correspondência na natureza do tipo em questão. Também certos *países* respondem por algumas características tipológicas. Com isso não se quer atiçar qualquer preconceito étnico. Trata-se antes de um enfoque lúdico da energia correspondente e deveria, por isso, ser considerado como um toque de humor. Também são mencionados *cores simbólicas, figuras bíblicas, santos e personalidades da história, literatura* e do *domínio público* para que o quadro se torne mais colorido e receba "carne". Estes exemplos correspondem, em parte, à avaliação subjetiva dos autores e não pretendem ser obrigatórios. Ao contrário, gostaríamos de despertar a fantasia dos leitores para que, no campo dos símbolos, passível de múltiplas interpretações, façam suas próprias viagens de descobertas e encontrem o próprio material para a energia correspondente. Seria fascinante, por exemplo, com a ajuda do eneagrama, dar nome às forças que predominam nos contos de fadas ou vincular as nove energias a estilos de música ou tipos de dança.

Viajaremos, a seguir, partindo do tipo UM – poderíamos também começar em qualquer outro ponto – em volta do círculo todo e veremos como os caracteres e seus traços mudam num *fluir em continuidade*. Conclui-se daí que todo tipo traz em si também características de seu vizinho, as assim chamadas "alas". Abordaremos oportunamente este importante fenômeno. Ao falarmos dos nove esboços voltaremos ao assunto com maiores detalhes.

Até agora não existe ainda um teste comprovado e fundamentado para descobrir o próprio tipo. É conveniente, pois, ler primeiro as nove descrições. Alguns logo verão onde "se encontram em casa". Outros precisarão de mais tempo. Bom critério é o seguinte: Quando, numa descrição tipológica, a coisa fica "feia" para mim, pode ser que me encontre em solo pátrio. O conhecimento propriamente dito vem muitas vezes ligado a uma reação inequívoca, mas que, não raro, só se manifesta após semanas e meses, e após conversas com outras pessoas.

Cada um dos nove tipos abrange faixa bem ampla que podemos imaginar como sendo uma escala contínua entre os polos extremos "não redimido" (imaturo, insalubre) e "redimido" (maduro, saudável). A pessoa não redimida – não importa o tipo a que pertença – é presa de si mesma. Lutero fala do *homo incurvatus in se ipsum* (o homem encurvado sobre si mesmo). Estas pessoas levam-se a si mesmas muito a sério e acham que seu ponto de vista é tudo. Os sufistas chamavam o eneagrama a "face de Deus". Consideravam o caminho da salvação dos homens assim: que ele ou ela fossem capazes sempre de abandonar o próprio lugar para contemplar a vida de um outro ponto que não a própria estreiteza acanhada e fixista. É relativamente fácil passar do próprio lugar para as "alas" ou números vizinhos. Mas quanto mais nos distanciarmos do próprio número, mais difícil ficará. As energias que residem no outro lado do círculo parecem-nos, a princípio, bem estranhas e distantes. Mas quão enriquecedor seria se pudéssemos chegar lá! Se pudéssemos calçar os nove pares de sapatos e contemplar a realidade dos nove lados, veríamos o mundo com os olhos de Deus. Mas, presa em si mesma, a pessoa não é capaz disto.

No outro extremo do espectro temos a personalidade *redimida.* Ninguém de nós ainda chegou lá. Encontramo-nos entre os dois polos. Quanto mais velhos e amadurecidos ficamos e quanto mais nos aproximamos de Deus, o centro, tanto mais também nos aproximaremos do lado redimido. Para fazer isso não precisamos evidentemente conhecer o eneagrama. Pelo fato de o conhecermos, não nos tornamos os nove tipos de super-homens. O eneagrama articula algo que as pessoas espiritualmente maduras sempe compreenderam e praticaram intuitivamente.

Em minha vida já encontrei muitas pessoas que trilhavam um caminho interior autêntico. Sobretudo entre as religiosas encontrei algumas que realmente cumpriam suas tarefas espirituais. A gente percebe de imediato quando se encontra uma pessoa liberta e íntegra. Todos somos capazes e chamados a seguir este caminho. Grande ajuda para isto é a comunidade. Dificilmente o lutador solitário se converterá de verdade, pois se isola daquelas outras vozes e verdades que questionam e complementam sua concepção.

A redenção é obra da graça divina que acontece sem a nossa participação, quando nos soltamos e nos expomos a uma realidade maior, quando nos deixamos cair no centro, em Deus. E quando tivermos feito isto, perceberemos que não foi obra nossa esta soltura e esta abertura para Deus, mas obra do amor de Deus para conosco.

Ao contrário de outros autores, recusamos dar aos nove tipos, além dos números, *nomes* fixos. A classificação por *números* não significa que se trata de avaliações. Todos os nove tipos são "pessoas decaídas" que precisam de redenção para se tornarem sempre mais aquilo que já são perante Deus. Nenhum tipo é melhor ou pior do que o outro. Todos necessitam da redenção e têm dons únicos que só eles podem trazer para a comunidade.

Já ficou dito que julgamos valiosa a aplicação do eneagrama nos anos da meia-idade e depois dela. Nesta idade, alguns já deixaram para trás de si tanto "trabalho interior" que muito do que se diz na descrição dos tipos não mais se aplica a eles em toda a extensão. Por volta dos 20 anos vivemos em geral de nossa energia principal. Por isso é aconselhável, quando da leitura das descrições, perguntar-se às vezes: "Como era eu quando tinha 20 anos?"

A descrição de cada tipo divide-se em quatro partes: após uma visão geral minuciosa do respectivo tipo, apresentamos seu *dilema* específico. Abrange ele a *tentação* específica do tipo de tratar os conflitos da vida de modo todo seu; os respectivos *pecados de raiz, fugas e me-*

canismos de defesa são descritos. Também nesta parte estão as primeiras referências aos dons ou *frutos do espírito,* que são o reverso do pecado de raiz. Finalmente, apresenta-se a *armadilha* ou fixação de cada tipo. E, assim, entendemos ter mostrado seu modelo de percepção e ação, seu programa inconsciente de vida. Num terceiro passo seguem-se os *símbolos (animais, países, cores)* e *exemplos* da literatura, da história e da Bíblia. Ao final, temos indicações que podem colaborar para a respectiva *conversão* e *salvação:* a vocação específica ou *convite* para a mudança, *tarefas de vida* específicas e sugestões para o comportamento consigo mesmo. Completa esta última parte a apresentação de um(a) *santo*(a), isto é, de uma pessoa que, sem negar o seu tipo, colocou criativamente seus dons a serviço da vida.

Ao final do livro encontram-se os conceitos, reunidos em forma de tabela. Podem destacar estas páginas para tê-las rapidamente à mão na leitura do livro ou em diálogos sobre o eneagrama.

Parte II

OS NOVE TIPOS

Tipo Um

Visão geral[1]

As pessoas do tipo UM são idealistas, movidas por grande desejo de um mundo de verdade, justiça e ordem moral. São leais, amigas e podem animar os outros a trabalharem a própria personalidade e a crescerem para além de si mesmos. Muitas vezes são bons líderes e professores que se esforçam para dar bom exemplo. Têm dificuldade em aceitar as imperfeições próprias e as dos outros. Só quando estão bem à vontade conseguem aprender aos poucos a conviver num ambiente imperfeito e a confiar no crescimento do bem (do Reino de Deus).

Eu pessoalmente sou tipo UM. A maior parte dos que são do tipo UM tentaram ser crianças-modelo desde a infância. Bem cedo internalizamos aquelas vozes, pronunciadas ou não, que exigiam: "Seja bom! Comporte-se! Esforce-se! Não seja pueril! Faça melhor!" Já então decidimos merecer o amor do meio ambiente satisfazendo as expectativas e sendo "bons". Tentamos encontrar, desenvolver e respeitar padrões segundo os quais pudéssemos julgar o que era "bom" e "mau", "certo" e

---

1. Parte da "visão geral" apoia-se em materiais não publicados do Institute for Spiritual Leadership Chicago (1984) na elaboração de Hildegard Ehrtmann (1987).

"errado". Esta voz exigente jamais se calava em nós. No que se refere a mim, ela vinha de minha mãe. Muitas vezes um dos pais é um tipo UM moralista, perfeccionista ou eterno descontente, avarento no elogiar, pressupondo como normais tarefas acima da média. Nós, pequenos tipos UM, fazíamos essas tarefas para não perdermos o amor das pessoas com as quais tínhamos a relação mais forte.

Alice Miller descreveu o "drama da criança bem-dotada" num livro com este mesmo título[2]. Muitos pais compensam sua falta de vivências e sonhos não realizados tentando recuperar e realizar nos filhos aquilo que lhes falta. Para não perder o amor dos pais, a criança aprende a satisfazer as necessidades e expectativas do pai ou da mãe; mas perde com isso sempre mais o contato com os próprios sentimentos, necessidades e com o verdadeiro si-mesmo. Muitos tipos UM são tais "crianças bem-dotadas".

Segundo opinião de Sigmund Freud, grande culpa cabe neste contexto à educação para a limpeza. A criança-modelo é desde pequena "limpa". Riso, que tentou harmonizar os tipos do eneagrama com as categorias de Freud, descreve o tipo UM como *retentivo-anal*. Isto significa, no campo fisiológico, a recusa de produzir evacuação. Esta recusa indica um bloqueio contra a produção de sujeira. Enquanto jovem, Lutero – um clássico tipo UM – sofreu continuamente de prisão de ventre até sua "experiência da torre"[3].

Eu era o querido da mamãe. E tudo fazia para não perder esta posição privilegiada. Para manter as atenções de minha mãe, satisfiz suas expectativas. Às vezes, nós, do tipo UM, fazemos da necessidade uma virtude. Nosso autocontrole e nossa presumida superioridade moral tornam-se um "prazer substituto" à renúncia de "prazeres inferiores" que nos impomos. Lembro-me do que me disse mamãe certa vez: "Não seria maravilhoso ter um filho que fosse sacerdote?" E aqui estou eu! Por ser um bom rapaz, fiz o que mamãe desejava. Na época pré-conciliar dos anos de 1950, o melhor que se podia fazer para mostrar que se "trilhava o caminho todo" com seriedade e coerência era tornar-se padre.

Nós do tipo UM procuramos ser bons para não sermos castigados. Queremos evitar a todo custo que nossas vozes interiores nos conde-

---

2. MILLER, Alice. *Das Drama des begabten Kindes und die Suche nach dem wahren Selbst.* Frankfurt no Meno: [s.e.], 1979.

3. Cf. RISO, p. 326.

nem. Neste meio-tempo já não é minha mãe "realmente existente" que assume este papel. Fui eu que internalizei as pretensões de minha mãe: *ela* se tornou *eu* e está em mim. São minhas próprias vozes primitivas que agora me acusam se não estiver suficientemente "pronto ao sacrifício, se não for "bom" ou "generoso". Não se trata aqui necessariamente de espírito de sacrifício, bondade e generosidade *objetivos*, mas daquilo que eu entendo por isso. Estas vozes não se calam jamais e me perseguem dia e noite com a pergunta: "Você é bom o suficiente?" Em nosso íntimo há um tribunal perene. Somos nosso próprio acusador e estamos, ao mesmo tempo, no banco dos réus. Estas vozes conflitantes ficam argumentando o tempo todo, discutem entre si, contradizem-se, corrigem-se. Quem não for do tipo UM mal pode imaginar quão cansativo é suportar este processo primitivo e interno sem fim.

Neste ponto tem que entrar em cena minha "testemunha de defesa", meu "examinador objetivo do processo" ou meu "advogado" e dizer: "Pare com isso, Richard! Não se deixe enlouquecer por seus próprios padrões exagerados e por seus princípios morais. E lembre-se que isto são suas opiniões *subjetivas* e não a verdade *objetiva!*"

A criança do tipo UM renunciou ao desenvolvimento do seu verdadeiro eu para agradar aos outros e merecer o amor das pessoas que diziam: "Você estará bem somente quando for perfeito". Foi privada da infância; teve que agir muito cedo como adulto. Muitas vezes foi obrigada a assumir a responsabilidade por uma família, seja para suprir a falta de um dos pais, seja para se constituir em exemplo para os irmãos menores.

O escritor Erich Kästner (1899-1974), filho de mãe solteira, "criança-modelo", "idealista" e "moralista", como ele mesmo se chamava, foi uma criança bem-dotada. Nunca se casou e escreveu para sua mãe, até a morte dela, diariamente(!) ao menos um cartão. Seus livros infantis alcançaram fama mundial. Alertava seus leitores infantis: "Não deixem tirar-lhes a infância!", mas os heróis de suas histórias infantis (*Emil und die Detektive, Das fliegende Klassen-zinimer, Pünktchen und Anton*) agem como pequenos adultos, são espantosamente maduros, de moral elevada e ajuizados.

Na poesia de Kästner *Zur Photographie eines Konfirmanden* (Fotografia de um confirmando) percebe-se a tristeza de uma infância perdida:

Ei-lo vestido de homem.
Parece estar inseguro,
Parece estar sofrendo,
Talvez pense no que perdeu.
Veste a primeira calça comprida,
Usa a primeira camisa engomada,
Presta-se à primeira pose falsa.
Estranho se sente pela vez primeira.
Ouve seu coração martelar.
Parado, não sente firmeza,
Percebe o futuro em seus ossos.
Parece atingido por um raio.
Talvez seja esta a explicação
Para o tormento de nosso jovem:
Morre a infância, está de luto,
Escolhe o terno de preta cor.
Seu lugar é apenas entre e ao lado.
Não é grande, não é pequeno.
O que começa agora chama-se vida
E amanhã cedo nela entrará[4].

O que escrevemos até agora diz respeito a muitas pessoas. Ao menos um pouco desse idealismo, moralismo e perfeccionismo está em quase todos, sobretudo nas pessoas educadas na *religião*. Vozes moralizantes são muitas vezes internalizadas e fortalecidas através de uma educação fortemente religiosa.

Eu, por exemplo, recorto dos jornais ainda hoje, com verdadeira paixão, anúncios de ofertas especiais, porque minha mãe fazia o mesmo. Estou sempre atrás de artigos com preço reduzido e mentiria se dissesse que me sinto mal assim procedendo. É uma sensação *boa* economizar dinheiro. Mas que critérios de valor estão por trás dessa compulsão? Isto tudo teria seu sentido se eu distribuísse o dinheiro economizado aos pobres. Mas eu, o franciscano, deposito o dinheiro no banco – o que há de *bom* nisso? No entanto, sinto-me melhor quando posso economizar. Desde a infância, a formação de minha consciência me diz que é melhor, mais acertado e mais sagrado economizar do que gastar dinheiro.

---

4. KÄSTNER, Erich. *Gesammelte Schriften für Erwachsene*. Vol. 1. Zurique: Atrium Verlag, 1969. Copyright by Erich Kästner Erben, Munique, p. 283s.

Minha mãe era uma *dona de casa* alemã e muito boa. A limpeza para ela vinha logo após a santidade. A *minha* casa retrata este comportamento: tudo brilha de limpeza, desde a entrada até o último canto mais escondido. Na casa de Richard Rohr pode-se até comer no chão. Lavo a casa sempre antes de viajar. Se por acaso falecer em viagem e alguém entrar em minha casa saberá que eu era limpo e ordeiro. Eu poderia naturalmente dizer: "Mas isto tanto faz!" Contudo, sinto-me melhor quando tudo está em ordem e limpo. As vozes em meu íntimo estão convencidas de que limpeza é *bom* e sujeira é *mau*.

Sou fanático por ordem e vejo logo quando alguma coisa está fora de lugar. Eu me sinto bem quando tudo está no devido lugar. Os colegas do *Centro de Ação e Contemplação* sabiam muito bem que eu vivia arrumando as coisas e lavando louça suja. Hoje rio disso e já não levo tanto a sério. Sei que é um problema *meu*. Quando os outros não limpam o cinzeiro, já não faço um sermão moralizante, pois sei que, neste campo, sou chato e tenho ideais exagerados.

Dilema

A busca de *perfeição domina nossa vida e é a nossa tentação* propriamente dita. Na luta contra a imperfeição, o tipo UM pode transformar-se num *Dom Quixote* que combate moinhos de vento e sonha o "sonho impossível". Quando encontramos algo que corresponde aos nossos ideais de perfeição, explodimos de alegria e somos, por um instante, a pessoa mais feliz do mundo. Pode ser uma experiência com belezas naturais ou artísticas (um pôr de sol maravilhoso, um quadro belíssimo, uma música perfeita), ou o encontro com certa pessoa que admiramos como "perfeita". Isto nos emociona. Mas quando descobrimos que também esta pessoa tem defeitos e fraquezas, ficamos decepcionados. Pessoas do tipo UM estão sempre se frustrando porque a vida e os outros não são como deveriam ser. E sobretudo se frustram devido à sua própria imperfeição. Por isso sentem atração especial pela vida religiosa: ao menos Deus é perfeito!

O tipo UM é responsável e cumpridor dos deveres. Somos compulsivamente pontuais. Tenho o relógio na cabeça e não preciso de despertador. Quando ordeno a mim mesmo: "Richard, acorde por volta das 15:15h", então acordo no mínimo às 15:14h ou no máximo às 15:16h. Vivemos sob a pressão do tempo, seguimos uma agenda bem definida e um diário bem exato. O tempo passa depressa e eu, aos 46 anos, ainda continuo imperfeito.

Nós, do tipo UM, somos pessoas sérias. Nunca conto piadas; e quando tento recordar uma piada, esqueço a parte mais importante. Só nos permitimos relaxamento e descanso quando tivermos cumprido fiel e meticulosamente todas as nossas tarefas. Mas isto é muito raro. Sempre existe algo que ainda pode ser melhorado. Na luta pelo melhor não há férias. Quando temos um *hobby*, este é quase sempre prático, que possa ser útil e causar alegria aos outros. Eu, por exemplo, gosto muito de fazer tortas. Desse modo tenho sempre algo a oferecer aos meus visitantes.

O tipo UM tem a tendência de renunciar e punir a si mesmo e pode reprimir seus sentimentos e necessidades, ou mesmo matá-los. Somos por natureza ascetas e puritanos e acreditamos poder, assim, salvar a nós mesmos, ou que ao menos *tentamos* atingir o ideal. "Quem eternamente se esforça, este é possível salvar" (Goethe) – isto é muito claro para o tipo UM. É tremendamente difícil para nós deixar as coisas correrem e *aproveitar* a vida. Logo sentimos a consciência pesada. Antigamente, os puritanos americanos declaravam ser pecado dançar e jogar. Calvino, o pai do puritanismo, era tipo UM. A maioria das pessoas do tipo UM tem um lado puritano. Isto não significa que seja infeliz. Posso até me alegrar quando os outros são barulhentos, fazem brincadeiras e piadas. Mas eu mesmo dificilmente consigo participar. Há um lado em mim que se opõe veementemente ao fato de ser tão pouco sério.

Sem a ajuda da oração e da meditação, eu seria provavelmente nada mais do que um crítico alienado. Preciso da oração para ser feliz neste mundo imperfeito. Contudo, o tipo UM precisa superar alguns empecilhos para ter sossego. Quando queremos sossego as vozes internas começam a falar sempre mais alto. Helen Palmer cita uma senhora do tipo UM que conta o que lhe acontece durante a meditação.

Estou sentada meditando e logo percebo quão alto fala dentro de mim o crítico. Mal descubro um pedacinho de calma interna, ouço-o dizendo: "Não está profundo que chega!" ou: "Da outra vez foi mais profundo!" Começo então a discutir com a voz. Ela diz: "Sente-se direito!" Ou: "Você não está se esforçando!" E eu digo: "Mas, estou me esforçando!"[5]

Ainda que não seja fácil, precisamos aprender a conseguir a calma para *perceber* (isto não é difícil para nós) a imperfeição do mundo e *aceitá-la* (esta é a tarefa vital propriamente dita).

Em minhas viagens para dar conferências vi muita coisa que há no mundo: sofrimento, ignorância, fraude, superficialidade etc. Será que isto me deixou furioso? Claro que sim. Mas o que me deixa ainda mais furioso é tudo aquilo que encontro dentro de mim mesmo. Nós do tipo UM ficamos furiosos conosco mesmos. A *ira* é o *pecado de raiz* do tipo UM. Se alguém me tivesse perguntado, quando eu era jovem, sobre meu pecado favorito, teria apontado – como todo rapaz – a *incontinência sexual*. E estava errado. Nem em sonho me teria ocorrido, naquela época, pensar na ira. De todos os pecados capitais clássicos, a ira teria sido provavelmente o último a entrar em cogitação[6].

Nós nos envergonhamos de nossa ira. Nosso pecado e nossa *fuga de* (evitação) coincidem. Evitamos que aconteça a irritação que nos motiva e nos impele e não conseguimos admitir, seja perante nós mesmos, seja perante os outros que somos agressivos. Pois a irritação também é algo imperfeito para nós. Crianças-modelo não são raivosas. Este é o nosso dilema principal. Internamente fervemos de raiva porque o mundo é tão estupidamente imperfeito. Mas não articulamos nossas agressões como tais. Dificilmente as percebemos ou as reconhecemos. Lembro-me de haver discutido com pessoas que disseram: "Reconheça que está muito irritado!" Mas eu disse: "Não, não estou". A mera suspeita de que pudesse ser agressivo me atingiu profundamente. Nossos companheiros percebem nosso pecado bem antes do que nós mesmos. Também este é

---

5. PALMER, p. 91.

6. Andreas Ebert: Uma senhora, conhecida minha, que se reconheceu como tipo UM e cujo marido é do tipo DOIS (o pecado de raiz do tipo DOIS é o orgulho), contou-me que nas discussões desses longos anos de vida em comum sempre se repetia o seguinte: ela lhe lançava em rosto sua raiva; ele lhe exibia seu orgulho. Mostra este exemplo como é difícil perceber nosso próprio pecado, mas descobrimos com a maior facilidade o do outro. Considerações úteis sobre como lidar com a própria raiva encontram-se em Matthew e Dennis Linn SJ, *Beschädigtes Leben heilen* – Was Gebet und Gemeinschaft helfen können. Graz/Viena/Colônia: [s.e.], 1986.

o motivo por que precisamos do convívio de outras pessoas. Quando estamos sós facilmente nos entregamos à ilusão de sermos verdadeiros santos. Deus nos deu as outras pessoas para nos manterem no chão da realidade. O tipo UM se envergonha da própria raiva. Força-se a ser "objetivo" e apresentar seus argumentos, mesmo fervendo interiormente: "Não estou com raiva de você, ainda que tenha direito, por estas ou aquelas razões, de estar com raiva de você".

O *mecanismo de defesa* que o tipo UM desenvolve para não precisar mostrar sua irritação chama-se *controle de reação*. Em vez de reagir direta e imediatamente, ocorre em nosso interior, em fração de segundos, um processo de censura que decide sobre o que devemos externar e de que forma.

O fato de não podermos dar livre curso às nossas agressões produz em nós uma pressão às vezes terrível. Podemos ser panelas de pressão ambulantes. Ferve em nós o rancor reprimido que se condensa cada vez mais e que investe contra as vozes que sempre martelam: "Você é um bom rapaz, uma boa moça. Uma boa criança não é agressiva". A fúria com que o tipo UM trabalha é uma tentativa de abrir a válvula do vapor e gastar energia.

A compulsão de praticar "boas obras" que levou, finalmente, o tipo UM Martinho Lutero ao desespero está em todas as pessoas do tipo UM. Comigo aconteceu que me transformei no conhecido aperfeiçoador do mundo. Se não bastasse fundar em Cincinnati uma comunidade própria (a Igreja existente não era o bastante!), tivemos que chamá-la *New Jerusalem,* a Nova Jerusalém! Isto é, por assim dizer, a perfeição da perfeição. Onde está a Nova Jerusalém? Em Cincinnati, Ohio! Isto é apenas um resultado de nosso ideal de perfeição. Apesar disso, nunca estamos satisfeitos com o que já aperfeiçoamos. Nossa voz interior continua a perguntar-nos sempre pelos nossos motivos interiores: "O que está por trás de suas boas obras? Você só faz isso para ter boa aparência diante de você, dos outros e de Deus!" Lutero é o melhor exemplo desse mecanismo que atua no tipo UM. Mais adiante voltaremos a ele.

Há também muitas pessoas do tipo UM que procuram resolver seu dilema de forma bem diferente. Podem chegar ao ponto de levar uma vida dupla. Em público e lá onde são conhecidas e observadas comportam-se sempre de modo correto, moral e irrepreensível. Mas quando percebem que não são observadas ou quando estão em ambiente estranho pode suceder que pratiquem às ocultas tudo o que proibiram a si (e aos outros). Isto se aplica, entre outras coisas, a seus desejos sexuais reprimidos. O tipo UM neurótico pode pregar a moral e viver sem moral como ficou demonstrado no escândalo dos pregadores puritanos da televisão norte-americana. Pessoas doentias do tipo UM são farisaicas e hipócritas. Aos fariseus que queriam apedrejar uma "pecadora" apanhada em recente ato do adultério diz Jesus: "Aquele de vós que estiver sem pecado atire-lhe a primeira pedra" (Jo 8,7).

O dom específico ou *o fruto do Espírito* que distingue os integrantes maduros do respectivo tipo é sempre o reverso de seu pecado de raiz. O fruto do Espírito do tipo UM é a *jovial serenidade*. Como chegar de meu pecado de raiz a este dom? Desde minha infância convivi com minha irritabilidade desconhecida e reprimida. Quando a descobri, fiquei tão chateado com ela por algum tempo que aprendi finalmente a lidar melhor e mais construtivamente com minha agressividade do que todos os outros tipos. Ela ainda está em mim e lá estará sempre. Mas já não a levo tão a sério. A mim pessoalmente me ajuda de três formas a atingir aquele objetivo: *a oração, o amor e a natureza*. Quando rezo posso libertar-me sempre mais das vozes do dever e da responsabilidade e abandonar-me a Deus, o *grande amante*. Isto me leva diretamente ao *amor*. Como diz Paulo, o amor é o verdadeiro *"vínculo da perfeição"* (Cl 3,14). Por isso devo cuidar todo dia para me enamorar de alguém, de alguma coisa, mesmo que seja apenas uma árvore ou o admirável céu cor de turquesa do Novo México. Quando não amo, as vozes negativas imediatamente se impõem. E, por último, ajuda-me em muito a *natureza*: Deus, o amor e a natureza são perfeitos. Por isso quase todas as pessoas do tipo UM são amigas da natureza. Foi raro encontrar pessoas desse tipo que não gostassem de cultivar flores, trabalhar no jardim ou passear no mato. Sentem-se à vontade nos movimentos ecológicos. Têm um pendor especial para tudo que é verde, cresce e floresce. Sem a natureza, sem o amor e sem Deus, dificilmente chegamos à jovial serenidade e à paciência, mas continuamos idealistas e ideólogos agressivos que julgam os outros e exigem que sejam melhores e se "aperfeiçoem" segundo nossa concepção.

Além da serenidade do tipo UM redimido, possuem as pessoas do tipo UM ainda outros dons quando alcançaram certo grau de maturidade interior: são *senssatas, justas* e *ponderadas*. Por isso somos bons professores. Pessoas do tipo UM gostam de ser professores ou párocos, quando não realizam seu amor pela ordem em profissões como contabilista[7]. Podemos ser compulsivamente ponderados. Em *New Jerusalem* dizia-se que todas as minhas pregações sempre tinham dois aspectos: *de um lado* e *de outro lado*. Queremos ser honestos e, por isso, olhamos sempre também o outro lado. Isto é *maldição* e *bênção* ao mesmo tempo, e explica por que tantas vozes diferentes estão em compasso de espera no nosso tribunal interno. Quase todas as pessoas maduras do tipo UM dão respostas bem pensadas e ajuizadas. Sua opinião passou pelo fogo da crítica interna; todo *se* e *mas* foi resolvido internamente antes de ser expresso em público. Por isso é difícil refutar o tipo UM[8].

Pessoas do tipo UM pouco desenvolvidas são facilmente moralizantes, falam sempre com o dedo indicador em riste e criticam todo o mundo. Identificam-se com seus ideais e podem agir de modo bem arrogante e farisaico. Todos do tipo UM vivem no limiar do farisaísmo, convencidos da retidão de seu pensar e agir. Disso nos precisam lembrar e dissuadir os nossos semelhantes.

Pessoas do tipo UM têm dificuldade de tomar decisões importantes porque poderiam cometer um erro. Tendem, então, a vacilar e hesitar. E por isso também muitas vezes não progridem porque estão ocupadas com erros antigos. Não conseguem passar para a próxima tarefa se o passado não estiver resolvido. Podem com isso transformar-se na dor de consciência de uma família ou de um povo. Mantêm viva a lembrança da culpa passada e são profetas da conversão e da renovação. É uma de suas maiores forças, mas pode atuar também de forma bem penetrante. Riso denomina o tipo UM de *reformador*.

---

7. Andreas Ebert: Minha avó, do tipo UM, era contadora. Ia muito bem na profissão. Limpeza, boas maneiras e ordem eram sua vida. A desordem que nós, crianças, fazíamos era um pesadelo para ela. Pouco antes de falecer disse: "Sempre fiz tudo certo e nunca fiquei devendo nada a ninguém". Esta mulher, aparentemente tão bem comportada, havia escondido um judeu durante o Terceiro Reich. Neste ponto, seu sistema de valores e seu senso de "boas maneiras" eram tão surpreendentes, capaz de levá-la a um ato tão corajoso.

8. Andreas Ebert: Um amigo meu (tipo SETE), casado com uma mulher do tipo UM, queixava-se: "Quando brigamos, *ela sempre* tem razão. O que ela diz é indiscutível, ao passo que meus argumentos são impulsivos e fracos. Pode até ser verdade. Mas gostaria de ao menos *uma vez* ter razão".

A *armadilha* da qual precisam ser libertadas as pessoas não redimidas do tipo UM é sua *suscetibilidade*. Precisam aprender a aceitar a si e aos outros, em vez de pronunciar julgamentos sobre tudo e sobre todos. Precisam aprender a enxergar a trave no próprio olho antes de preocupar-se com o cisco no olho dos outros que percebem imediatamente (cf. Mt 7,3-5). Pessoas do tipo UM imaturas e compulsivas atuam de modo repelente. Os outros se sentem continuamente criticados por elas, mesmo que não digam palavra alguma. Os presentes notam esta corrente de energia negativa. No exercício da pastoral, encontrei pessoas que me disseram: "Tenho dificuldade em me abrir com você porque temo que me julgue até o mais íntimo". Mesmo sem querer, parece que esta energia às vezes se desprende de mim. Como posso livrar-me disso? Provavelmente nunca o conseguirei de todo. Mas posso tentar com as pessoas em questão *um relacionamento de confiança* que faça com que minha capacidade crítica sirva de inspiração, libertação e alegria para o outro, em vez de oprimi-lo e rebaixá-lo. Sem este relacionamento, meus juízos não servem de nada para os outros e podem atuar destrutivamente.

O tipo UM tem a tendência de pensar que é o *cavaleiro branco* que vai pelo mundo para salvá-lo. Sabe extirpar de vez o prazer secreto, o mal. São Jorge ou o Arcanjo Miguel, matadores do dragão na tradição cristã, são os padroeiros desse lado do tipo UM.

Nos relacionamentos, a energia do tipo UM pode levar a grandes complicações. O tipo UM se apaixona facilmente por uma pessoa que lhe parece perfeita. Mas quando se manifestam os primeiros pontos fracos e o verniz começa a descascar, o tipo UM começa a resmungar para ver se consegue mudar a tal pessoa. O tipo UM não consegue entender que o outro não se *esforce* seriamente para ser "uma pessoa melhor". Quando esta pessoa reconhece seus erros, pede perdão, promete emendar-se e mostra por atos concretos que deseja mudar, o tipo UM é capaz de perdoar e esquecer com magnanimidade. Mas o perdão do tipo UM raras vezes é totalmente incondicional.

O tipo UM consegue guardar na memória uma lista dos defeitos de outras pessoas e ser rancoroso. Pode perdoar, mas dificilmente vai esquecer. Isto se explica pelo fato de nosso rancor ser a nossa fonte de energia propriamente dita e nos ajudar a nos observarmos a nós mesmos. A potência crítica desse rancor é nossa contribuição para qualquer comunidade –, mas não é a verdade total. Se me identificar demais com minha ira e me quedar zangado porque considero meu ponto de vista a contribuição decisiva, os outros deixarão aos poucos de me levar a sério.

Símbolos e exemplos

O *animal* ao qual é referido o tipo UM não redimido é o *cão terrier*, sempre agressivo e latindo. As *formigas* e *abelhas* simbolizam seu ativismo. Estão sempre ocupados em construir e manter o Estado ideal. As abelhas experimentam todas as flores e só ficam com o melhor, o mel. São fiéis à sua colmeia e trabalham para o crescimento de sua comunidade.

A nação simbólica do tipo UM é a *Rússia*. Os utopistas, revolucionários e autores russos como Dostoievski e Tolstoi corporificam o sonho de um mundo mais perfeito e de uma sociedade mais humana. Também Michail Gorbatschow representa este ideal reformista. Não querem derrubar pela força o sistema vigente, mas transformá-lo evolutivamente.

A *cor* do tipo UM é a cor *prata,* uma cor refrescante, sóbria e clara. Representa a luz da lua que deriva sua claridade do sol (o ideal mais elevado). O tipo UM redimido está para a mudança e o crescimento como o humilde prateado da luz do luar.

Lucy van Pelt, a adversária de Charlie Brown na história em quadrinhos *Peanuts*, é a caricatura do tipo UM não redimido. Está sempre preocupada em mudar o mundo todo (e sobretudo o eterno perdedor Charlie Brown) e se recusa a aceitar um mundo que não seja perfeito. Em uma das historinhas se nos apresenta que o *amor incondicional* é a única força que pode redimir um tipo UM como Lucy. Lucy lamenta que o mundo seja tão mau e que ela mesma seja tão infeliz. Seu irmão Linus convida-a a pensar uma vez em tudo aquilo que ela pode agradecer. Isto acentua ainda mais a raiva dela. Não há nada que mereça sua gratidão! Linus diz então: "Você ao menos tem um irmãozinho que a ama!" Ela o olha longamente e, depois, o abraça com força, soluçando. E linus pensa: "De vez em quando até que digo a coisa certa"[9].

O monge Martinho Lutero (1483-1546) era no íntimo de seu ser um jovem iracundo que buscava ansiosamente um Deus que amasse incondicionalmente: "Como conseguirei encontrar um Deus misericordioso", era a pergunta que se fazia continuamente. Sua ira voltou-se, com razão, para a Igreja Católica da época que dizia ser preciso merecer este amor por meio de indulgências, atos rituais e boas obras. O tipo UM anseia que chegue finalmente alguém para colocar um fim a este jogo cansativo. Lutero tinha um pai severo no mundo e um Deus irado no céu. E também a mãe Igreja era severa e exigente. Estas vozes paternas o sufocavam. Considerada apenas *psicologicamente,* a

---

9. Copiado de SHORT, Robert L. *The Gospel According to Peanuts.* Nova York: [s.e.], 1964, p. 15.

Reforma nasceu do envolvimento de um tipo UM em suas compulsões. Lutero desejava ansiosamente a graça, o amor e a aceitação incondicionais.

Erik H. Erikson deve alguns de seus pontos de vista psicanalíticos mais importantes ao estudo da biografia do jovem Lutero. O relacionamento ambivalente do Reformador com seu pai é, para Erikson, a causa última das compulsões e lutas a que Lutero estava sujeito em sua vida toda. O pai "demonstrou o máximo de sua raiva ao tentar expulsá-lo de sua família"[10]. O resultado, segundo as próprias palavras de Lutero, foi... "que fugi dele e fiquei de mal até que me aceitasse de volta". Erikson comenta: "Mesmo que tivesse medo dele, Lutero não conseguia odiar realmente o pai [...] E Hans, que não era dado a procurar uma aproximação com o filho e que dominava sua ira às vezes mortífera, não conseguia passar muito tempo sem ele"[11]. Mais tarde, ao referir seus escrúpulos de confissão no passado, menciona a *libido* (prazer sexual), a *ira* e a *impaciência* como fontes da tentação[12]. Significativo sob o aspecto da psicologia profunda é também o fato de o jovem Lutero sofrer de retenção de fezes e de urina. Há muitos indícios que falam a favor da tese de que sua "experiência da torre" tenha ocorrido no vaso sanitário. Erikson comenta laconicamente: "Os eruditos prefeririam que o fato tivesse acontecido lá onde eles mesmos têm suas revelações intelectuais –diante da mesa de trabalho". E chama a atenção para a preferência do Lutero tardio por um linguajar anal-vulgar e para sua "capacidade de irar-se atirando sujeira"[13]. É como se juntamente com o conhecimento reformador tivessem sido libertadas a ira e a "sujeira" reprimidas, a causa principal dos temores patológicos do jovem Lutero.

Graças a Deus, Lutero voltou-se para Paulo e encontrou nele o que procurava porque também Paulo era um tipo UM. Não dá Paulo às vezes a impressão de ser um pouco arrogante e autoritário? Era fariseu. O tipo UM é o fariseu *nato*. Deus transformou seu pecado de raiz em um dom. Precisava de um fariseu zeloso, que pudesse colocar seu zelo a serviço do Evangelho. O que faz Paulo ser amado é exatamente o fato de ter sido o grande cavaleiro branco de Cristo que tudo faz por seu Senhor. Mas às vezes ficamos fartos dele e gostaríamos de dizer: "Calma, Paulo! Isto é perfeição demais". Sobretudo quando é agredido ou criticado, Paulo pode reagir de modo amargo, arrogante e autoritário e rebaixar seus adversários de forma sarcástica.

Característico é o incidente narrado pelo próprio Paulo na Epístola aos Gálatas. Conta ele como enfrentou abertamente o fogoso e, no fundo, medroso chefe dos apóstolos Pedro (tipo SEIS): "porque era digno de censura" (Gl

---

10. ERIKSON, Erik H. *Der junge Mann Luther*. Reinbek: [s.e.], 1970, p. 62.

11. Ibid., p. 69.

12. Ibid., p. 174.

13. Ibid., p. 226s.

2,11). Pedro havia antes tomado uma atitude na comunidade de Antioquia comendo com pagãos batizados – o que, como judeu fervoroso, não poderia ter feito. Mas quando chegaram a Jerusalém os "agentes secretos" de Tiago, o grande defensor do cristianismo judeu, Pedro se retraiu; já não sustentava a liberdade demonstrada anteriormente e começou a "fingir". Paulo tinha o maior desejo de anunciar e acentuar que a antiga separação entre judeus e pagãos fora suprimida por Cristo. Por isso enfrentou publicamente o "primeiro homem" da Igreja. Quando o tipo UM está convencido de alguma coisa, não vacila diante de príncipes: "Aqui estou, não posso fazer outra coisa!" Isto já pôde dizer Paulo 1.500 anos antes de Lutero. Vemos nesses dois como se confundem intimamente o pecado da raiz e o fruto do Espírito, e como Deus transforma nossas obsessões fazendo-as servir a seus objetivos.

Conversão e redenção

O tipo UM precisa aprender que não existe apenas um caminho certo, mas que muitos caminhos levam a Roma. Por isso precisa tornar-se amigo de sua ira e reconhecê-la antes de pronunciar julgamentos sobre si e sobre os outros. O tipo UM não redimido procura constantemente uma tela de projeção adequada para os seus sentimentos e tendências negativos, sendo esta, em geral, uma pessoa bem próxima. Quando não reconhece sua ira e "dela se apropria", vai despejá-la sobre os filhos, sobre o cônjuge ou sobre a casa desarrumada.

Nós do tipo UM somos pessoas tratáveis enquanto não nos levarmos a sério demais. O remédio é sempre nos relativizarmos para assim nos libertarmos do falso eu. A maior liberdade está em rirmos de nós mesmos, pois sabemos que nossa concepção é apenas parte do quadro geral.

O ideal do bem, da verdade e do belo está arraigado no tipo UM. Eu não teria trabalhado exaustivamente nos últimos anos, não teria fundado uma comunidade e não me teria colocado à disposição dos outros se não possuísse aquela energia do tipo UM. Não me desculparei nem me atormentarei mais tarde por causa disso, pois sei que Deus fez algo de bom a partir de meus motivos discrepantes. Sei que fiz meu trabalho não apenas por amor ao Senhor Jesus. Parte daquilo foi feito pura e simplesmente por e para Richard. Pensei que estava fazendo tudo por amor a Jesus e "de alguma forma e mais um pouco" – como se costuma dizer hoje – amei Jesus em tudo aquilo. Neste ponto se revela mais uma vez o realismo humilde de Deus. Ele sabe que recebe de todos nós apenas *um pouco* de doação autêntica. A maior parte do que fazemos na vida é para nós, e lutamos pela autoconservação neste mundo. Mas se tivermos a humildade de reconhecer isto, a graça e o amor de Deus podem tornar-se poderosos. Só podemos construir sobre a verdade! A mentira e as ilusões, mais cedo ou mais tarde, acabam sendo desmascaradas por si mesmas. No eneagrama trata-se de dar nome às nossas ilusões e de desmascará-las, a fim de abrir lugar à graça de Deus que pode ajudar-nos a construir uma vida autêntica em vez de enganarmos a nós mesmos.

Nós do tipo UM temos que parar de querer tudo ou nada. Precisamos daquela perfeição que só se encontra em Deus. Não podemos criar a perfeição. Desde que me convenci disso sou o mais feliz e sou mais capaz de amar os outros. Sou e continuarei sendo um tipo UM. Minhas características me acompanharão a vida toda e darão nos nervos de outras pessoas. Por isso necessito da paciência de meus companheiros e da paciência de Deus.

O *convite* específico que nós do tipo UM temos que ouvir e aceitar está implícito na palavra *crescimento*. Nosso amor à natureza é uma indicação de que nos faz bem vermos as coisas crescerem. O que cresce ainda não é perfeito. Está a caminho. Jesus contou várias parábolas onde a semente e a colheita e a paciente espera que entre elas medeia apontam para a vinda do Reino de Deus. Estão reunidas no capítulo 4 do Evangelho de Marcos. Por exemplo, esta: "O Reino de Deus é como um homem que joga a semente na terra. Quer ele durma ou vigie, de dia ou de noite, a semente germina e cresce sem que ele saiba como. É por si mesma que a terra dá fruto, primeiro o talo, depois a espiga, em seguida o grão que enche a espiga; e quando o fruto amadurece, mete-lhe logo a foice, pois é tempo de colheita" (Mc 4,26-29).

O próprio Deus perfeito tem paciência e nos dá tempo de crescer. O tipo UM que permite o crescimento participa da serenidade divina.

Neste processo, a ira – em última análise destrutiva – do tipo UM pode converter-se em "ira santa". A Bíblia fala muitas vezes da ira de Deus em vista da injustiça no mundo. Os profetas do Antigo Testamento e o próprio Jesus foram tomados por esta ira santa (expulsão dos vendedores do Templo). Paulo ficou irritado quando viu em Atenas tantas imagens de ídolos, e Lutero ficou furioso com o comércio de indulgências. A ira é manifestação do amor e nunca deve ser jogada contra o amor. Não quer destruir, mas recompor a justiça primitiva.

Inácio de Loyola (1491-1556), fundador e primeiro Geral dos jesuítas, pertence ao grupo dos *santos* que eram do tipo UM. O cavaleiro basco de trinta anos de idade jazia gravemente ferido após a defesa de Pamplona e experimentou, através da leitura de legendas de santos, uma conversão total. Consagrou suas armas à mãe de Deus a quem ele queria, doravante, servir como cavaleiro espiritual. Cuidou de doentes, peregrinou para a Palestina e estudou muito. Para partilhar com outros suas experiências, elaborou os *Exercícios Espirituais* (*Exercitia Spiritualia*) que foram encarados com suspeita pela Inquisição. Em 1534 ele e seus amigos fizeram o voto de trabalhar pela Igreja na Palestina ou de colocar-se à disposição do papa para qualquer outra tarefa. Em 1540 foi confirmada a Ordem. Cada jesuíta fazia os *exercícios espirituais* uma vez por ano, durante quatro semanas. Visavam à purificação contemplando a condição de pecado de cada um e a vida e a paixão de Cristo; visavam também ao "discernimento dos espíritos" que atuam sobre o mais íntimo da pessoa. Não se deve menosprezar na espiritualidade inaciana a energia do tipo UM: discernimento das vozes para alcançar maior perfeição; rigorosos exercícios durante trinta dias para ser mais perfeito. Como todo sistema unilateral, esta forma de devoção tem seus pontos fortes e fracos. Seu ponto mais forte é a meticulosidade e exatidão do autoexame e a disposição de submeter-se a este trabalho cansativo e submeter os próprios motivos a um controle. Mas isso não acontece no vazio. Cristo que se entregou para a nossa salvação é nosso constante ponto de referência e a fonte de renovação e conversão.

Faz parte das *tarefas* do tipo UM aprender a não dar tanta importância ao dever, ordem e melhoria do mundo e, ao invés de preocupar-se com isso, gozar mais a vida e festejar. Se demolir sua suscetibilidade e seu rancor e neutralizar suas projeções, então será possível a misericórdia. Pode aprender a alegria de viver se frequentar a escola do jovial tipo SETE[14].

---

14. A cada um dos nove tipos corresponde sempre uma "energia de integração" e uma "energia de regressão". Este intercâmbio é assinalado pelas linhas ou pelas setas que ligam os números entre si. A energia de integração do tipo UM é o tipo SETE e sua energia de regressão é o tipo QUATRO. Esta "teoria das setas" será exposta com maiores detalhes na terceira parte do livro.

Karl Barth, o teólogo suíço e reformador da teologia protestante depois da Primeira Guerra Mundial, era do tipo UM. Sua interpretação da Epístola aos Romanos foi um ajuste de contas impiedoso com a "teologia liberal" até então predominante, e que era muito otimista com relação às possibilidades da pessoa humana. Barth protestava contra o fato de as pessoas usarem Deus para seus objetivos. Por isso pregava um Deus que era o *totalmente Outro* e que tinha outros planos e objetivos que nós. Sua *Kirchliche Dogmatik*, em vários volumes, é a obra teológica mais abrangente do século XX. O corajoso teólogo era fã incondicional de Mozart (e Mozart é um representante clássico do tipo SETE).

Thomas Merton, sem conhecer o eneagrama, descreve como Karl Barth hauriu inconscientemente sua criatividade da "fonte de energia" de Mozart, tipo aparentemente bem diverso dele:

Karl Barth sonhou com Mozart.

Barth sempre se irritou com o catolicismo de Mozart e com sua atitude de recusa ao protestantismo. Mozart achava que "o protestantismo só estava na cabeça" e que "os protestantes não entendiam o sentido do *Agnus Dei que tollis peccata mundi*".

Em seu sonho, Barth deveria examinar Mozart teologicamente. Queria tornar o exame o mais fácil possível e limitou suas perguntas às missas de Mozart.

Mozart, porém, não lhe respondeu uma só palavra.

O relato desse sonho tocou-me profundamente e estive a ponto de escrever uma carta a Barth. O sonho diz respeito à salvação de sua alma. Talvez tente reconhecer que será salvo antes pelo Mozart que está nele do que por sua própria teologia.

Durante anos Barth ouvia os discos de Mozart antes de se pôr a trabalhar em sua *Dogmática*. Talvez procurasse inconscientemente despertar em si o Mozart escondido, aquela sabedoria central que, em uníssono com a música divina e cósmica, é redimida pelo amor ou, até mesmo, pelo *eros*. Enquanto isso, seu outro eu, teológico, estava aparentemente mais ocupado com o amor; mas com um *ágape* mais severo e mais localizado no cérebro: um amor que, em última análise, não vive em nosso coração, mas *unicamente em Deus* e que só se revela à nossa inteligência. É significativo Barth dizer que na música de Mozart nos fala uma criança e, mesmo, uma "criança divina". Muitos – diz ele – pensam que Mozart foi a vida toda uma criança nas questões práticas. Mas ele foi aquela criança abandonada que, no sentido literal do termo, nunca pôde ser criança. Com seis anos de idade dava seu primeiro concerto. Apesar disso, foi sempre criança "no sentido mais elevado dessa palavra".

Não tema, Karl Barth! Confie na misericórdia divina. Você tornou-se um teólogo adulto, mas Cristo permaneceu em você uma criança. Seus livros (e os meus) são menos importantes do que podemos imaginar. Em nós vive um Mozart que será a nossa salvação[15].

---

15. MERTON, Thomas. *Conjectures of a Guilty Bystander.* Garden City: [s.e.], 1968, p. 11s.

Tipo Dois

Visão geral

Os integrantes deste grupo colocam seus dons a serviço das necessidades dos outros e se preocupam com a saúde, alimentação, educação e bem-estar deles. Irradiam certo grau de aceitação e valorização, o que pode ajudar os outros a acreditarem em seu próprio valor. Sabem partilhar com generosidade e dar aos outros "sua última camisa". São solidários com aqueles que precisam suportar sofrimentos, dor ou conflitos e passam-lhes a sensação de que alguém se preocupa com eles e os aceita. Contudo, o amor e presença junto ao próximo também têm seus lados negativos que não se manifestam de imediato:

As pessoas do tipo DOIS são vaidosas e precisam exageradamente de confirmação e elogios. Algumas tiveram uma infância que lhes pareceu triste e enfadonha; faltou-lhes verdadeira segurança e o sentimento de estarem em casa. Outras nos dizem que só conheceram um amor *condicional*. O amor de pessoas influentes teve que ser comprado através de bom comportamento. Tendo cumprido as condições, receberam relativamente bastante amor e segurança. A "bela" infância que essas pessoas tiveram impede que elas tenham raiva ou tristeza pelo fato de sempre terem sido animadas a um comportamento exageradamente bom. Algumas se lembram também que bem cedo tiveram o sentimento de que precisavam ser um apoio para as necessidades emocionais de outros membros da família. Tinham a sensação de que precisavam ser *úteis* para serem notadas e amadas. O lema que assumiram soa mais ou menos assim: "Serei amado se for meigo, compreensivo e prestativo, e deixar minhas próprias necessidades em segundo plano". "Ser bom" para o tipo DOIS – ao contrário do tipo UM – não é uma categoria moral. O tipo DOIS tem necessidade de ser "querido" e prestativo e, em geral, está convencido de que ele é assim. Isto, porém, não corresponde sempre à realidade objetiva e à opinião dos outros. A imagem clássica do tipo DOIS é a caricatura da *mãe judia* que protege seus filhos qual galinha cuida de seus pintinhos e faz com que eles precisem dela[1]. Mas ai, se faltar o agradecimento: "Como podem fazer isso comigo depois de tudo que fiz por vocês!" De início, o tipo DOIS não redimido mima e paparica os outros sem ser convidado e sem perguntar. Quando isso se torna incômodo ou chato para os outros e eles se afastam em vez de retribuir este "amor", o tipo DOIS se sente enganado e explorado.

Há muitas histórias engraçadas sobre sacerdotes e suas governantas. A "clássica" cozinheira do vigário pertence a esse tipo de gente. Antigamente havia muitas paróquias onde a governanta "vestia as calças". Eu mesmo tive em *New Jerusalem* uma secretária que era do tipo DOIS clássico; comandava a mim e a toda a comunidade por sua competência; sabia tudo e por isso era indispensável. Eu sou daqueles que logo esquecem as pequenas coisas. Ela se lembrava de todos os detalhes. Quando eu devia comparecer a uma audiência, ela me informava previamente sobre o essencial. Todos já sabiam: querendo alguma informação deviam procurar a ela e não a mim. Era comovente o cuidado que me dispensava; servia-me de corpo e alma. Mas, dessa forma, também me controlava e me governava.

---

1. Cf. GREENBERG, Dan. *How to be a Jewish Moother.* Los Angeles: [s.e.], 1964. O autor frisa que "uma mãe judia não precisa ser judia e nem mãe. Tanto uma garçonete irlandesa quanto um barbeiro italiano podem ser mãe judia"; citação segundo WATZLAWICK, Paul. *Anleitung zum Ungluicklichsein.* Munique: [s.e.], 1983, p. 15.

O tipo DOIS sempre mantém o termômetro no ar para medir a temperatura social e a direção do vento, porque constrói sua identidade sobre o modo de comportar-se dos outros em relação a ele. O barômetro do tipo DOIS sobe e desce conforme o tanto de simpatia ou antipatia que recebe.

Recebi, há pouco, a visita de minha pequena sobrinha que é do tipo DOIS. Ela se comporta, desde o amanhecer até a noite, como se o mundo fosse um palco. Faz de tudo para aparecer. Quando não se lhe dá atenção, é como se tirássemos o combustível de um carro. Move céus e terra para atrair a atenção dos outros. Os tipos do coração como os tipos DOIS, TRÊS e QUATRO são "pessoas dirigidas de fora" e cujo bem-estar depende em primeiro lugar de como o mundo em sua volta reage a seu respeito.

Isto é compreensível e perdoável numa criança. É possível passar toda a infância e juventude dessa maneira. O problema começa quando este comportamento continua na fase adulta. Chegará a hora em que este jogo começa a irritar e enervar as outras pessoas. Quando convivemos por algum tempo com uma pessoa imatura do tipo DOIS, percebemos que ela irradia uma energia sutil bem determinada. Tem-se a impressão de ser aguilhoado pelo tipo DOIS: "Preste atenção em mim! Acaricie-me!" Mas a *verdadeira* fórmula mágica é esta: "Tenha necessidade de mim!"

Nesse ponto o tipo DOIS é manipulável. Precisa que os outros precisem dele. Basta dizer-lhe: "Preciso de você!" – para anular qualquer resistência. Cai imediatamente sobre você para ser útil e ajudá-lo, mesmo que não tenha energia e tempo para isso. Assim que ouve a palavra "precisar" reúne os últimos resquícios de energia para correr em auxílio do outro. Mais tarde vai para casa e se recrimina porque se deixou vencer: "Por que me deixei explorar outra vez? Por que me filiei a este grupo idiota? Por que prometi fazer um bolo? Isto tudo, na realidade, não me causa qualquer prazer". Mas naquele momento foi tão bom ser considerado necessário que o tipo DOIS não conseguiu resistir e disse sim.

As pessoas do tipo DOIS são as que constroem perto da água, porque são emotivas e sensíveis. São ursinhos panda que gostam de acarinhar, fazer e receber agrados. Gostam de falar sobre relações e sobre o amor. Desejam ardentemente ser amadas e amar à vontade e poder viver para o ente amado. Nossa malha social se romperia sem todas aquelas pessoas do tipo DOIS que se sacrificam pelo bem-estar dos outros. São benfeitoras, doadoras e prestativas. Este é seu grande dom. Mas precisam resistir à sua tendência de colocar-se na posição de santos e mártires. Wolfgang Schmidbauer já descreveu há anos este tipo humano – sem conhecer o eneagrama – em seu livro *Die hilflosen Heifer. Uber die seelische Problematik der helfenden Berufe* e cunhou o termo "síndrome de ajudante"[2].

O tipo DOIS, preso em si mesmo, luta com problemas de identidade. Muda constantemente para satisfazer os desejos de qualquer pessoa que lhe esteja próxima; nasce então um "eu múltiplo" (Palmer). Por isso, o tipo DOIS prefere ficar junto com *uma* só pessoa. Se mais pessoas estiverem presentes, não sabe qual o eu que deve ativar nas diversas circunstâncias. Mas fora dessas situações embaraçosas, não sente como problemas esses diferentes estados do eu, mas como enriquecimento: "Cada um dos amigos desperta em mim um outro lado. Por isso não gostaria de perder nenhum deles".

Na maioria dos casos, o tipo DOIS tem grande círculo de conhecidos e se dispõe, com muita facilidade, a chamar todos de "amigos". Preserva ciosamente seus relacionamentos e quer ser muito importante para todos os seus amigos. Orgulha-se de que tantas pessoas se desabafem com ele e consegue empatizar corporalmente a necessidade alheia. Por isso está sempre pronto a dar bons conselhos e indicar soluções que prometem êxito.

Dilema

A grande *tentação* do tipo DOIS consiste em *ajudar* sempre os outros e, dessa forma, fugir de si mesmo. A identidade dele está, por assim dizer, nos desejos e necessidades dos outros, isto é, fora dele mesmo. Isto faz com que sua vida sentimental seja bastante caótica. O tipo DOIS imaturo acha difícil encontrar seu próprio meio-termo. Quando

---

2. REINBEK, 1977.

sozinho, entra em parafuso. Meditação e oração em lugar ermo causam-lhe medo, porque não há ninguém por perto para apoiá-lo, e porque teme não encontrar dentro de si outra coisa que não um buraco negro e uma intranquilidade angustiante.

As pessoas do tipo DOIS têm pendor para seduzir os outros. Em casos altamente neuróticos, podem até chegar à perversão de menores. É exatamente o desamparo e a carência infantil que atraem a ação do tipo DOIS. Não precisa ser uma perversão sexual. Muitas vezes basta que a criança desamparada se torne objeto de compensação de suas próprias necessidades. Dedica a este objeto todo o amor que deseja para si, mas que, por qualquer razão, não conseguiu obter. No fundo, portanto, ama a si mesmo. Seu altruísmo aparente é a "legítima" forma de viver seu próprio egoísmo. O tipo DOIS tem grande preocupação com as crianças órfãs e abandonadas que precisam de ajuda. Gosta de ter um afilhado no Terceiro Mundo. É tão bonito ser usado! Este é o dom e, ao mesmo tempo, o dilema deste tipo: dá aos outros exatamente o que deseja para si mesmo. Pelo fato de existir nele uma criança sem lar, a infelicidade de crianças abandonadas o toca sobremaneira. Pessoas que parecem mais carentes e mais fracas do que ele lhe dão a sensação de força. Quem pode ajudar este tem poder!

As pessoas do tipo DOIS anseiam – ao menos à primeira vista – por união. Mas também vivem isto muito mais para fora do que em sua própria vida. Ficam pensando em possíveis uniões, em quem poderia ficar com quem. Assim que duas pessoas, de seu círculo de conhecidos, revelam sentimentos românticos entre si, entram em ação para estabelecer ou promover maiores vínculos. Também podem fazer sutis tentativas de impedir vinculações, sobretudo quando temem perder uma das pessoas envolvidas. Gostam de ler romances de amor porque a vida sem amor romântico não seria tão bela.

O tipo DOIS redimido aprendeu a amar sem condições, sem segundas intenções e sem interesses escusos. O caminho entre o amor desapegado ao próximo e o complexo manipulador de ajuda é simples questão de desvio. Com a exigência de renunciar a si mesmo e servir os outros, praticou-se muitas vezes, sobretudo na Igreja, uma exploração. Pelo que dizia, por exemplo, o pastor bávaro Wilhelm Löhe às suas diaconisas luteranas, algumas delas mulheres que se tornaram, sem dúvida, verdadeiras "santas"; muitas, porém, foram dobradas ao jugo dessas exigências e exploradas: "O que quero afinal? Quero servir. A quem quero servir? A Deus em seus infelizes e pobres. E qual será minha recompensa? Sirvo sem visar recompensa e nem agradecimento, mas por gratidão e amor: minha recompensa é poder fazê-lo!"[3] Em associações, o tipo DOIS pode ser muito possessivo. Às vezes procura companheiros que sejam fracos e dependentes. Constelação clássica é a camaradagem entre um tipo DOIS (sobretudo mulher) e um viciado em drogas. Foi identificado nos últimos anos o fenômeno da codependência (dependência do vício do parceiro): ele o ajuda, tudo suporta, perdoa e lhe dá sempre nova chance. Não percebe, porém, que isto é veneno para ele, pois lhe permite continuar procedendo como antes. Inconscientemente é o objetivo que o tipo DOIS pretende, ainda que não o admita nem para si nem perante os outros. Pois se o dependente viesse a ficar bom e independente, talvez não mais precisasse dele e poderia mesmo abandoná-lo.

Quando o tipo DOIS imaturo está ofendido, pode deixar de ser amável, maneiroso e mostrar as unhas. Nessas horas é capaz de magoar profundamente sobretudo aquelas pessoas que parece amar acima de tudo. O conceito de amor do tipo DOIS não redimido é quente, terno e meigo. Quando alguém não concorda com isso e torpedeia este conceito, o tipo DOIS não tem outra saída. Pode acontecer, então, que tenha acesso de fúria e passe, literalmente, sobre cadáveres.

As pessoas do tipo DOIS se interessam profundamente pelos problemas dos outros e esperam que confiem cegamente nelas. Por outro lado, têm muita dificuldade de se confiarem a outros. São vaso de descarga de todos, mas têm medo de entregar-se a outros. Por detrás disso está a vergonha de mostrarem suas próprias necessidades e o medo de não serem compreendidas ou de serem rejeitadas. E com isso tudo se mistura a sensação íntima: "Ninguém consegue dar-me o apoio necessário". Grande é, por isso, a resistência contra a confissão, uma conversa de orientação espiritual ou uma psicoterapia. No divã deveriam

---

3. Citado na edição bávara do livro evangélico de cantos, p. 469.

confessar sua imensa carência. Mas, ao mesmo tempo, anseiam por um lugar onde possam fazer isto sem serem rejeitadas. O tipo DOIS só se abre quando está muito seguro de que o outro o aceitará. Precisa, por isso, de ao menos uma pessoa de muita confiança para poder dizer tudo a ela. Nesta relação deseja sobretudo receber apoio e compreensão para seu modo de agir. Crítica direta e contundente pode tirar-lhe, por assim dizer, o chão debaixo dos pés. Para aconselhar espiritualmente um tipo DOIS, é preciso agir com muita cautela e dar-lhe sempre a sensação de ser aceito e amado, apesar de tudo. Precisa em primeiro lugar de muita aceitação e amor "terno", até estar preparado a deixar-se desafiar por um "amor forte".

Não é por acaso que nos grupos do tipo DOIS se encontrem mais mulheres do que homens. A sociedade estimulou e permitiu a mulheres serem do tipo DOIS, na medida em que idealizou, por exemplo, "a intuição e dedicação femininas". Foi dito às mulheres que sua potencialidade, força e influência específicas consistiam em "amar". Algumas mulheres tornaram-se, assim, verdadeiras santas. Outras, porém, tornaram-se manipuladoras, apegadas, possessivas, destrutivas – e infelizes. O livro de Robin Norwood, *Quando as mulheres amam demais*[4] parece confirmar a tese de que muitas mulheres estão presas na armadilha do tipo DOIS. Elas se desgastam até à autorrenúncia por um homem, consideram esta obsessão amor, ficam corporal e psiquicamente doentes (mania de comer) e, assim mesmo, não fazem força para livrar-se disso.

Também nos círculos cristãos agitam-se as pessoas do tipo DOIS. E sobretudo no seio da Igreja é difícil declinarem de seu papel. O Evangelho foi muitas vezes anunciado de tal forma como se no cristianismo se tratasse de todo mundo ser tipo DOIS. Os sufistas consideraram o próprio Jesus como um "tipo DOIS redimido". Contudo, a interpretação cristã do eneagrama chegou a outra constatação: não é possível classificar Jesus Cristo dentro do eneagrama porque nele se encon-

---

4. REINBEK, 1987.

tram traços fundamentais dos nove tipos[5]. Mas é notável que pessoas não cristãs atribuam ao cristianismo a energia do tipo DOIS e que seja – ao contrário, por exemplo, do islamismo e apesar da hierarquia masculina na Igreja – principalmente uma *religião de mulheres*. Dois terços dos frequentadores do culto divino são mulheres. Se alguém já traz de casa tendência a certos mecanismos do tipo DOIS e, então, entra em círculos cristãos, cada vez mais vai se firmando em seu modo de ser. Mas são exatamente essas pessoas que precisam receber permissão e ser estimuladas a perceberem suas legítimas necessidades que elas próprias muitas vezes desconhecem. De outro modo não fariam qualquer esforço para sair de seu papel que, aliás, acarreta para seu meio ambiente uma série de comodidades.

O *pecado de raiz* do tipo DOIS é o *orgulho*. Pode-se perceber aqui que no eneagrama se oculta uma psicologia muito sutil de pecado que nos leva atrás dos bastidores. Orgulho não é a mesma coisa que vaidade ou narcisismo. Orgulho é a expressão de um "eu inchado", de um "ego inflacionado". O autoconceito do tipo DOIS não redimido pode assumir até mesmo características messiânicas: "Sou mais amoroso do que vocês todos; meu amor salvará o mundo. *Cuidarei* que meu amor os salve. Farei com que meu amor se torne tão imprescindível à vida e ao sistema de vocês que sem mim não terão êxito algum". O tipo DOIS imaturo usa seu amor para estabelecer vínculos. O lado problemático deste comportamento está em que com esta sua dedicação e solicitude manipula e torna dependentes os outros.

O orgulho torna difícil ao tipo DOIS encontrar um franco acesso a si mesmo e a Deus. Um sincero reconhecimento do pecado é mais difícil a ele do que a outras pessoas; reconhecer o pecado significaria perceber o próprio orgulho, mas é este exatamente que impede a percepção. *Arrependimento* lúcido é antes de tudo questão de autopercepção "objetiva". O tipo DOIS precisa trabalhar duro para instalar um "observador interno" objetivo capaz de pôr um freio ao seu *natural* subjetivismo.

Também é difícil ao tipo DOIS estabelecer um *cordial* relacionamento com Deus. No fundo, não precisa de Deus porque ele mesmo é

---

5. Cf. NOGOSEK. *Nine Portraits of Jesus*. Na terceira parte de nosso livro, a relação de Jesus com o eneagrama recebe um capítulo especial.

forte e decidido. Antes está convencido de que Deus precisa dele. Como poderia Ele salvar o mundo sem a ajuda dele? O orgulho do tipo DOIS, preso dentro de si mesmo, não se dirige apenas contra seus concidadãos (necessitados de ajuda), mas também contra Deus.

Um jovem teólogo, tipo DOIS, expressa isto assim: "Nós, do tipo DOIS, somos ateus práticos. Só quando estamos doentes, esgotados ou presos a um leito devido a um colapso, conseguimos rezar de coração: 'Senhor, tenha piedade de mim!' Certa vez me ocorreu rezar desta forma: 'Senhor, tenho campaixão de ti!'" O tipo DOIS espera de todos – inclusive de Deus – gratidão. Pelo fato de se sentir, em seu orgulho, de vez em quando, como criador e mantenedor da vida, tem dificuldade em demonstrar sua gratidão pela vida. Desse modo, fecha a si mesmo o acesso à verdadeira alegria de viver.

O lado escuro do tipo DOIS não redimido é o *falso amor*. Seu orgulho consiste em ter por autêntico este falso amor e ficar ofendido quando os outros recusam este "amor". Já o tipo DOIS redimido é capaz de verdadeiro amor, que não é artificialmente "desinteressado", mas faz jogo aberto, percebe as próprias necessidades e limites e deixa os outros em sua liberdade.

A *estratégia de fuga* do tipo DOIS consiste em *reprimir* as próprias *necessidades* e projetá-las sobre os outros. Não tem acesso às suas reais necessidades porque passou a vida toda cuidando das necessidades dos outros. As palavras de Jesus: "*Fazei aos outros o que quereis que eles vos façam*" (Mt 7,12) são – quando se lhes dá um valor preferencial – veneno para o tipo DOIS. De certa forma age exatamente assim. A pressão que exerce sobre si mesmo reflete-se em seu meio ambiente e se manifesta naquela pressão sutil sobre os outros, difícil de ser contida. Envergonha-se por causa disso. O tipo UM esconde sua ira, o DOIS a realidade de ser ele tão necessitado. Teme o que possa acontecer se sua necessidade de calor, amor e companhia se libertar e fugir de seu controle.

As necessidades do tipo DOIS são em geral de ordem emocional: carinho, sexo e afeto. Outras necessidades sensoriais podem facilmente entrar como sucedâneos: comer, fazer compras até não poder mais. Algumas pessoas desse tipo são *chocoólicas* (viciadas em chocolate). Após um dia inteiro satisfazendo as necessidades dos outros e reprimindo as próprias, o tipo DOIS diz ao anoitecer: "Fiz por merecer.

Devo gratificar-me porque fiz, da manhã à noite, somente coisas que, na verdade, eu não queria". Obviamente, muitas pessoas do tipo DOIS têm problemas de excesso de peso. Trata-se em geral de "banha de pesar" por causa de um amor não correspondido.

O *mecanismo de defesa* do tipo DOIS chama-se *repressão*. Reprimem-se à semelhança do tipo UM – impulsos e sentimentos negativos sobretudo no campo da agressão e da sexualidade. O tipo DOIS acha difícil dizer claramente: "Você me irrita", ou "Você me inflama". Ambas as coisas poderiam resultar da retirada do amor ou da rejeição. Apesar disso, percebe-se facilmente o que ocorre com o tipo DOIS. Não quer esconder nem mostrar em público seus sentimentos. Por isso manifesta sua disposição de espírito de maneira indireta e cuida que seja percebida, mas sem que precise assumir qualquer responsabilidade. O tipo DOIS ofendido pode – sem dizer uma única palavra – envenenar o ambiente de um grupo todo e, depois de perceber o que fez, ainda consegue perguntar e responder com ar de inocência: "O que há comigo? Não fiz nada!"

A *armadilha* do tipo DOIS não redimido é a *amabilidade* ou *adulação*. Renega a si mesmo para "agradar" os outros. Tem tanta vergonha das próprias carências que precisa tornar outras pessoas dependentes dele, para desenvolver ao menos um pouco o sentimento de autovalorização. O que leva, por sua vez, a que o tipo DOIS desenvolva um lado muito *independente* que pode surpreender seu mundo circundante. Um dia qualquer fica chateado de estar sempre voltado para o amor, elogio e carinho e cai repentinamente no outro extremo. Quer mostrar ao mundo todo quão independente ele é, retrai-se, faz o que lhe dá na veneta e luta com unhas e dentes por sua "liberdade". Este fenômeno pode assumir formas grotescas. Ainda não convivi com nenhum tipo DOIS em que isso não tivesse ocorrido de repente, como se caísse do céu.

O tipo DOIS enfrenta muitos problemas porque não sabe dizer *não*, prometendo mais do que possa cumprir. Depois se irrita por causa desses assentimentos e sente-se culpado por não conseguir cumprir as promessas.

O tipo DOIS não redimido vive sob a compulsão de ser utilizado, seja pelos "pobres" deste mundo, seja por alguma personalidade importante a quem possa servir ou com quem possa colaborar. As pessoas deste tipo podem ser bons dirigentes se conseguirem refrear sua parcialidade e subjetividade e não tratarem apenas com seus favoritos. Têm a tendência de se cercarem de um grupo de "discípulos" que "entendem". Os críticos não têm grande chance de penetrar neste círculo. Se os "discípulos" quiserem libertar-se do campo de influência do tipo DOIS, podem ocorrer processos complicados de separação. O medo da perda faz com que o tipo DOIS cuide de que as pessoas mais chegadas a ele estejam penduradas num "fio" invisível. Em geral, a posição de comando é penosa para este tipo porque exige muita responsabilidade. Por isso prefere ser o número dois, a eminência parda atrás dos bastidores, com muito poder e pouca responsabilidade. Teme posições onde esteja exposto sozinho, onde se sinta isolado e alvo de ataques. Basta um único crítico que não"participe do jogo" ou não "entenda" para despertar nele esta sensação: "Todos estão contra mim".

O fruto do Espírito ou dom do tipo DOIS é a *humildade*, o contrário do orgulho. Quando o tipo DOIS chega ao ponto de reconhecer seus reais motivos ("dou para receber"), isto vem a ser um desapontamento tão profundo que nem se pode imaginar. Quando ousa suportar esta introspecção, *ruminá-la, degustá-la* e *digeri-la,* então é possível haver mudança e cura. Lembro-me do que aconteceu a uma senhora em *New Jerusalem* quando lhe caiu a máscara e percebeu claramente o jogo que vinha fazendo a vida toda. Veio três dias seguido a meu consultório e a única coisa que fez foi chorar copiosamente. Foi uma verdadeira conversão. Chorava por causa de seu orgulho e por ter achado que era a pessoa mais amorosa do mundo. Reconheceu de repente a espantosa discrepância entre anseio e realidade.

Nas legendas fala-se muitas vezes que os santos choravam seus pecados. Nas Igrejas ortodoxas do Oriente as *lágrimas* de verdadeira contrição eram sinal inequívoco da ação do Espírito Santo. De um banho de lágrimas pode sair uma pessoa purificada. As lágrimas do tipo DOIS são normalmente de *autocomiseração.* Mas se conseguir enfim chorar lágrimas de *autoconhecimento,* a redenção está próxima. Nestas horas reconhece que prejudicou e feriu outras pessoas quando aparentemente "queria o bem delas". Isto é humilhante. O tipo DOIS se libertará de si mesmo na medida em que sentir e vivenciar Deus como o *grande amante* e que nosso amor só pode consistir em termos parte no amor de Deus. Esta consciência conduz, através de momentos de vergonha e humilhação, à verdadeira humildade.

O falso orgulho e a falsa humildade são irmãos. A verdadeira humildade se baseia numa autoavaliação realista e num sentimento sadio de valor próprio. A humildade propriamente dita nada mais é do que orgulho sadio e "santificado". O tipo DOIS redimido conhece seu próprio valor e não precisa, portanto, de constante confirmação. Sua autonomia já não é uma reação teimosa, mas expressão de que encontrou em si (e em Deus) sua identidade.

Símbolos e exemplos

Os *animais-símbolo* do tipo DOIS são o *gato, o burro* e o *cachorrinho lambedor*. O gato simboliza a ambivalência do tipo DOIS entre distância e proximidade. Os gatos se esfregam nas pessoas e procuram carinho quando têm desejo disso. Mas se quisermos acariciá-los quando não estão dispostos, mostram-se resistentes e independentes. Um gato não é possível amestrá-lo[6]. O burro é aparentemente um paciente animal de carga. Carrega o peso que os outros lhe colocam nas costas. É também o símbolo da humildade. Jesus entra em Jerusalém não montado em cavalo vistoso, mas num burrinho desprezado. Mas há momentos em que o burro perde a paciência. De repente empaca e fica teimoso. E quando se sente muito bem, dá demonstrações claras de satisfação. O *cachorrinho lambedor* simboliza as manifestações impertinentes de amor de um tipo DOIS imaturo. Depois de algum tempo agem de modo pegajoso, nojento e repulsivo, porque são muito exagerados.

O *país* do tipo DOIS é a *Itália*. A caricatura da gorda *Mama* italiana que governa o clã familiar não precisa de explicação. A toda hora pode-se encontrar na Itália o esforço das pessoas de *parecerem* calorosas, amáveis e charmosas. Quando perguntamos a alguém na *Inglaterra* onde fica algum lugar, o polido inglês faz de tudo para que se chegue ao destino. Se for preciso acompanha a gente até o lugar procurado. Na *Itália* tomam você pelo braço (o contato corporal é importante!), apontam com gestos largos para qualquer direção e dizem: "É lá!" Se você seguir as indicações e conselhos do italiano, cedo perceberá que está irremediavelmente perdido. Apresentam uma *imagem* de acolhida e prontidão em ajudar. A imagem é mais importante que a realidade.

---

6. Andreas Ebert: Em suas horas vagas, uma senhora, conhecida minha, obviamente do tipo DOIS, modelava sempre de novo a figura de um gato enrolado sobre si mesmo. Sabia que com isso estava representando a si própria.

A *cor* do tipo DOIS é o *vermelho*. Lembra vida, força e paixão. É considerada tradicionalmente como *cor masculina*. No hebraico, as palavras para sangue (dam), terra (adamah), vermelho (adom) e homem (adam) são derivadas da mesma raiz. Vermelho é a cor do amor e do martírio. "No vermelho puro da rosa está – como no sangue de Cristo – o símbolo da incondicional entrega à vida e à vontade do Pai"[7]. Os mártires são muitas vezes apresentados com túnicas vermelhas. Como cor do fogo, o vermelho representa o Espírito Santo e – em consequência disso – a Igreja que nasceu do batismo espiritual de Pentecostes. A cor vermelha também tem conotação agressiva: é atribuída a Marte, o deus da guerra, e à paixão. Os toureiros usam um pano vermelho; muitas revoluções ostentam bandeira vermelha. O vermelho simboliza também a afinidade do "abnegado" tipo DOIS com o agressivo tipo OITO[8].

Maria Madalena, Marta e *João* (o discípulo mais querido) são as *figuras bíblicas que simbolizam* o tipo DOIS.

Maria Madalena, a prostituta de outrora, foi a mulher que ficou mais perto de Jesus. Talvez seja aquela "pecadora" que lavou os pés dele com suas lágrimas e os enxugou com os próprios cabelos: uma mulher que muitas vezes amou na vida, na esperança de ser amada ao menos uma vez. Foi a ela que por primeiro apareceu o Cristo ressuscitado. Ela quer abraçá-lo, mas ele não o permite: "Não me toque!" (Jo 20,17). O tempo da proximidade física acabou. O amor de Maria precisa perder as tenazes para chegar a uma dimensão mais profunda e "mais espiritual".

Marta era uma das duas irmãs em cuja casa Jesus se hospedava com frequência. Estando Jesus na casa delas, Maria sentou-se junto a Ele, ouvia-o e conversava com Ele – algo inconcebível para uma mulher no Oriente daquela época. Marta, porém, atarefava-se no clássico papel das mulheres e servia à mesa, ainda que não sentisse prazer em fazê-lo. Ficou zangada pelo fato de Maria ceder à sua necessidade "egoísta" de ficar ali sentada, ouvir e falar. Finalmente, Marta interpelou seu hóspede Jesus: "Senhor, não te importa que minha irmã me deixe sozinha no serviço? Dize-lhe que me ajude". Mas Jesus se recusou em confirmar o papel que ela mesma havia escolhido: "Marta, Marta, andas muito inquieta e te preocupas com muitas coisas, entretanto uma só coisa é necessária. Maria escolheu a melhor parte que não lhe será tirada" (Lc 10,38-42).

É significativo que para o tipo DOIS nos ocorram sobretudo figuras de mulheres. Para a maioria dos outros tipos, é difícil encontrar na

---

7. BENEDIKT, Heinrich E. Die Kabbala als jüdish-christlicher Einweihungsweg, vol. 1: *Farbe, Zahl, Ton und Wort als Tore zu Seele und Geist*. Friburgo na Brisgóvia: [s.e.], 1985, p. 98.

8. Cf. para isso a teoria das setas, na terceira parte desse livro.

Bíblia representantes caracteristicamente femininos. A Bíblia retrata uma cultura patriarcal; seus redatores masculinos apresentam muitas vezes as mulheres de forma apagada e sem contornos. No caso do tipo DOIS, dá-se o inverso. Contudo, temos na Bíblia *um homem* que é um clássico tipo DOIS: *João*.

Era ele o discípulo querido de Jesus (Não se sabe se o era realmente, ou se apenas queria sê-lo. De qualquer forma, vem assim designado no *Evangelho de João*, e somente aqui!). É ele que na última ceia reclinou a cabeça sobre o peito de Jesus e mostrou abertamente seus sentimentos pelo Mestre[9]. E também o único homem que está, com as mulheres, sob a cruz, enquanto que todos os "homens fortes" fugiram. Um dos principais temas dos escritos de João[10] é o *amor*. *"Deus é amor"* (1Jo 4,16). As últimas palavras do ancião João antes de sua morte teriam sido: "Filhinhos, amai-vos uns aos outros!" O segundo tema mais importante de seus escritos é a *encarnação* de Deus. João descreve Jesus em sua sensualidade (lava-pés) e está interessado na experimentabilidade corpórea da salvação: "O que vimos, ouvimos e apalpamos com nossas mãos, isto vos anunciamos" (1Jo 1,1). E, por outro lado, sua mensagem é às vezes bastante *espiritualista* e *mística*. Para o tipo DOIS, a sensualidade e a espiritualidade não se opõem.

O "querido" João tem uma silhueta bem específica do tipo DOIS que a gente facilmente desconsidera. Mas nos três Evangelhos não joaneicos é possível percebê-la com clareza: solicita, por exemplo (juntamente com seu irmão Tiago), o melhor lugar no céu, *"à direita do Mestre"*, que ele já toma na última ceia (posição preferida do ambicioso tipo DOIS!, cf. Mc 10,37). Se não for correspondido no amor, torna-se muito agressivo: Quando Jesus e seus discípulos não foram recebidos numa aldeia, perguntam ele e Tiago a Jesus: "Queres que mandemos descer fogo do céu para consumi-los?" (Lc 9,54).

O Evangelista João fala mais do que os outros do amor, mas examinando bem vemos que este amor é *exclusivo* e só vale para os "irmãos". "Irmãos" para ele já não são os compatriotas judeus, mas só aqueles que acreditam em Cristo. Traça uma linha de separação rigorosa entre *dentro* e *fora*. O conceito "amor ao

---

9. Com referência ao *discípulo querido* João como figura-símbolo da "masculinidade terna", cf. ROHR, Richard. *Der wilde Mann* – Geistliche Keden zur Männerbefreiung. Munique: [s.e.], 1986, p. 38-41.

10. Não podemos trazer aqui o debate sobre a questão de quem é o autor do Evangelho de João. Mesmo que não tenha sido o próprio João, é aceito comumente que teriam sido seus discípulos que viam Jesus com os olhos de João. Nosso procedimento de traçar perfis de certas personagens bíblicas, com base em dados muitas vezes escassos, em geral, não é confiável historicamente. Essas caracterizações não pretendem retratar exatamente a figura "histórica". Trata-se mais de examinar os traços que os autores da Bíblia atribuíram a certas personagens.

inimigo" não existe para ele. Os que pensam de outro modo são imediatamente rotulados de anticristos. Começa a satanizar sobretudo o *povo judeu,* ao qual ele mesmo pertence, porque não recebeu o Cristo. Aqui poderia estar uma das raízes do antissemitismo cristão. João faz Jesus dizer certa vez aos judeus: "Vós tendes como pai o diabo" (Jo 8,44) – palavras que Jesus não teria pronunciado de forma tão direta. Daí não há muita distância para as terríveis palavras de Hitler: "O judeu [...] não pode ser pessoa no sentido de imagem e semelhança de Deus. O judeu é a imagem e semelhança do diabo"[11].

Conversão e redenção

O *convite* que redime uma pessoa do tipo DOIS é o chamado à liberdade. A verdadeira liberdade que o tipo DOIS anseia no seu mais íntimo acaba com o jogo da manipulação e falso amor, da dependência e tentativa violenta de autolibertação. O tipo DOIS encontra sua liberdade apenas quando faz a experiência do amor incondicional e consegue aceitar a experiência que na tradição religiosa é chamada *graça.* Sinal de que esta graça chegou é a autêntica *gratidão.* O tipo DOIS redimido já não espera que Deus e o mundo lhe sejam gratos, porque ele faz muito por eles; consegue alegrar-se por causa de pequenos sinais de doação. O tipo DOIS liberto pode também proporcionar liberdade a outras pessoas e ser grato pelo tanto de aproximação e doação possíveis nos relacionamentos. O tipo DOIS redimido se alegra quando as pessoas pelas quais se preocupou outrora andam, agora, seu próprio caminho na liberdade.

Uma das *tarefas vitais* do tipo DOIS consiste em conseguir um certo grau de objetividade e livrar-se de conversa fiada, adulações, falsa intimidade, arroubos sentimentais e da busca constante de confirmação. O tipo DOIS tem que treinar com afinco para servir sem ser impertinente: "Posso fazer algo pelos outros que não chame a atenção e que não seja recompensado?" Quando Jesus disse: "Quando deres esmola, não saiba a mão esquerda o que faz a direita" (Mt 6,3), provavelmente se referia a pessoas do tipo DOIS. Fica provado, assim, se alguém faz algo "por amor a Deus" ou se o faz apenas para ser

---

11. Do discurso de Hitler, de 30/1/1939, citado em ZEIT, de 27/1/1989, p. 41.

tido como pessoa altruística e sacrificada. O tipo DOIS cuida geralmente que as outras pessoas sejam informadas sobre seus "bons atos". Para superar a dependência da confirmação, precisa normalmente sofrer profundas e dolorosas experiências de perda – e resistir. O serviço fúnebre com o objetivo de desfazer relações simbióticas pode tornar-se a porta de autopercepção mais nítida e de liberdade. Só depois da libertação, percebe que pode andar com as próprias pernas e, inclusive, ser muito feliz assim.

As pessoas do tipo DOIS precisam – como todos os tipos do coração – de um lugar de sossego e "objetividade", onde possam estar sozinhas, fazer amizade consigo mesmas e *meditar* seriamente – e com a cabeça! Essas pessoas têm a tendência de pensar com o coração. Em suas fases agressivas, podem desligar completamente a cabeça. Nestas situações não querem saber nada de lógica: "Não venha enervar-me sempre de novo com fatos! *Sinto-me* assim agora e tenho razões para tanto". Mas um tipo DOIS *redimido* pode ser objetivo e aceitar os fatos – e não apenas e sempre as emoções.

A sensibilidade do tipo DOIS para perceber disposições de espírito e sentimentos tem um aspecto bem positivo: consegue detectar exatamente como está o "tempo" pela maneira como seu interlocutor move as sobrancelhas. Isto pode tornar-se um peso para ele porque logo se sente ofendido ou tem medo ao perceber um simples indício de rejeição. Precisa aprender a conviver com este tipo de hipersensibilidade emocional. E para tanto necessita da paciência de seu meio ambiente. Por outro lado, o tipo DOIS deve ser sempre lembrado: "Não troque constantemente seus sentimentos pela realidade objetiva".

As pessoas do tipo DOIS precisam prestar atenção a dois sinais de advertência: *Vergonha* e *necessidade de atribuir-se culpa*. Quando se envergonham das próprias necessidades, estão correndo perigo emocional. O mesmo acontece quando começam a acusar as outras pessoas e a Deus. Assim que notam que saíram perdendo, precisam de um bode expiatório. É um inferno escapar do ódio de um tipo DOIS. Este pode amar e odiar com a mesma intensidade. Torna-se, então, extremamente desumano e brutal em relação aos outros. Esta é a terrível deformação do tipo DOIS, normalmente tão amável e cordial.

As pessoas do tipo DOIS precisam aprender a dizer não e a formular clara e precisamente suas próprias necessidades. Peter Schellenbaum estudou os mecanismos das relações simbióticas e mostrou como as relações podem esboroar-se nesse caso, não restando mais espaço para a delimitação[12]. Inicialmente isto acontece de modo desajeitado e artificial, quando o tipo DOIS tenta dizer não, delimitar e articular as próprias necessidades. No início haverá exageros. Assim como nós, do tipo UM, precisamos aprender penosamente a mostrar agressões, o tipo DOIS precisa treinar para manifestar seus desejos. No começo comporta-se de forma tão tempestuosa que dá nos nervos. Neste estágio, os outros precisam ter paciência; depois de certo tempo conseguirá fazê-lo bem!

Evidentemente, o tipo DOIS está "por cima" quando consegue amar e servir efetivamente. É no serviço e na doação que se manifesta o lado manipulador *e* também o melhor lado dele. Por isso precisa, exatamente neste campo, de ajuda e supervisão para desenvolver seu "fiel vigia" que pergunta: "Por que você realmente se dedica aos outros?" De vez em quando, o tipo DOIS precisa pisar menos no acelerador, não atender às outras pessoas e reservar mais tempo para si. Quando tenta praticar o bem sem visar atenção e reconhecimento há de constatar inicialmente que isto prejudica muito sua motivação.

Síndrome de ajuda, complexo de messias, fantasias de mártir, mania de relacionamento – todos esses jogos do tipo DOIS levam, cedo ou tarde, à sensação de se estar "consumido", segundo nos informam muitos integrantes das vocações de assistência, de ajuda.

As autoras suecas Barbro Bronsberg e Nina Vestlund expõem em seu livro *Consumido* (*Ausgebrannt*) a situação de mulheres profissionais que sucumbem por causa das exigências próprias ou de outros. Elas apontam para sintomas corporais dessa típica "doença assistencial" ou de "querer

---

12. *Das Nein in der Liebe* – Abgrenzung und Hingabe in der erotischen Beziehung. Stuttgart, 1985.

ajudar" e dão várias sugestões de como praticar o "dizer não"[13]. O consumir-se é um indício de que os falsos motivos estão se vingando. Por isso o tipo DOIS tem que examinar sempre de novo os seus reais motivos e libertar-se de suas obsessões.

O tipo DOIS *redimido* é capaz de amar. Quem tiver a sorte de ser amado por um tipo DOIS maduro e integrado tem um amado magnífico, um amante formidável, um amigo de fazer inveja. Esta pessoa sente a dor junto com você e se preocupa com você, porque sabe como é quando a alma sente dor. O tipo DOIS não quer de forma alguma que alguém sofra aquilo que ele sofreu. Esta é a grandeza e beleza de um tipo DOIS redimido.

Exemplo do tipo DOIS redimido é *Madre Teresa* (nascida em 1910). Provém de uma família iugoslava onde o amor ao próximo e a disposição de ajudar sempre foram ponto alto. Aos 18 anos, *Agnes Gonxha Bojaxhiu,* seu nome civil, entrou para a congregação das "Damas Inglesas", uma instituição voltada ao ensino escolar. De Dublin, onde ficava a casa-mãe, foi enviada a um ginásio em Calcutá, a fim de ensinar geografia a moças da classe privilegiada. Logo atrás da escola havia uma favela paupérrima. Teresa, que naquela época era a diretora da escola e a superiora do convento, começou a visitar, juntamente com algumas alunas, a favela e a tratar dos doentes.

Percebeu imediatamente que não bastava ajudar os pobres e depois voltar para a tranquilidade de seu convento. Em 1946 tomou esta decisão: "Preciso abandonar o convento e ajudar os pobres vivendo com eles"[14]. Finalmente trocou o hábito de freira pelo sari dos pobres e foi morar num barraco da favela. Lá começou a alfabetizar as crianças e ensinou-lhes a se lavarem. Algumas de suas ex-alunas a seguiram e surgiram assim os *Missionários da Caridade*, uma organização de que fazem parte hoje mais de 2.000 irmãs e mais de 300 irmãos.

---

13. *Ausgebrannt* – Die egoistische Aufopferung. Munique, 1988.

14. FELDMANN, Christian. *Träume beginnen zu leben* – Grosse Christen unseres Jahrhunderts. Friburgo/Basileia/Viena 1983, p. 76 (a seguir sempre citado como Feldmann, *Träume*).

Desde o começo Teresa foi apaixonada por crianças – nascidas e por nascer. A afirmação de que havia crianças demais era para ela tão absurda quanto dizer que havia estrelas demais no céu. As irmãs do grupo de Teresa recolhiam os recém-nascidos abandonados e os criavam. Madre Teresa achava que a pior coisa do mundo era o sentimento de ser indesejado. Por isso defendia também o direito à vida dos não nascidos e protestava contra o aborto: "Não se mata apenas uma vida, mas coloca-se o próprio eu acima de Deus. Parece-me que podemos ouvir o grito daquelas crianças que foram mortas antes de virem ao mundo"[15]. Na entrega do Prêmio Nobel da Paz, em Oslo, em 1979, fez questão de dizer aos convidados: "Para mim, os países que legalizaram o aborto são os mais pobres. Temem os pequenos, temem a vida não nascida"[16].

Bem cedo começaram as freiras em Calcutá a construir casas para moribundos, para que os mais pobres que morriam nas ruas da cidade tivessem ao menos uma morte decente: "Viveram como animais. Que ao menos possam morrer como pessoas"[17]. As freiras não tentavam ensinar às pessoas por palavras: "A única coisa que realmente converte é o amor".

Em 1982 Madre Teresa criticou a política de asilo da República da Alemanha e intimou publicamente o Presidente *Lothar Späth:* "Abra as portas e Deus o abençoará!" Segundo ela, o verdadeiro amor deve doer e exige sacrifício. Encontramos Cristo nos mais desprezados: "Na Eucaristia temos Cristo sob a forma de pão. No nosso trabalho encontramo-lo sob a forma de carne e sangue. É o mesmo Cristo"[18].

Existem hoje no mundo inteiro "irmãs e irmãos da misericórdia". Na região do Ruhr, os irmãos trabalham com dependentes de drogas; em Berlim e Nova York, as irmãs acompanham os doentes de Aids no caminho da morte. As estruturas sociais não interessam a Madre Tere-

---

15. Ibid., p. 78s.
16. Ibid., p. 81.
17. Ibid., p. 86.
18. Ibid., p. 88.

sa, ainda que reconheça que outros poderiam ter a vocação de lutar pelas mudanças estruturais: "A nós o que interessa é o indivíduo"[19]. O que ela sempre diz às suas irmãs é isto: "Não perguntem pelos custos". Este é o dom do tipo DOIS redimido: Posso dar alguma coisa sem perguntar se vou receber algo em troca.

As irmãs derivam sua força do silêncio: meditação, oração e celebração da Eucaristia fazem parte do cotidiano. O tipo DOIS acha mais fácil a ação do que a contemplação. Mas só o equilíbrio entre ação e contemplação poderá livrá-lo do lado perigoso do seu dom. Em Teresa e suas irmãs os dois polos casaram muito bem.

---

19. Ibid., p. 94.

Tipo Três

Visão geral

Os dotes especiais do tipo TRÊS levam-no a irradiar muitas vezes uma desenvoltura que desperta confiança e segurança, fazendo-o difundir uma atmosfera positiva. Acha fácil realizar tarefas com eficiência e competência, fixar metas para si e atingi-las, assim como entusiasmar, motivar e capacitar outras pessoas a progredirem também. O tipo TRÊS tem um "sexto sentido" para avaliação de tarefas e para a dinâmica do trabalho em grupos. Identifica-se com a empresa (comunidade, organização) em que trabalha, tem aptidão para criar um bom clima de trabalho e manter coesa a firma. A união e vinculação dos grupos de associados lhe falam ao coração. Devido à convicção que irradia e à força de seus argumentos, consegue grande influência e levar a bom termo projetos em que acredita.

O tipo TRÊS é o tipo intermédio dos que têm o coração como centro (DOIS, TRÊS, QUATRO). Mas isto não significa que o TRÊS abrange as pessoas que melhor se arranjam com seu mundo sentimental. Ao contrário, o TRÊS é de todos os tipos do eneagrama o que maior dificuldade tem para perceber os *próprios* sentimentos. A semelhança do

DOIS, ergue constantemente um termômetro imaginário para examinar a atmosfera. Mas, acompanhando este gesto, não pergunta como o DOIS: "Vocês gostam de mim?", mas: "Será que terei êxito? Será que chegarei lá?"

Na infância, o tipo TRÊS muitas vezes não foi amado por si mesmo, mas foi elogiado e recompensado quando obtinha algum êxito ou se destacava em alguma tarefa. Quando chegava em casa com boas notas ou quando seu time de futebol ganhava o jogo, a mãe ou o pai diziam: "Você é um bom garoto. Estamos orgulhosos de você". Pouco a pouco idealiza a vitória e o êxito e desenvolve o lema: "Sou bom quando *venço*".

Suas energias vitais decorrem dos êxitos que obtém. As do tipo TRÊS são pessoas que se autoapresentam, são pessoas que mostram serviço, carreiristas que procuram *status* e que sabem lidar melhor com os papéis que desempenham do que com o próprio eu que mal conhecem. Podem assumir praticamente todo e qualquer disfarce e nele se dar bem. O papel que desempenham serve-lhes de proteção e de motivação.

A vida do tipo TRÊS é uma luta competitiva. Trata-se de *ganhar* ou *perder*. Quer vencer e por isso muitas vezes vai longe. Uma senhora, realizada profissionalmente e na vida familiar, depois de reconhecer-se como sendo do tipo TRÊS, descreve a si mesma desta forma: "Lembro-me que ficava feliz quando meu pai brincava conosco de 'serpentina de números'. O jogo consistia em somar e subtrair mentalmente números que ele ia dizendo. Em geral era eu a vencedora. Não gostava de fazer cálculo mental, eu gostava de vencer. Minha irmã achava o jogo horrível. Na escola gostava de todas as matérias, contanto que tirasse boas notas. Achava terrivelmente enfadonhas apenas as matérias como música em que eu não tinha qualquer perspectiva de chegar a ser uma das melhores, porque havia alguns *superstars* na classe. Achava horríveis os professores de religião que só davam nota um e dois porque o sistema de controle de rendimento me ajudava na autodeterminação. Nunca me considerei concorrência para os outros – antes como alguém que gosta de progredir no grupo. Avançar e progredir é importante. Ficar parada e esperar pacientemente pelos retardatários, isto eu achava difícil. Muitas vezes preferia trabalhar sozinha do que ter que arrastar os outros que não se deixavam motivar".

As pessoas do tipo TRÊS conseguem trabalhar muito e canalizar toda a sua energia para um projeto. Muitas vezes são altamente competentes em seu trabalho e atuam para fora com *mais* competência ainda. Dão a impressão de dominarem seu ofício e de estarem convencidas do que fazem.

Muitas pessoas do tipo TRÊS são também exteriormente atraentes[1]. Já como crianças tinham boa aparência e sempre ouviram dizer: "Você pode! Você vai conseguir!" Isto se transformou, em muitos casos, em "profecia de autorrealização". A maioria das pessoas do tipo TRÊS age de forma otimista, jovial, inteligente, dinâmica e produtiva.

Profissões em que o tipo TRÊS se dá bem são: Representante, vendedor, executivo, projetista e tudo o que se refere aos meios de comunicação e propaganda. Se forem "apenas" donas de casa ou mães, então serão superdonas de casa e supermães. No relacionamento íntimo, essas pessoas querem desempenhar o papel de amante ou amado da forma mais perfeita: se for hora de romantismo, serão românticos; se for hora de sensualidade, serão sensuais. Têm a tendência de se tornarem o *protótipo* de seu grupo de referência e encarnar as expectativas e valores desse grupo. Os homens e as mulheres do tipo TRÊS tendem, entre outras coisas, a assumir as respectivas definições que a sociedade dá ao ser "masculino" e "feminino". Se o espírito da época permitir, por exemplo, que o homem seja caseiro, doce e carinhoso, logo aparecerão esses traços no homem tipo TRÊS. Se estiver em moda mulheres esportistas e naturalistas, as do tipo TRÊS logo encabeçarão o grupo das mulheres esportistas e naturalistas.

Não precisa necessariamente tratar-se dos valores sociais "em moda" com que se identifica o tipo TRÊS. Quando se filia, por exemplo, a uma comunidade cristã ou a um grupo de crítica radical à sociedade, não incorpora os valores e a imagem da sociedade em geral, mas os va-

---

1. Parece haver uma correlação entre constituição corporal e tipo de caráter, conforme já afirmou Ernst Kretschmer nos anos de 1920. Seria interessante examinar metódica e sistematicamente esta hipótese; à luz do eneagrama, o que até agora não foi feito.

lores de seu novo grupo de referência primário. Problemas só aparecem quando o tipo TRÊS pertence a vários grupos de referência, com estilos de vida distintos. Pode acontecer então que mude rapidamente de imagem e papel tão logo ultrapasse o limiar de um ambiente para outro.

Um amigo meu de Cincinnati, que é um tipo TRÊS, tem o apelido de *Mister Perfect*. Tudo em que põe a mão parece dar certo e transfomar-se em ouro, como na lenda do Rei Midas. Este amigo me dizia: "Quando entro num recinto onde estão muitas pessoas, sei, em fração de segundos, como devo comportar-me, apresentar-me e falar para chegar aos presentes. Os outros talvez considerem estas mudanças de comportamento só como nuances; mas eu sei perfeitamente qual a nuance que deve ser empregada. Se passar desse recinto para outro, consigo fazer o mesmo jogo lá, isto é, ser completamente outra pessoa".

As pessoas do tipo TRÊS são gente realizada, de boa aparência, que andam pelo mundo com um sorriso nos lábios e parece que tudo que querem lhes cai do céu. Mas, na verdade, nada lhes cai do céu. Trabalham duro para conseguir o êxito. Fazem de tudo para que seu projeto dê certo e investem nele toda a sua energia. Mas querem que tudo pareça fácil e não deixam transparecer seu esforço.

Tendem a assumir de forma positivamente exagerada tudo aquilo com que se identificam e a fazer desaparecer o lado problemático do projeto. Quando acham que tiveram êxito em alguma coisa são capazes de emitir "*spots* publicitários" para si mesmos a fim de colher louvor, reconhecimento e admiração. Gostam de falar de suas experiências bem-sucedidas, enumeram as pessoas que conseguiram influenciar, falam dos projetos que conseguiram fazer aprovar e de prêmios que amealharam. As pessoas do tipo TRÊS não se fartam de louvores; sua sede de elogios é tão grande quanto a terra ressequida anseia por água. Infelizmente estes elogios muitas vezes não acontecem porque o tipo TRÊS age, em geral, com tal autoconsciência e firmeza que nem ocorre aos outros a ideia de que esta pessoa realizada precise de cumprimentos. Assim como o tipo DOIS dá tudo de si quando é solicitado, o tipo TRÊS faz de tudo para ganhar um elogio. O elogio é o combustível que movimenta o motor do tipo TRÊS. Este é ainda mais dependente da reação dos outros do que o tipo DOIS, ainda que raras vezes dê mostras disso.

Dilema

Competência (eficiência) é a grande *tentação* do tipo TRÊS. O sistema capitalista que domina a economia mundial se baseia no dogma do tipo TRÊS: "Quem se esforça o bastante pode conseguir o que quer". A sociedade dos Estados Unidos, país-símbolo do tipo TRÊS (cf. abaixo), é expressão dessa atitude. O que falo do tipo TRÊS diz respeito a todos os americanos, pois a sociedade americana em geral comunga deste pensamento. Admira os vencedores e despreza os perdedores. Isto se vê no modo de tratar seus milhões de pobres. Quem não consegue inserir-se na corrente da classe média americana é tratado como leproso, como inferior e moralmente fracassado. Os pobres não merecem atenção, pois, em última análise, são culpados da própria situação. Este é, mais ou menos, o credo da sociedade norte-americana. O "evangelho americano" do rendimento, do lucro, do bem-estar e sucesso é tão dominante e aceito em geral nos Estados Unidos que nem as pessoas que vêm frequentando a Igreja durante toda sua vida possuem um sistema de valores essencialmente distinto. Ao contrário: esta atitude contagia também o âmbito espiritual; a religião se torna cada vez mais artigo de consumo. Isto se mostra nas histórias de êxitos "espirituais" dos pregadores da televisão americana: são pessoas radiantes, repletos de vitaminas, cheios de alegria e otimismo e com Jesus no coração. Jesus é vendido como receita para o sucesso. A cruz já não tem vez. Mas, quando o símbolo da cruz é utilizado, vem "mascarado" com luzes e auréolas fluorescentes. A própria morte de Cristo é transformada numa história de triunfo. Mas não é possível fazer da palavra "cruz" uma história triunfal. A cruz significa que Cristo sentiu até as últimas consequências o *fracasso* da morte e sorveu o amargo cálice até a última gota. O cálice não se afasta de Cristo; Ele tem que *experimentar* a morte. Uma sociedade baseada no sucesso não consegue entender isso. Na cultura da classe média não cabem derrotas. Provavelmente, somos a primeira geração na história do mundo que conseguiu evitar, com a ajuda do bem-estar, a experiência do fracasso.

O *mecanismo de defesa* do tipo TRÊS se chama *identificação*. O tipo TRÊS protege-se das ameaças mergulhando em seu trabalho profissional, em seu papel ou em seus projetos, permitindo críticas a seu grupo ou à sua empresa apenas a contragosto. Nos inícios de *New Jerusalem,* eu e outro franciscano que lá trabalhava tivemos que fazer um relatório a um comitê da diocese sobre o que vinha acontecendo naquela comunidade maluca. Devíamos prestar contas se tudo aquilo era legítimo, se éramos dignos de confiança etc. Meu confrade era um tipo TRÊS. Ele descreveu *New Jerusalem* de tal forma que deixou a todos pasmos. Parecia que *New Jerusalem* era o Reino de Deus na terra. Um sacerdote mais perspicaz que integrava o comitê falou: "Padre, o senhor fez um relato maravilhoso. Não pode ser *tão* bom assim!" Quando um tipo TRÊS acredita em algo não existe para ele nem *se* nem *mas*; consegue deixar de lado todos os aspectos menos bons. "Menos bom" é o mesmo que "rejeitar, recusar".

"Rejeitar" é o conceito que a *fuga* do tipo TRÊS parafraseia. Não existe coisa mais trágica do que um tipo TRÊS sem sucesso, porque é traumático para ele ter que lidar com fracasso, recusa ou perda[2]. O tipo TRÊS nao redimido evita, teme e odeia os fracassos como a peste. Mas se vierem a acontecer, ele tem no mínimo três métodos-padrão para sair da situação: às vezes passa um verniz em seus fracassos e os interpreta como "vitórias parciais"; outras vezes empurra a culpa sobre os outros; e outras ainda abandona o mais rápido possível o monte de cacos e se lança sobre novo projeto com perspectiva de êxito. O tipo TRÊS não redimido é capaz de imensa autossobrestima. Seu eu está tão mimado pelos sucessos que acaba acreditando que tudo o que faz é bom e certo.

A pressão do êxito sob a qual se encontra o tipo TRÊS (e as sociedades desse tipo) leva a seu *pecado de raiz:* a *mentira* ou a *fraude.* Para vencer, o tipo TRÊS tende a tratar a verdade de modo liberal: criar uma *imagem* de si mesmo que seja agradável, que seja bem vendida e que finalmente o faça vencer. Raramente são mentiras descaradas; são antes colorações sutis que encobrem o lado problemático de um projeto e exageram suas vantagens.

---

2. O protótipo do tipo TRÊS fracassado é o Pato Donald. Seu sistema de valores está orientado para a glória e o êxito, mas sempre vem algo para atrapalhar: ou é o primo Gastão, o sortudo, que obtém êxitos sem se esforçar, ou os sobrinhos Luizinho, Huguinho e Zezinho – competentes e bem-sucedidas crianças do tipo TRÊS – que precisam tirá-lo das enrascadas.

Fraude e respectivamente *mentira* não constam no catálogo "clássico" dos sete pecados capitais, bem como o pecado do tipo SEIS, o *medo*. Sua classificação como "pecado" vem da tradição sufista. É significativo que nós, na tradição ocidental, não tenhamos desmascarado ou denunciado estes dois pecados como tais. Trata-se dos pecados mortais propriamente ditos de nossa sociedade e que são tanto mais perigosos porque não os vemos. Os sufistas partem do princípio de que não podemos conhecer nossos próprios pecados.

No Ocidente, uma exceção é Dante que, em sua *Divina comédia*, faz com que o narrador passe primeiro pelo inferno, depois pelo purgatório e, finalmente, pelo paraíso. Somente na segunda parte (purgatório) encontra representantes dos sete pecados capitais, mas já encontrara na entrada do inferno os "covardes" (Canto 3); no local mais profundo do inferno estão os "falsários" e "traidores" (Canto 29 a 34). Estes, entre eles Judas, o traidor de Jesus, e Brutus e Cassius, os assassinos de César, assam no círculo infernal mais profundo (o nono)[3].

O tipo TRÊS não redimido engana em primeiro lugar a si mesmo. Por isso nem ele mesmo descobre com facilidade suas próprias mentiras. Primeiramente se convence de que a mentira é verdade. Sendo assim, um político americano, por exemplo, pode apresentar-se radiante e seguro diante dos microfones da imprensa e dizer que está tudo em ordem – e ele mesmo acreditar nisso.

O tipo TRÊS não redimido não tem nenhum desejo de aprofundamento. Para que profundidade se a superficialidade funciona e se embalagens são compradas sem conteúdo? O tipo TRÊS voltado exclusivamente sobre si mesmo é pragmático ao extremo: *verdadeiro* é o que funciona. *Verdade objetiva* é um tema que não lhe interessa.

M. Scott Peck, em seu livro *People of the Lie*, esboçou, sob o ponto de vista da mentira, uma psicologia do mal. Para ele, "pessoas más"

---

3. ALIGHIERI, Dante. *A divina comédia*. Dante foi influenciado pela obra do mestre sufista Ibn El-Arabi. Segundo Miguel Asin Palácios (*Islam and the Divine Comedy*. Nova York, 1926), apropriou-se do "conteúdo da obra literária de Ibn El-Arabi e a condensou numa forma aceitável para sua época. Roubou assim da mensagem de Ibn El-Arabi a força de convencimento sufista e deixou [...] apenas um exemplo embalsamado – na concepção moderna – de um roubo literário" (apud SHAH, Idries. *Die Sufis*, p. 128). Seja como for, é curioso que inferno, purgatório e paraíso venham divididos em nove (!) graus. Dante mesmo dizia que sua obra era o penoso caminho de uma alma extraviada em busca de salvação. A questão se *A divina comédia* não é, em última análise, uma versão literária do pentagrama mereceria um estudo mais profundo; disso poderia provir alguma luz sobre a origem do eneagrama.

ou "pessoas da mentira" são aquelas que agridem os outros em vez de encararem seu próprio fracasso. A partir de estudos de caso de sua práxis psicoterapêutica e a partir do massacre de May Lai, no Vietnã (1968), descreve de forma impressionante como o não reconhecimento da culpa própria e a consequente atribuição da culpa aos outros acaba por destruir os próprios autores. Um tipo TRÊS que decaiu ao ponto de não mais poder desvencilhar-se do emaranhado de suas mentiras é uma das personalidades mais deformadas que existem[4].

O pior é que muitas vezes confiamos cegamente num tipo TRÊS realmente desonesto. Parece tão seguro de si, parece saber o que está dizendo e fazendo de modo que só nos resta confiar nele. É um "vendedor de coisas usadas" sem igual: tudo brilha e é atraente. Fala com fluência e desenvoltura, e tão rápido que mal se pode acompanhá-lo. Por isso suas ofertas se tornam muitas vezes irresistíveis. Ao final da conversa, acreditamos ser este o melhor carro usado da cidade. Consegue vender tudo porque se vende principalmente a *si mesmo*. Vende sua imagem de eficácia e competência – e nós compramos porque a encenação foi perfeita.

A *armadilha* em que está preso o tipo TRÊS não redimido se chama *vaidade*. Entendo por vaidade o fato de exterioridades secundárias (embalagem, vestuário, atividade externa) serem mais importantes do que o "essencial" (substância, pessoa, conteúdo). Enquanto o tipo TRÊS não sair de si mesmo não vive, por assim dizer, dentro do próprio corpo e da própria alma, mas está à margem como espectador de seu agir. É um ator nato: alguns chegam ao estrelato, muitos são bons. Não é de estranhar que o ator Ronald Reagan chegasse a presidente dos Estados Unidos. Segundo penso, também o Papa João Paulo II é um tipo TRÊS. Estas pessoas sabem como lidar com as massas. Muitas delas gostam de estar diante de grandes massas populares. Um "banho na

---

4. PECK, M. Scott. *People of the Lie* – The Hope for Healing Human Evil. Nova York: [s.e.], 1983. Um compêndio das teses mais importantes do Peck encontra-se em ROHR, Richard. *Der nackte Gott* – Plädoyers für ein Christentum aus Fleisch und Blut. Munique: [s.e.], 1987, p. 140-150. O destino do presidente da Silésia Uwe Barschel faz parte dos tristes testemunhos de como uma pessoa, só preocupada com o êxito, pode ser envolvida em situações embaraçosas e para a qual todos os meios são justificados para se manter "em cima".

multidão" lhes faz bem. Mas sentem-se inseguras numa conversa pessoal, pois nela se pressupõe autenticidade, vulnerabilidade e profundidade.

O dom ou *fruto do Espírito* é o reverso de seu pecado: *veracidade* ou *honestidade*. O tipo TRÊS redimido encontrou-se com a verdade. Estas pessoas são raras nos Estados Unidos, sobretudo no mundo dos negócios. *Mister Perfect*, de quem já falei, pediu-me, certa vez, em conversa particular: "Richard, não deixe que eu continue enganando. Consigo enganar espetacularmente a mim e ao mundo. Posso 'enrolar' qualquer um". Tinha consciência do que era capaz; sabia perfeitamente que usava truques. Sabia que podia impingir aos outros gato por lebre, mas ansiava pela veracidade. As pessoas do tipo TRÊS só vão encontrar-se com seu dom se encararem de frente suas pequenas e grandes mentiras da vida e não as disfarçarem; e isto só é possível mediante o doloroso caminho do autoconhecimento. Isto lhes parece sumamente difícil porque é uma introspecção em seu próprio *fracasso*. Mas se houver o encontro com a veracidade, o tipo TRÊS poderá colocar seus dons excepcionais a serviço dos outros, isto é, ajudá-los com competência e eficiência e motivá-los a descobrirem seus próprios potenciais (ajuda para a autoajuda). Pode fazer também com que um grupo ou comunidade se organize de modo coerente, com que as mentiras da sociedade sejam chamadas pelo nome e com que a verdade seja difundida de modo "profissional e segundo o estilo da época".

Símbolos e exemplos

O primeiro *animal-símbolo* do tipo TRÊS é o *camaleão*. O tipo TRÊS consegue adaptar-se habilmente às expectativas de seu meio ambiente. Com isso corre o perigo de que seus múltiplos papéis e máscaras substituam seu verdadeiro eu, ao qual não tem acesso. O tipo TRÊS não redimido de quem se tiram os papéis e máscaras pode entrar em pânico, pode desintegrar-se literalmente até o nada. Uma senhora do tipo TRÊS contou que muitas vezes, enquanto namorada, pensava longamente sobre que tipo de mulher devia representar no próximo encontro para "abafar".

O segundo animal-símbolo é o *pavão*. Alguns especialistas em eneagrama também relacionam o pavão ao tipo DOIS ou QUATRO. Todos os tipos do coração têm "algo de pavão" porque, com sua conduta, visam a uma reação do público e se *exibem*: o tipo DOIS se doa com amor e presteza, o tipo TRÊS assume o papel que melhor convém ao caso, e o tipo QUATRO pretende ser alguém especial. O pavão se exibe. Sua plumagem vistosa atrai a atenção dos outros. O objetivo a longo prazo da direção espiritual dos tipos do coração consiste em cortar o rabo do pavão a fim de se evidenciar que sem a plumagem vistosa é apenas uma ave normal e feia como todos nós.

Animal-símbolo do tipo TRÊS redimido é a *águia*. Diz-se da "rainha dos ares" que é o único animal que consegue olhar diretamente para o sol. Simboliza a rapidez, força, persistência e renovação: "Os que ficam à espera do Senhor retemperam as forças, criam asas como as águias, correm sem se afadigar, caminham sem se cansar" (Is 40,31).

O *país* do tipo TRÊS são os *Estados Unidos*. Como membro desse povo, gostaria de examinar melhor nossa mentalidade. Nos Estados Unidos não há motivação alguma para alguém *não* ser do tipo TRÊS. Quem dominar aqui o jogo do TRÊS conseguirá ascender aos píncaros do sistema. Em nosso meio, os tipos TRÊS chegam a diretores de empresas, a bispos e a presidente. Esta é uma das razões por que somos tantas vezes desiludidos pelos nossos dirigentes. De repente nos damos conta da superficialidade com que se age lá em cima. Estas pessoas estiveram a vida toda tão preocupadas em subir a escada do sucesso que isto se tornou seu único conteúdo de vida. O tipo TRÊS é o protótipo do norte-americano masculino e branco. E assim são educados os rapazes em nosso país. Estes são os rapazes que se tornam os líderes na escola e ganham todas as outras eleições. Todos os que não correspondem ao ideal do tipo TRÊS se sentem inferiores e inseguros, como se algo não funcionasse bem com eles.

É muito difícil para nós, americanos, encarar as mentiras do nosso sistema. Após a derrubada do avião de passageiros iraniano pela marinha de guerra dos Estados Unidos, correu entre nós o boato de que o Irã teria mutilado alguns cadáveres já existentes e os teria jogado no Golfo Pérsico para mostrar ao mundo que nós havíamos derrubado um avião de passageiros. Isto só pode ter sido ideia de um tipo TRÊS doentio. A América, o "reino do bem", está acima de qualquer suspeita e jamais poderia cometer tal erro. Esta espécie de embuste fez parte do sistema e do estilo de vida americano. Para nós americanos é de suma importância compreender a energia do tipo TRÊS se quisermos analisar a mentalidade que reina em nosso país. O resto do mundo considera o americano "feio", superficial e vazio, considera a América do Norte um país de plásticos e embalagens artificiais, sem conteúdo substancial. Mas nós, americanos, não podemos e nem queremos ver-nos assim.

Não poderia, aqui, deixar de dizer algumas palavras sobre a era Reagan. Reagan foi – como outros presidentes americanos – um tipo TRÊS. Era previsível que fosse eleito e reeleito presidente. Se fosse permitido, teria tido um terceiro mandato. Encarnava de modo quase perfeito o caráter coletivo dos Estados Unidos. Era o americano pragmático, bem-sucedido, de boa aparência e sem grande profundidade. Isto corresponde à vaidade e superficialidade do tipo TRÊS não redimido. Tirando o verniz, por baixo não resta nada. O tipo TRÊS é um representante da sociedade de bem-estar. Tenho certeza que nos países do Terceiro Mundo não se encontra porcentagem tão alta de tipos TRÊS, pois os pobres têm que enfrentar desde o primeiro ano de vida a miséria, a derrota e o fracasso. Experimentam cedo que raramente se consegue aquilo que se quer e que não é possível livrar-se das dores e do sofrimento. Os Estados Unidos precisam andar um longo caminho para encontrar seu falso eu coletivo, enfrentá-lo e reconhecer sua predisposição para o embuste e a ilusão.

A *cor* do tipo TRÊS é o *amarelo*. Esta cor chama a atenção, é penetrante, dinâmica, excêntrica e irradia luz. Tudo isto descreve o tipo TRÊS redimido. "Sendo a cor mais brilhante, torna transparente o sentido e o objetivo da criação; deixa passar a luz e, assim, ilumina as coisas. O amarelo é a cor da orientação. Questiona, torna visível e responde. Dirige-nos pelo caminho e o ilumina com conhecimento, sentido e bom-senso" [5]. O amarelo é também a cor mais vulnerável. A menor sujeira ou turvação faz com que pareça feio ou com aspecto de veneno. "Assim como só existe uma verdade, só existe um amarelo. Verdade turva é verdade doentia, é inverdade. Assim, o amarelo turvo simboliza inveja, traição, falsidade, dúvida, desconfiança e erro. Na *Prisão de Cristo*, de Giotto, e na *Última Ceia*, de Holbein, Judas está pintado em amarelo sujo" [6].

O *tronco familiar bíblico* do tipo TRÊS é *Jacó*, o trapaceiro. Já no ventre materno lutava com seu irmão gêmeo Esaú, que foi o primeiro a nascer. Jacó era o querido de sua mãe Rebeca, um "homem pacífico", ao passo que o pai Isaac preferia Esaú, um caçador rude. Certa noite, Jacó aproveitou-se do cansaço e da fome de seu irmão para comprar-lhe, por um prato de lentilhas, o direito à primogenitura, de que tudo dependia no Oriente de então. Estando o cego pai no leito de morte, Jacó, com a ajuda de Rebeca, conseguiu fraudulentamente obter a bênção do pai [7]: apresentou-se como sendo Esaú. Quando o irmão chegou em casa, a bênção já fora dada. Diante da raiva de seu irmão, Jacó teve que fugir para a casa de seu tio Labão, em Harã. Durante a fuga, teve um sonho em que via o céu aberto e os anjos do Senhor subindo e descendo por uma escada (a escada como símbolo da subida ou descida diz alguma coisa a todo tipo TRÊS).

---

5. BENEDIKT, Heinrich E. *Kabbala*, p. 101.

6. ITLEN, Johannes. *Kunst der Farbe*. Ravensburg, 1961/1970, p. 85.

7. Segundo a concepção vétero-testamentária, a bênção é força vital que proporciona "shalom": saúde, vida longa, bem-estar, felicidade, sucesso – tudo o que o coração de um tipo TRÊS deseja.

Em Harã, enamorou-se de sua prima Raquel que era "esbelta e formosa". Deveria servir a Labão durante sete anos para consegui-la por esposa. Dessa vez foi ele o enganado: Na manhã após o casamento, percebeu que haviam colocado em sua cama a mulher errada, isto é, Lia, de "olhar sem brilho". Jacó, porém, não se deu por vencido; serviu a Labão mais sete anos e conseguiu também Raquel.

Nesse meio-tempo, Labão, com ajuda de Jacó, tornou-se um homem rico. Mas Jacó queria voltar para casa e, apesar do medo, reconciliar-se com seu irmão (é bom sinal quando o tipo TRÊS encara o passado e se dispõe a assumir as consequências de seus erros). Como recompensa pelos anos de serviço, poderia levar parte do rebanho. Usando de outro refinado estratagema, Jacó tornou-se sobremodo rico e conseguiu muitas ovelhas, escravos, camelos e jumentos.

Enviou adiante de si mensageiros com ricos presentes para Esaú a fim de ganhar-lhe a benevolência. A noite antes do encontro Jacó a passou sozinho à margem do Rio Jaboc, enquanto os seus já haviam atravessado a torrente. Aproximou-se dele um homem desconhecido e lutou com ele. Jacó lutou e não se entregou. Só com um golpe baixo o estranho conseguiu vencer. Mas, mesmo assim, Jacó não se deu por vencido. Quando, ao romper da aurora, o estranho queria retirar-se, Jacó o segurou e disse: "Não te soltarei se não me abençoares(!)". O estranho deu a Jacó (trapaceiro) um novo nome: Israel (lutador com Deus), "pois lutaste com Deus e com homens e não perdeste". Ao final acontece realmente a reconciliação entre os irmãos (Gn 25–33)[8].

Nenhuma outra figura bíblica corresponde tão perfeitamente a um tipo do eneagrama quanto Jacó. Luta com Deus e com homens – e com todos os truques. Curiosamente, Deus não recusa sua bênção a esta figura ambígua. O povo de Israel identifica-se até hoje com esta luta entre homem e Deus.

---

8. A história de Jacó foi sendo constituída, no correr do tempo, por muitos elementos, em parte bem arcaicos. Parto daquela redação final que foi canonizada. Walter Hollenweger retraçou em seu livro *Geist und Materie* o processo do surgimento da história da luta de Jacó no Jaboc e mostrou como já na Bíblia esta história foi entendida e interpretada de modo sempre novo: HOLLENWEGER, Walter. *Geist und Materie.* Munique: [s.e.], 1988, p. 226-232. Walter Wink diz com razão: "Seria psicologizar se quiséssemos, à luz da história de Jacó, traçar um perfil da personalidade desse homem Jacó. E muito simplesmente porque nada podemos dizer sobre a medida em que estas tradições são enfeitadas por lendas e crenças populares, ou talvez mesmo sejam por estas inicialmente produzidas. Contudo, é legítimo tentar descobrir os processos psicodinâmicos desta história tal qual se nos apresenta: como, segundo sua intenção, os ouvintes entendem esta história e até que ponto são levados, por esta história, à ação". WINK, Walter. *Bibelarbeit* – Ein Praxisbuch für Theologen und Laien. Stuttgart: [s.e.], 1982, p. 137.

Duas outras figuras bíblicas do tipo TRÊS, à primeira vista bem antipáticas, são *Judas* e *Pilatos.* Segundo teoria bem difundida, *Judas* teria traído a Jesus para forçá-lo a agir, para forçá-lo a tomar finalmente o poder na qualidade de Messias. Quando percebeu que a coisa não dera certo, não teve outra saída senão o suicídio. Também sua ganância por dinheiro (dinheiro como símbolo de sucesso) faz parte desta figura.

Pilatos, um político de carreira, estava convencido da inocência de Jesus. Mas talvez um julgamento justo pudesse prejudicar sua carreira profissional. No interrogatório lança a pergunta própria do tipo TRÊS: "O que é a verdade?" (Jo 18,38). Percebe perfeitamente o jogo, mas entra nele porque não consegue passar da mentira à verdade que encontrou em Jesus de Nazaré.

Conversão e redenção

O *convite* ao tipo TRÊS é um chamado à *esperança.* Só uma esperança que ultrapassa os êxitos imediatos pode ajudar o tipo TRÊS a conseguir profundidade e a relevar os fracassos momentâneos. Paulo escreve: "A presente tribulação momentânea e leve nos dá um peso eterno de glória incalculável. Não pomos nossos olhos nas coisas visíveis, mas nas coisas invisíveis. As coisas visíveis são temporais; as invisíveis eternas" (2Cor 4,17-18). Esperança significa também não basear a vida nos objetivos próprios de cada um, mas na *vontade de Deus,* nos grandes objetivos do Reino de Deus. *Pensar grande!* Jesus diz: "Buscai em primeiro lugar o Reino de Deus e sua justiça e todas estas coisas vos serão dadas de quebra" (Mt 6,33).

O tipo TRÊS tem que *trabalhar* realmente para conseguir profundidade. Tem a tendência de deixar que seus sentimentos se atrofiem. Enquanto o tipo DOIS se debate num marasmo de sentimentos, pode acontecer perguntarmos a um tipo TRÊS como se sente, e ele não saber. Os sentimentos estorvam a eficiência e a organização. Por isso o tipo TRÊS suspende suas emoções enquanto precisa executar uma tarefa. E como, em geral, está sempre atrás de um projeto (às vezes de três ou quatro ao mesmo tempo), o mundo interno fica relegado.

Para curar-se e redimir-se, precisa aprender a ficar só, à semelhança do tipo DOIS. Ambos precisam de ambiente de silêncio e paz, onde não existe *feedback* do público, nem aplauso, nem admiração. Os "medicamentos" adequados são a oração contemplativa e a meditação silenciosa. Quando o tipo TRÊS começa a descobrir seu mundo interior, faz disso, de início, logo um projeto a ser realizado: Quer meditar *com êxito*. Demora um pouco até ele entender que se trata exatamente de *não* fazer nada, de *não* vivenciar nada, de *estar simplesmente ali*. Assim que entender isto, há de esforçar-se para "estar simplesmente ali" e "nada vivenciar" do modo mais eficaz possível. O caminho compensador para a profundidade exige dele muita paciência e disposição para, durante muito tempo, não experimentar nada de especial.

Neste silêncio trata-se de o tipo TRÊS se confrontar também, de forma autocrítica, com sua deslealdade e sua compulsão para o sucesso. Deve sobretudo mastigar e digerir seus lados sombrios, seus erros e fracassos, ao invés de fugir deles. Exige muita luta reconhecer que errou, que foi injusto e que mentiu.

O pior de tudo é que o tipo TRÊS não é questionado na civilização ocidental. Nossos critérios de "saúde" são capacidade de trabalho, de amor e prazer. As revistas femininas e masculinas e todos os outros órgãos de imprensa confirmam este estado de coisas. Mas, é preciso dizer que o tipo TRÊS não redimido precisa tanto de redenção quanto os outros. Só que é mais difícil reconhecer uma doença como sendo doença quando todos a chamam de "saúde". Em nossa sociedade a redenção do tipo TRÊS significa, sob certo aspecto, despedida da compreensão e aplauso do meio ambiente.

Isaac B. Singer, o célebre autor judeu-americano, detentor do Prêmio Nobel, traz em seu romance *O penitente* a confissão de um tipo TRÊS. O principal personagem, um judeu, escapou por pouco do holocausto dos judeus poloneses. Imigrou para os Estados Unidos e abriu um comércio. Tudo correu muito bem, ganhou muito dinheiro e casou com uma mulher muito bonita. Depois, arrumou uma amante que vivia, juntamente com uma filha, às suas custas. Quando percebeu que não era o único amante dela, rompeu a relação e voltou para casa onde também flagrou a mulher. Chateado da vida, só via duas saídas: suicídio, ou começar radicalmente tudo de novo. Resolveu – apesar de muitas dúvidas de fé – tornar-se um judeu ortodoxo e guardar os mandamentos. Sua nova atitude levou-o a *Mea Schearim,* onde os judeus ortodoxos mais ferrenhos viviam os velhos costumes de Jerusalém. Após o divórcio, casou-se com uma jovem judia muito simples. Com esta nova vida, começou também a crescer nele a fé. Uma vida despretensiosa, fiel à Lei judaica, fez com que encontrasse finalmente a paz.

Isaac Singer diz em seu *O penitente*: "os meios de cura que ele recomenda não vão sarar as feridas de todos, mas acho que se pode conhecer a espécie de doença"[9]. Faz com que o homem superficial, só preocupado com o sucesso, veja a realidade, sua "vida familiar ameaçada, sua ganância por luxo e quinquilharias tecnológicas, o pouco valor que dá aos idosos, sua bajulação aos jovens, sua crença cega na psiquiatria, sua tolerância com o crime"[10].

O tipo TRÊS anseia, mesmo sem o saber, não apenas por louvor e reconhecimento, mas por amor verdadeiro. Recebe tantos aplausos por seus êxitos que acaba achando que é isto tudo que deseja. Demora para entender que existe mais do que reconhecimento merecido, ou seja, amor imerecido e incondicional.

Uma religiosa, diretora de um colégio, era antes de vir a *New Jerusalem* um tipo TRÊS maravilhoso e muito competente. Provavelmente poucas pessoas sentiram seu lado vulnerável. Encontrei-a algumas vezes chorando, e certa vez me disse: "Richard, dá vontade de fugir. Todos me querem em todos os lugares porque sabem que faço tudo bem. Gostaria de experimentar ao menos uma vez que alguém me ama pelo que sou. Mas sei também que colaboro para as coisas serem como são. Trabalho com tal afinco e independência e produzo tanto que as pessoas só reagem e se pronunciam sobre o que faço".

As pessoas do tipo TRÊS choram poucas vezes, mas podem irromper em lágrimas abundantes, o que deixa os demais atônitos. Seu lado sentimental pouco desenvolvido procura sair do sufoco através das lágrimas. Dizia uma delas: "Após chorar, sinto-me realmente bem. Antes, tenho a impressão de que ninguém me conhece e compreende. Mas, após chorar, desaparece o desgosto. Acho que no próprio choro há um consolo e que, então, sou consolada por Deus. Tanto consolo quanto precisa um tipo TRÊS não redimido ninguém pode dar".

---

9. SINGER, Isaac B. *Der Büsser*. Munique/Viena: [s.e.], 1987, p. 8.
10. Ibid., p. 7.

Em seus melhores momentos, sabe o tipo TRÊS que ele, na verdade, tem um autossentimento de valor precariamente desenvolvido quando se tira dele seus "produtos". Por isso, situações como doença e velhice parecem-lhe ameaçadoras, pois nelas nada mais pode produzir, e o seu lema "produzo, logo existo" cai por terra. "Suporto mal a doença, bem como o ócio puro. Meu pai, mesmo após um infarto, mandava que lhe trouxessem os papéis para a cama a fim de trabalhar sobre eles. É curioso que naquela época, aos quinze anos, reconhecia que se tratava de uma compulsão errada. Mas agora reajo da mesma forma quando estou doente". É *tarefa vital* do tipo TRÊS entender a doença como sinal e chance para a mudança.

O tipo TRÊS precisa aprender a ficar quieto de vez em quando e parar de perseguir eternamente êxitos e projetos. A pergunta: "Como realmente me sinto?" não recebe resposta, na maioria das vezes, do tipo TRÊS. A percepção segura de seu corpo e a ocupação com as próprias imagens oníricas podem ser uma ponte para a alma. Faz parte também das tarefas vitais do tipo TRÊS escutar sempre mais e com maior precisão a voz dos seus sentimentos ao invés de fazer aquilo que promete reconhecimento a partir de fora.

O tipo TRÊS deve sobretudo aguçar a consciência e não deve permitir-se desvios "sem importância" da verdade. Na "viagem para o interior" deve superar o medo profundo, porém infundado, de que atrás de seus papéis e máscaras talvez não exista um "verdadeiro eu".

O tipo TRÊS deve precaver-se também contra uma fantasia hiperativa, sempre ocupada em novos projetos, e assumir tarefas que exijam paciência com detalhes e que não prometem resultados imediatos. À semelhança do tipo DOIS e QUATRO, corre o perigo de imunizar-se contra as críticas. Deveria, pelo contrário, buscar em toda crítica o grãozinho da *verdade* nela contida.

Finalmente, o tipo TRÊS deve considerar o mistério da cruz como o mistério do fracasso: Deus converte nossas derrotas em sua – não nossa – vitória. Isto não entra na cabeça do tipo TRÊS; isto não funciona; isto não cabe num esquema de ascensão. Somente após iniciar o caminho da redenção, o tipo TRÊS se libertará de sua vaidade e começará a ter confiança no agir soberano e não manipulável de Deus. Tomará posição honesta diante de seu vazio interno e de sua ansiedade de amor. Renuncia à segurança que lhe dá o *status*, o dinheiro e o poder. Renuncia à ideia de construir o próprio reino porque espera a vinda do Reino de Deus. Exemplo característico de um tipo TRÊS redimido é *Dorothy Day* (1897-1980), a "santa" americana do século XX. Era filha de um repórter esportivo do Brooklyn e foi educada praticamente sem religião. A família se mudou para Chicago; despertou nela o interesse social; com 16 anos entrou no partido socialista.

Após estudos truncados, foi ser jornalista do jornal socialista *The Call*, entrevistou Trotsky e tornou-se anarquista. Mas apenas teorias não conseguiram satisfazê-la. Queria tornar pública a verdade assim que reconhecida, mobilizar as massas e continuar a ajudá-las na prática.

Por ocasião de um protesto público, foi presa pela primeira vez (esteve na prisão por seis vezes). Na prisão, despertou nela o interesse religioso e autocrítica. Percebeu que por detrás de seu trabalho pelos oprimidos havia muito desejo de notoriedade. Após ser liberada da prisão, começou a frequentar a missa católica enquanto trabalhava como repórter judicial e servia de modelo a pintores do nudismo.

Um casamento fracassou. Depois juntou-se com um ateu. Pelo fato de insistir no batizado de sua filha Tamara, esta união também se desfez. Seu parceiro tinha "ciúmes de Cristo"[11].

O desejo de uma comunidade espiritual levou-a a pedir o batismo também para si: "Foi exatamente minha experiência como radical e todo o meu passado político que me levaram a querer a união com as massas, para amar e louvar a Deus"[12]. Mas ainda agora a fé era para ela assunto penoso, um persistir fiel sem experiência emocional alguma.

Na depressão de 1933 fundou com Peter Maurin o jornal *The Catholic Worker*. Era de esquerda radical, anarquista, pacifista, católico e era vendido (como até hoje) por um *cent*. Já no primeiro ano a tiragem chegou a 100.000 exemplares.

A par disto, começou a construir, nas grandes cidades dos Estados Unidos, cozinhas de sopas e casas para os desamparados e a organizar greves. Tornou-se cada vez mais a "consciência da Igreja Católica americana e [...] de toda a cristandade americana [...] O Evangelho pegou fogo nesta mulher e provocou uma explosão de amor[13].

---

11. FELDMANN. *Träume*, p. 138.

12. Ibid., p. 139.

13. WALLIS, Jim. *Wiederbelebung* – Meine Pilgerreise. Moers: [s.e.], 1984, p. 142 e 146.

Dorothy não se limitou a esmolas, mas lutou – ao contrário de Madre Teresa – pela mudança efetiva das estruturas. "Isto podia ser lido também nas encíclicas papais de cunho social, mas aqui era praticado e isto pareceu perigoso"[14].

Também durante a Segunda Guerra Mundial permaneceu pacifista. Após a guerra, o arcebispo de Nova York queria proibir que o jornal trouxesse no título o adjetivo "católico". Ela argumentou contra isso que também havia uma associação de "veteranos de guerra católicos". O Cardeal Spellman, ardoroso defensor da Guerra do Vietnã, qualificou-a de comunista porque apoiou a greve dos coveiros que trabalhavam para a Igreja.

Amor cristão era para ela *praxis*. Por muito tempo teve dificuldade com o aspecto contemplativo da fé: de há muito seu tipo de oração era a luta pelos pobres. Somente junto à natureza – como acontece com muitas pessoas do tipo TRÊS – encontrava sossego: a natureza não exige, não julga e não recompensa a imagem.

Em seus últimos anos, tornou-se uma pessoa de oração silenciosa e sofria por ver que muitos jovens engajados socialmente e colaboradores do *Catholic Worker* eram tão "a-religiosos" devido à decepção com a Igreja oficial. Quando Dorothy Day faleceu por problemas cardíacos vieram multidões de pobres "para o enterro e se postaram entre os grandes da Igreja e da sociedade – pois sabiam que Dorothy pertencia na verdade a eles"[15]. Segundo o *Newsweek,* por ocasião de seu enterro "não houve lágrimas, apenas aleluias por sua vida longa e iluminadora"[16].

---

14. FELDMANN. *Träume*, p. 144.

15. WALLIS, Jim. *Wiederbelebung*, p. 143.

16. FELDMANN. *Träume*, p. 151. Infelizmente ainda não apareceu na Alemanha nenhuma biografia dessa mulher notável; também seus numerosos escritos ainda esperam tradução.

Tipo Quatro

Visão geral

O tipo QUATRO utiliza seus dons para despertar no seu meio ambiente o sentido do belo e da harmonia. É altamente sensível e possui, quase sempre, dotes artísticos de forma que sabe exprimir seus sentimentos na dança, música, pintura, teatro ou literatura. Tudo que possui energia vital o atrai; capta com precisão sismográfica as emoções e sentimentos dos outros e a atmosfera presente em lugares e acontecimentos.

As pessoas do tipo QUATRO são por natureza "ecumênicas". Não aceitam a divisão do mundo em "sacro" e "profano". Sentem-se melhor no campo do inconsciente, dos símbolos e sonhos do que no mundo real. Os símbolos ajudam-nas a serem elas mesmas e a se exprimirem. Também possuem o dom de ajudar os outros a desenvolverem um gosto pelo belo e pelo mundo dos sonhos e símbolos.

Também o tipo QUATRO retira sua energia vital dos outros. Por isso sua pergunta fundamental soa assim: "O que você pensa de mim? Você repara em mim? Eu me destaco?" Ele procura ser esteticamente atraente, ser algo *especial*, parecer criativo e, em certos casos, parecer até esotérico, excêntrico, extravagante ou exótico.

Mas o estilo e a "espontaneidade" de um tipo QUATRO não redimido têm algo de afetado. Pode sair do quarto e dizer: "Joguei rapidamente uns panos sobre mim". Na verdade, trata-se de um efeito cuidadosamente planejado. Escolheu com esmero a combinação (ou não combinação!) de roupas e cores para aparecer diante dos outros.

A vida do tipo QUATRO vem marcada sobretudo pelo *anseio*. Anseia pelo belo e deseja que o mundo e a vida componham um todo harmônico. Dostoievski disse certa vez: "O mundo será salvo pelo belo". O tipo QUATRO acredita nesta afirmação.

Em sua infância, o tipo QUATRO teve muitas vezes a experiência de que o mundo presente era insuportável e sem sentido. Frequentes vezes esta experiência vinha ligada a uma dolorosa vivência de perda. Esta perda pode ter sido real (morte de um dos pais, nascimento bastardo, divórcio, mudança e desarraigamento, um dos pais vem ou vai, nasce outra criança ou ela passa a ter a preferência etc.), ou "apenas" sentida emocionalmente. Em parte faltaram modelos que desempenhassem papéis positivos. Por isso, em sua busca de identidade, a criança teve que voltar-se para seu próprio mundo interior. Pelo fato de terem faltado ou de terem sido muito fracas as fontes originais do amor, foi preciso criar outras fontes de amor na fantasia. O anseio do tipo QUATRO volta-se para aquele amor perdido, é saudade de casa e anseio pelo longínquo ao mesmo tempo. Espera pelo dia em que o grande amor (re)apareça e está convencido de que o grande amor o salvará.

A raiva pela perda sofrida é, em certas circunstâncias, tão profunda que não consegue ser manifestada. Em vez disso, o tipo QUATRO a dirige contra si próprio. Por algum motivo, acha que é culpado pelo fato de haver sofrido rejeição e penúria e, por isso, considera-se "mau". Muitas pessoas do tipo QUATRO informam que são regidas por uma vergonha oculta. Voltadas sobre si mesmas, vão vivenciar sempre de novo sua "maldade" e, assim, criar novas situações em que serão rejeitadas e abandonadas. Comportamento escandaloso exerce sobre elas um fascínio especial; o tenebroso e proibido têm uma força atrativa fora do comum.

A maioria das pessoas do tipo QUATRO acha que as normas da sociedade não valem para elas. Devido a seu sofrimento ímpar, sentem-se já a partir de casa como estranhos e carta fora do baralho. E, assim, acham-se no direito de estabelecer suas próprias normas. Muitas pessoas do tipo QUATRO têm uma consciência elitista. Tentam satisfazer padrões especiais e quando isto não dá certo sentem-se fracassadas.

É fácil reconhecer um tipo QUATRO. Ele tem propensão a usar roupas extravagantes. Quase todos demonstram um lado melancólico pela preferência que dão às cores preta e violeta. Alguns se vestem com roupas bem coloridas e "doidas". Muitos são vegetarianos, protetores de animais, feministas e adeptos de doutrinas excêntricas sobre saúde.

Possuir coisas traz pouca alegria ao tipo QUATRO. *Desejar* é mais importante do que *ter*. Tão logo consiga o objeto de seus desejos, normalmente se sente frustrado. Por isso as pessoas deste tipo são às vezes amantes bem complicados. Uma senhora do tipo QUATRO contou-me sua história: Quando jovem ainda, ansiava com todas as fibras de seu ser pelo futuro marido. Moveu céus e terra para consegui-lo. Mas, no dia do casamento, seus sentimentos românticos se desfizeram como por encanto. Não demorou muito e ele a abandonou. E naquele exato momento ela se apaixonou novamente por ele. Quando o marido voltou, aconteceu o seguinte: "Assim que ele apareceu diante da porta, meu amor acabou de novo. Eu o censurava por tudo que me havia feito passar. Ao ficar saturado de minhas reclamações e preparar-se para ir embora, meu amor por ele despertava de novo". Para quem não conhece o caso, isso pode soar a grotesco e engraçado. Mas faz parte do terrível dilema em que se encontra o tipo QUATRO não redimido. Ele não consegue viver no presente, cheio de manchas e falhas. E mesmo quando se realiza seu anseio, sempre ainda há algo a criticar.

O tipo QUATRO reverencia grandes autoridades: poetas, músicos, gurus, pastores de almas que têm algo de "profundo" e são alguma coisa "especial". Só esta "autoridade interna" é que vale. Autoridades formais, não "cobertas" por sua personalidade, não significam nada para ele. Seu faro pelo "genuíno" é infalível.

Todos que se incluem neste grupo têm um pendor natural para o belo. Por isso muitos deles se tornam artistas, músicos, poetas e dramaturgos. Na igreja são os advogados e projetistas do culto divino criativo. Têm uma sensibilidade muito afinada pela liturgia, ritos e decoração interna. Seu gosto estilístico deixa a nós outros pálidos de inveja. A maioria das pessoas do tipo QUATRO tem um gosto apurado. Sua aparência não se pauta pelo gosto popular; prefere comprar suas roupas em lojas que vendem artigos de segunda mão ou em butiques, mas não em liquidações. Prefere morrer a contentar-se com artigos fabricados em série e que milhares de pessoas usam. Como todos nós, também o tipo QUATRO tende a exagerar suas aptidões e a fazer, até com certa arrogância, os outros notarem sua "superioridade estética". Odeia tudo que não é fresco, que é tradicional, caseiro, mediano, sem estilo e "normal".

Ao mesmo tempo lança olhares de inveja secreta sobre aqueles que usam as coisas comuns e que não conseguem brilhar com tanta classe e estilo. O tipo QUATRO tem certa propensão a idealizar as "massas incultas" e consegue escrever grandes romances sobre os nobres pobres (Victor Hugo). Faz isso a partir de uma perspectiva estética e não suportaria, na prática, viver na sujeira real e na miséria verdadeira.

O programa de vida do tipo QUATRO poderia resumir-se à eterna procura do santo Graal. A lenda do Graal surgiu no final do século XII na poesia provençal e da antiga França. Segundo a tradição, trata-se do cálice que Jesus usou na Última Ceia e no qual José de Arimateia teria recolhido o sangue de Cristo.

O Graal concede a seu possuidor felicidade terrena e celestial, mas só aquele que é "puro" é destinado a encontrá-lo. No *Parsifal* (cerca do ano 1200), de Wolfram von Eschenbach, o Graal é uma pedra com forças miraculosas, guardada por anjos e mais tarde conservada no castelo de Munsalvaesche, uma mistura de *Tischleindeckdich* (mesa, ponha-se!) e de fetiche mágico-religioso (o Graal tiraria sua força de uma hóstia que lhe era trazida por uma pomba a cada Sexta-feira Santa). Richard Wagner usou a saga do Graal, bastante mudada, em suas obras *Parsifal* e *Lohengrin*[1].

Motivo semelhante é a procura de certa flor, como aparece pela primeira vez no *Rosenroman*, colaboração da França para a alegoria do amor, escrito basicamente por Guillaume de Lorris (começo do século XIII). Este romance (como os *Canterbury Tales* de Chaucer e a *Divina comédia* de Dante) sofreu influência sufista (*Pássaros e flores* de Fariddudin Attar e *Conversa de pássaros* parecem ter sido os padrinhos)[2]. Descreve a peregrinação do herói atra-

---

1. Para o Graal, cf. JUNG, Emma & FRANZ, Marie Louise von. *Die Gralslegende in psychologischer Sicht*. Zurique: [s.e.], 1960. • WEFIR, Gerhard. *Wörterbuch der Esoterik*. Friburgo na Brisgóvia: [s.e.], 1989, p. 62s.

2. Cf. SHAH, Idries. *Die Sufis*, p. 99s.

vés de uma região ideal para o jardim do amor cujos muros estão pintados com as alegorias do *ódio, traição, ganância, inveja, tristeza* etc. No jardim, dança o deus do amor com mulheres que se chamam *generosidade, bravura, sinceridade* etc. O perigo, falatório, vergonha e medo fazem com que não consiga ainda colher o botão. Mesmo quando o herói consegue finalmente com a ajuda de *Vênus* o beijo, soam as vozes contrárias do ciúme, vergonha, medo e perigo. Mas a *senhora compaixão* e a *senhora beleza* vêm em auxílio do poeta[3].

O mesmo motivo se repete no anseio romântico pela misteriosa *flor azul* (Novalis) que simboliza a busca da alma humana pela realização e totalidade.

"Encontrava-se num vasto relvado à beira de uma fonte que jorrava para o alto e ali parecia consumir-se. Rochas de azul-escuro com veios multicores erguiam-se em alguma região longínqua; a luz do dia que o envolvia era mais clara e suave que de costume, o céu estava azul e completamente límpido. O que, porém, o atraía com força irresistível era uma flor formada de luz azul lá no alto e que inicialmente se encontrava na fonte e o tocara com suas folhas largas e brilhantes [...] Não via outra coisa a não ser a flor azul e a contemplava com indizível ternura [...]"[4]

Dilema

O tipo QUATRO tem a *tentação* de procurar compulsivamente a *autenticidade.* Crianças, a natureza e tudo que irradia uma originalidade primária despertam nele o anseio por aquela simplicidade e naturalidade que perdeu numa época qualquer. Quanto mais o tipo QUATRO não redimido se esforçar para ser autêntico, tanto mais artificial parecerá aos que o circundam.

O *mecanismo de defesa* específico do tipo QUATRO é a *sublimação artística.* Os sentimentos não são expressos diretamente, mas por símbolos, rituais e configurações dramáticas. Dessa forma seriam minorados a verdadeira dor e o medo da rejeição. O tipo QUATRO não redimido está convicto do seguinte: "Se alguém me visse como realmente sou, não suportaria o espetáculo".

---

3. *Der Rosenroman*, tradução e introdução de Gustav Ineichen. Berlim, 1959.

4. NOVALIS, Heinrich von Ofterdingen. In: *Gedichle, Romane*. Zurique, 1968, p. 164s. Novalis internalizou a busca da realização da vida: "O misterioso caminho leva para o *interior*. Está em nós ou em lugar nenhum a eternidade com seus mundos, o passado e o futuro".

Isto faz com que muitas pessoas do tipo QUATRO se sintam mais à vontade com sua arte do que com outras pessoas. Por isso precisam aprender bem a verdadeira aptidão de amar. O entusiasmo por outras pessoas pode ir e vir. Permanece nisto tudo o perigo que as outras pessoas sejam usadas apenas como descarga emocional de certos anseios, recordações ou sonhos.

De vez em quando, o tipo QUATRO arma sua vida como uma obra de arte. As roupas, a decoração da casa, os passatempos, o círculo de amigos e os hábitos estão todos sintonizados. Às vezes parece mera casualidade, mas na realidade trata-se de algo bem encenado. Pontos de vista estéticos que os outros dificilmente percebem desempenham nisto o principal papel. Expressão clássica desse modo de viver é o que chamamos de *boemia* ou "meio artístico": música melancólica, flores semimurchas como rosas ou violetas (sobre a afinidade do tipo QUATRO com a morte e o passageiro ainda falaremos), defumadores, velas de cera, o diário ao lado da cama. Muitos, do tipo QUATRO, gostam de longas conversas à noite tomando chá ou saboreando um vinho tinto.

O *pecado de raiz* do tipo QUATRO é a *inveja*. Consegue perceber de imediato quem tem mais estilo, mais classe, mais gosto, mais talento, ideias mais brilhantes, mais genialidade que ele. Vê quem é mais simples, natural, normal e "sadio" que ele. Não há nada que o tipo QUATRO não possa invejar. Helen Palmer cita um tipo QUATRO: "Como é possível que as outras pessoas sempre se sintam bem e consigam sorrir? O que têm elas em comum que eu não tenho? Você vai à procura do santo Graal. Você quer encontrar o que lhe falta. Você busca aquilo que faz felizes seus amigos e que lhe escapa"[5].

A inveja pode externar-se também como ciúme quando se trata de relacionamentos. Muitas vezes o tipo QUATRO vive com medo de que outras pessoas possam ser mais atraentes, originais e interessantes como parceiros do que ele. Por mais autoconsciente que possa ser, luta nele uma criança com seus sentimentos de inferioridade: "Não mereço ser amado. Preciso aparecer para não ser outra vez desconsiderado e rejeitado". Por isso muitas pessoas do tipo QUATRO sentem o campo das relações íntimas como arena de luta de concorrentes.

---

5. PALMER, p. 191.

O tipo QUATRO *foge do trivial*, de tudo que é comum, convencional e normal. Exigir que seja como os outros pode despertar nele verdadeiro pânico. Por isso recusa-se, com maior firmeza ainda do que os outros tipos, a mudar. Ele diz: "Gosto de ser diferente! Não quero ser acomodado como os outros!" Devido a seu comportamento espalhafatoso, muitas pessoas do tipo QUATRO conseguiram seu *status*, seu círculo de amigos, seus papéis, seu "faro" e a admiração de muitos outros. Este jogo, o tipo QUATRO não redimido não quer desmanchá-lo. Mas um dia qualquer há de experimentar seu lado negro. Então perceberá que tudo isto o impediu realmente de amar; perceberá quão egocêntrico foi. Mas em geral demora até dispor-se a abandonar sua autoimagem. O tipo QUATRO é às vezes estúpido neste ponto. Pode até fazer troça, de forma irônica ou sarcástica, de seus caprichos e peculiaridades, de seu comportamento elitista e de seu esnobismo. Mas o passo para uma verdadeira autocrítica é bem mais difícil.

Em comunidades (religiosas) do passado, as pessoas do tipo QUATRO eram não raro excluídas porque não se adaptavam. Os conventos, até há pouco tempo, atribuíam grande valor à uniformidade. Todos usavam o mesmo hábito preto ou marrom. Quando promovi um seminário sobre o eneagrama na California, encontrei um tipo QUATRO bem "fogoso". Ao final do dia estávamos todos reunidos, trajando o hábito franciscano, para encerrar o encontro com um culto divino. Imaginei logo que este homem haveria de aprontar alguma para chamar a atenção. E não deu outra: havia prendido em seu peito uma grande rosa vermelha! O tipo QUATRO *precisa* aparecer. É como se pensasse: "Não sei quem sou quando pareço com os outros. Preciso chamar a atenção e ser *diferente* de qualquer forma".

A *armadilha* do tipo QUATRO é a *melancolia,* uma "doce tristeza" que se espraia qual névoa sobre toda a vida. Para ser feliz, o tipo QUATRO precisa de vez em quando estar deprimido e sofrer. Helen Palmer denominou-o "romântico trágico". Confirmam-no citações da época da literatura romântica: "A melancolia te arrebata porque não há mundo onde possas agir" (Bettina von Arnim); "A melancolia é a felicidade de estar triste" (Victor Hugo). Quanto maior a dor e a depressão, tanto mais criativo pode tornar-se o tipo QUATRO. O prazer de sofrer é evocado e descrito em inúmeras autorreflexões poéticas de literatos românticos de todos os tempos e culturas.

> [...] e acresce que sinto uma falsa doçura em tudo que estou sofrendo. Este triste estado de alma é para mim um mar de dores, miséria e temores, um caminho aberto para o desespero [...] E o suprassumo da desolação é que me deleito com certa volúpia nas minhas lágrimas e dores, e só a contragosto me afasto delas (Francisco Petrarca, poeta italiano, 1304-1374).

Com o *Sofrimento de Werther* (1774), expressão da fase trágico-romântica de Goethe no período da literatura alemã chamada "Tempestade e ímpeto", identificam-se tantos jovens da época que houve verdadeira onda de suicídios.

As pessoas do tipo QUATRO têm muitas vezes afinidade com a morte, talvez porque se trate da última lamentação e da saudade definitiva ou, ainda, porque só a morte pode perpetuar a beleza. Por razões dramatúrgicas, histórias de grandes amores tinham que acabar forçosamente em morte. Escrever que Romeu e Julieta se casaram, tiveram filhos e levaram uma vida casada "normal" teria sido muito banal e teria prejudicado a universalidade e grandeza de seu amor.

Um franciscano, meu amigo, que é tipo QUATRO, contou-me o seguinte: na juventude tentou fantasiar sua morte nos mínimos detalhes. O dia de sua morte deveria ser esteticamente perfeito. Esperaria até que algumas pessoas às quais amava o tivessem magoado profundamente. Dessa forma poderia castigá-las definitivamente. Tinha que ser na primavera. Colocar-se-ia então debaixo de uma cerejeira em flor e beberia o cálice com veneno. Haveria de tombar e as flores da cerejeira cairiam lentamente sobre o seu corpo. Meu amigo não chegou a concretizar esta fantasia, mas estas fantasias mórbidas não são incomuns entre pessoas do tipo QUATRO.

Conhecem-se as poesias românticas pelo fato de girarem em torno do amor, beleza e morte. Todos os outros temas não são "grandes que chega":

TRISTÃO

Quem o belo viu com os olhos
Da morte se tomou familiar.
Serventia já na Terra não encontra
Perante a morte assim mesmo tremerá
Quem o belo viu com os olhos.

Eterna é nele a dor de amar
O tolo apenas crê na Terra
Instinto tal satisfazer;
Quem a flecha do belo feriu
Eterna é nele a dor de amar.

Ah, qual fonte quer secar
Sorver veneno respirando o ar
Cheirar a morte em cada flor
Quem o belo viu com os olhos
Ah, qual fonte quer secar.

(August Graf von Platen, 1796-1835)[6].

Pelo fato de o tipo QUATRO dirigir quase sempre as agressões contra si mesmo, é comum que tenha nojo de si mesmo e do próprio corpo. Ainda que seja normalmente esbelto e atraente, costuma achar-se gordo demais e feio. Sempre experimenta novas dietas. A mania de emagrecimento (anorexia) é relativamente frequente entre mulheres do tipo QUATRO.

Este tipo precisa de amigos e parceiros que o suportem sem que se deixem envolver em suas oscilações de humor. Precisa experimentar uma fidelidade que não se deixa influenciar. A parceria com um tipo QUATRO não redimido é cansativa e exige muita tolerância. Uma vez que a realidade atual – incluindo o parceiro presente – é deficiente para este tipo, pode acontecer que o parceiro esteja exposto permanentemente a uma acerba crítica. Estando presente e, por isso, facilmente à mão, exerce pouca atração. Isto pode chegar ao ponto de o tipo QUATRO ficar

---

6. O poeta esteve a vida toda à procura da "solução através da forma" e, assim, no caminho do romantismo para o clássico. O célebre poema "Tristão" (1825) é de estilo clássico; desse modo o "romântico" tema da saudade insatisfeita é ainda mais acentuado.

impotente ou recusar-se ao sexo. O parceiro de um tipo QUATRO não redimido está numa gangorra *de sedução* e *recusa*. Se ele se afastar é atraído de volta por todos os meios possíveis. Em situações extremas isto pode vir acompanhado de cenas dramáticas ou de ameaças de suicídio. Se o parceiro ficar disponível, seus erros e falhas serão colocados novamente às claras. Acontece como numa dança ensaiada: "Se você der um passo à frente, eu darei um para trás! Se você der um passo para trás, eu darei um ao seu encontro!"

O caso amoroso do filósofo norueguês Søren Kierkegaard (1813-1855), um tipo QUATRO, com Regine Olsen, espelha o lado trágico dessa "situação". Desmanchou o noivado após um ano porque achava que não devia sobrecarregar Regine com sua melancolia. A assimilação dessa postura interior levou-o a suas primeiras obras estéticas[7].

A tranquila felicidade "normal" que muitos outros aparentemente usufruem parece ao tipo QUATRO atraente e repulsiva ao mesmo tempo. Isto poderia ser o fim daquela doce nostalgia de que precisa o tipo QUATRO para sentir sua "identidade". A riqueza interna da melancolia parece-lhe mais atrativa do que aquilo que os outros chamam irrefletidamente de "felicidade". Rainer Maria Rilke, por exemplo – também do tipo QUATRO – recusava-se, apesar de sérios transtornos psíquicos, a submeter-se a uma terapia. Temia que seu verdadeiro eu pudesse ser destruído pelo tratamento e os demônios poderiam sair dele juntamente com os anjos[8].

Muitas pessoas do tipo QUATRO oscilam entre fases de atividade exagerada e fases de retenção em que estão como que paralisadas. Esta estrutura "maníaco-depressiva" pode transformar-se, em alguns, muito introvertidos (maior influência da ala CINCO), numa estrutura totalmente depressiva. Contudo, as pessoas do tipo QUATRO em que predomina a ala TRÊS, extrovertida e voltada para o êxito, são muitas vezes hiperativas. Esses dois "subtipos" do tipo QUATRO não se parecem muito à primeira vista[9].

---

7. Especialmente instrutivo é seu "Tagebuch eines Verführers" em seu escrito *Entweder-Oder*. Munique, 1975, p. 351-352.

8. Cf. PALMER, p. 177.

9. Cf. PALMER, p. 178.

A depressão de um tipo QUATRO não redimido é diferente da tristeza normal que as demais pessoas sentem. Está vinculada ao sentimento da singularidade e grandeza do próprio sofrimento e com a não aceitação de ajuda. Por trás do pretexto de não ser entendido por ninguém, esconde-se sua recusa a entristecer-se[10]. E, assim, recupera ferrenhamente o perdido.

Muitas pessoas do tipo QUATRO levam muito a sério os seus sentimentos e ficam profundamente magoadas quando são "feridas". A crítica a suas expressões artísticas pode atingi-las profundamente e fazer com que se retraiam. Por outro lado, têm uma propensão a criticar a si mesmas. Criticar o quadro de um pintor do tipo QUATRO só pode vir dele mesmo.

Hollywood é o Eldorado do tipo QUATRO. Teatro e cinema são o seu campo porque considera a vida toda como um grande palco. Os troféus "Oscar" divide-os com alguns tipos TRÊS de sucesso. Marilyn Monroe, Marlon Brando e James Dean são célebres tipos QUATRO entre os astros da tela.

A biografia de James Dean (1931-1955), o ator dos jovens rebeldes, é quase paradigmática. Com oito anos, "Jimmy" perdeu a mãe que o fez ter aulas de dança e violino. Enquanto jovem teve uma brilhante carreira de teatro e cinema. Mas, como pessoa, foi um *enfant terrible*. Podia pegar uma cadeira e sentar-se em pleno dia no meio da rua e deleitar-se com a buzinação dos motoristas. Há fotos dele sentado num caixão em uma funerária. Sempre e em toda parte trazia seus bongos, cujo barulho chamava a atenção dos outros sobre ele.

Aproveitou seu caráter obscuro, enigmático e impenetrável para criar um mito de si mesmo: "Somos peixes e nos afogamos. Permanecemos em nosso mundo e nos admiramos. Ensina-se ao feliz perguntar por quê. Ninguém sabe responder". Leviandade e prazer do risco – característica comum a muitos do tipo QUATRO – mostram-se nele na sua paixão por motocicletas e carros velozes. Ele mesmo participa de corridas de automóveis: "É o único momento em

---

10. Elisabeth Kühbler-Ross apresenta em seu livro *Interviews mit Sterbenden* (Stuttgart, 1971) cinco frases do morrer: não querer aceitar a verdade, raiva, negociação, depressão e conformidade. O processo necessário para a assimilação das perdas na infância pode ser empregado nas cinco fases, conforme o demonstraram os jesuítas americanos Matthew e Dennis Linn em seu livro *Beschädigtes Leben heilen*, Graz 1981. Deixar morrer recordações traumáticas pode levar à cura interior.

que me sinto como um todo". Aos 24 anos quase morre num desastre de carro que ele mesmo provocou por excesso de velocidade. Mesmo só tendo feito três filmes, criou-se um culto a ele, após sua morte, que perdura até hoje[11]. Personagens brilhantes como Dean levam outros a introjetar os próprios sonhos. Sua obscuridade atrai magneticamente necessidades e desejos obscuros de outras pessoas. A capacidade de encarnar vários caracteres e ele mesmo permanecer envolto em névoa faz com que muitas pessoas do tipo QUATRO sejam atraentes e perigosas. Se quisermos agarrá-las ou tocá-las pessoalmente, pode acontecer que apanhemos apenas o vazio.

Marilyn Monroe (1926-1962) foi órfã desde pequena. Aos nove anos foi estuprada e aos dezesseis anos – na profissão de vendedora – tentou suicidar-se pela primeira vez. O sacerdote e poeta Ernesto Cardenal, parente espiritual dela, pois também é um tipo QUATRO, descreveu em sua obra *Oração por Marilyn Monroe* como ela, em menina, havia sonhado "que estava nua na igreja [...] diante de uma multidão ajoelhada com as cabeças curvadas até o chão, e ela teve que andar na ponta dos pés para não pisar nas cabeças". E Cardenal reza: "Senhor, neste mundo contaminado de *pecados* e *radioatividade* não condenais uma pequena vendedora que sonhava em ser atriz de cinema [...] Tinha fome de amor e nós lhe oferecemos tranquilizantes. Contra tristeza de não ser santa, aconselhamos a psicanálise [...] Suas aventuras amorosas eram um beijo com os olhos fechados – e quando a gente abre os olhos percebe que foi apenas um beijo cinematográfico"[12].

O dom ou *fruto do Espírito* do tipo QUATRO redimido é o *equilíbrio*. Com 25 anos de idade o tipo QUATRO já vivenciou todos os estados e experiências emocionais desde a agonia até o êxtase. Conhece todas as nuanças sentimentais e entende a alma humana e seus abismos melhor do que qualquer um. Submetendo-se a uma disciplina e conseguindo o equilíbrio de sua vida sentimental, pode tornar-se uma personalidade impressionante. A disciplina é que distingue uma pessoa de "gênio desconhecido", de segunda classe, de um autêntico artista. Uma pessoa do tipo QUATRO, realmente grandiosa, concentra e disciplina suas emoções, sabe distanciar-se delas e, assim, purifi-

---

11. Cf. DALTON, David. *James Dean, seine Filme* – Sein Leben. Munique: [s.e.], 1987.

12. CARDENAL, Ernesto & SÖLLE, Dorothee. *Gebetfür Marilyn Monroe* – Meditationen. Wupertal: [s.e.], 1984.

cá-las. O equilíbrio caracteriza esta emocionalidade profunda, balanceada e cheia de nuanças. Uma pessoa do tipo QUATRO pode levar com sensibilidade uma vida real[13] – e não apenas lidar com dramas sonhados. Não precisa mais banhar-se em seus sentimentos e saboreá-los até a última gota. Já não precisa brincar com sua disposição de ânimo e impô-la aos companheiros.

Pessoas deste tipo são capazes de grande profundidade sentimental, impossível de ser atingida pela maioria de nós. Se conseguirem tornar frutuosa esta autêntica emocionalidade, se conseguirem expressar seu sentido do belo e do realmente doloroso, então podem surgir verdadeiras obras de arte. Já não estarão a serviço da autoimagem, mas expressarão algo de valor universal. William Shakespeare e T.S. Eliot são exemplos de poetas que depuraram e disciplinaram suas emoções de tal forma que sua obra permanece "válida" para todos os tempos.

A pessoa do tipo QUATRO redimida sabe compreender e acompanhar, melhor do que a maioria das outras, as pessoas que estão em necessidade espiritual. Não teme os sentimentos penosos, complicados e obscuros, pois ela já passou por tudo isso.

Símbolos e exemplos

Um dos *animais-símbolo* do tipo QUATRO é o *pombo do mato* com seu lamento e arrulho. O estilo de linguagem que pode identificar este tipo é o queixume saudoso ou o lamento. Outro animal é o *bassê,* aquele cão de caça francês, de pernas curtas, orelhas caídas e olhar tristonho. Os olhos da maioria das pessoas do tipo QUATRO refletem uma tristeza difusa que elas mesmas nem percebem. Mesmo quando riem, é um "riso sob lágrimas". *O cavalo de raça*, preto e nobre, simboliza a estética refrescante do tipo QUATRO.

O tipo QUATRO redimido é comparado à *ostra* que, desde sempre, é símbolo da melancolia. A ostra transforma sujeira em pérolas. Assim também um tipo QUATRO purificado está em condições de transformar o negativo e as experiências de perda em algo belo e de grande valor. O poeta Robert Musil exprime isto assim: "Escrever é como a pérola, uma doença".

---

13. Andreas Ebert: Uma senhora do tipo QUATRO contou-me que, em criança, ficara bem calma no abrigo antiaéreo, enquanto os outros entraram em pânico. Conseguia sair mentalmente do perigo real e voar para um mundo de sonhos, belo e inofensivo.

O tipo QUATRO é em geral fã de tudo que é francês. Seu *país-símbolo* é a *França*. Desde longa data, a França se recusa a ser um país como os outros. Os franceses são sempre algo especial. A mentalidade francesa se apresenta aos olhos dos não franceses como refinada, cultivada e elitista. Os franceses desenvolveram uma *haute cuisine* (alta cozinha) e uma *haute couture* (alta costura). Tudo precisa ser "alto" e destacado. Existem pessoas do tipo QUATRO que gostam de falar com *sotaque* francês (ou às vezes também britânico).

A *cor* do tipo QUATRO é o violeta-claro da *malva*. Sua tonalidade é fora do comum, melancólica e de mística desnorteante. Violeta é a cor litúrgica do tempo da Paixão, do tempo do jejum e da penitência, da mudança através do sofrimento e da morte. Em sua doutrina das cores, Goethe vincula a ela inclusive o medo do fim do mundo: "A cor violeta é símbolo do maior êxtase da alma [...] e também símbolo dos momentos mais negros e dolorosos da alma. Em suas oscilações, tocam-se paixão e embriaguez, libertação e ruína, morte e ressurreição, sofrimento e redenção, vício e purificação, o olhar místico e a obsessão"[14]. Violeta é cor *andrógina*. Está entre o vermelho (masculino) e o azul (feminino). O tipo QUATRO redimido encarna a síntese, mediação e equilíbrio.

Na *Bíblia* encontramos a energia do tipo QUATRO em contextos bem diferentes: *Sulamita,* a legendária amada do rei, nos Cânticos de Salomão, representa o amor romântico e saudoso do tipo QUATRO:

Tua boca me cubra de beijos! São mais suaves que o vinho tuas carícias. O meu amado é para mim como bolsa de mirra sobre meus seios; o meu amado é para mim como cacho florido de alfena dos vinhedos de Engadi. E tu, meu amado, como és belo, como és encantador! O verde gramado nos sirva de leito. Cedros serão as vigas de nossa casa, e ciprestes as paredes. Em meu leito, durante a noite, busquei o amor de minha alma: procurei, mas não o encontrei. Conjuro-vos, ó filhas de Jerusalém: se encontrardes o meu amado, anunciai-lhe que desfaleço de amor! O meu amado é inconfundível entre milhares: sua cabeça é ouro puro, a cabeleira é como leques de palmeira, é negra como o corvo. Seus olhos são pombos junto aos cursos d'água. Seus lábios são como lírios a destilar um fluido de mirra. Seu corpo é marfim lavrado, recoberto de safiras. Suas pernas são colunas de alabastro, assentadas em bases de ouro. Sua boca é só doçura. Todo ele, pura delícia. Tal é o meu amado, assim é o meu amigo, ó filhas de Jerusalém. Sua esquerda apoia minha cabeça e sua direita me abraça. Põe-me como um selo sobre o teu coração, como um selo sobre teu braço! Porque é forte o amor como a morte, e a paixão é violenta como o abismo. Águas torrenciais não conseguirão apagar o amor (do *Cântico dos Cânticos*).

É óbvio que nenhum homem, mesmo o Rei Salomão, poderia realizar este quadro ideal.

---

14. BENEDIKT. *Kabbala*, p. 123 e 126.

José, penúltimo filho de Jacó, é seu favorito. Por isso mandou fazer-lhe uma "veste colorida", especial. Desde a infância é, portanto alguém "especial". Seus irmãos o invejam por causa da posição de destaque. Um dia, José sonhou que estavam os doze irmãos no campo amarrando feixes de trigo. O feixe de José se levantou e ficou de pé enquanto os outros se prostravam diante do dele. Outra vez, sonhou que o sol, a lua e onze estrelas se inclinavam diante dele. Contou esses sonhos e, por isso, tornou-se ainda mais desafeto aos irmãos. Resolveram então tirá-lo de seu caminho.

Primeiro queriam matá-lo. Depois resolveram vendê-lo como escravo ao Egito. Rasgaram sua veste colorida e embeberam os trapos em sangue de um animal. Contaram ao pai que uma fera o havia estraçalhado.

Uma vez no Egito, ficou na casa de Putifar, ministro do faraó. Fugia das "cantadas" amorosas da mulher de Putifar que, despeitada, fez com que fosse preso. Também na prisão conseguiu destacar-se. Quando dois serviçais do faraó, também presos, tiveram sonhos perturbadores, ele os interpretou[15]. E quando também o faraó teve sonhos que os sábios não conseguiram decifrar, um dos serviçais se lembrou de José. Trouxeram-no da prisão e ele anunciou ao faraó sete anos de abundância e sete anos de carência, anos gordos e anos magros.

Depois disto, José foi nomeado primeiro-ministro e recebeu a incumbência de construir armazéns de cereais. Quando vieram os anos magros, apareceram no Egito também seus irmãos para comprar trigo. Não o reconheceram. Com a aptidão dramática própria do tipo QUATRO, encenou José a reconciliação e reunião da família. E aí bateu todos os recordes do fingimento até chegar àquele *happy-end* que podemos ler na Bíblia (Gn 37–50).

Também alguns dos grandes profetas de Israel apresentam traços do tipo QUATRO. Isto se manifestava sobretudo em sua maneira incomum de usar símbolos. *Isaías,* por exemplo, andou por anos nu pelas ruas de Jerusalém para mostrar que um dia os egípcios e etíopes, os aliados de Israel, seriam levados nus e "com o traseiro descoberto" para a Assíria. *Oseias* casou-se com uma prostituta. Seu casamento é alegoria da infidelidade do povo para com Javé, porque servia a outros deuses. *Jeremias* ficou solteiro para, através de sua solidão, mostrar o abandono de Deus que não era correspondido em seu amor por Israel. Suas comoventes lamentações pertencem aos textos mais antigos da humanidade onde um indivíduo reflete e formula tão diretamente sua situação de alma[16].

---

15. O tipo QUATRO pertence às pessoas que têm um dom intuitivo especial. Move-se com mais segurança no mundo de sonhos e símbolos do que no mundo real. Para o tema *sonhos* e *interpretação dos sonhos*, cf. ROHR, Richard. Träume – Goltes ungebetene Boten. In: *Der nackte Gott* – Plädoyers für ein Christentum aus Fleisch und Blut. Munique: [s.e.], 1987, p. 76s.

16. Sobre o emprego de sinais e símbolos pelos profetas, cf. RAD, Gerhard von. *Theologie des Alten Testaments.* Vol. 2. Munique: [s.e.], 1960, 104s.

Conversão e redenção

O *convite* à redenção, feito ao tipo QUATRO, é um chamado à *espontaneidade*. Ele encontrará sua naturalidade no caminho da *união com Deus*. Sua busca de autenticidade, seu amor às crianças e à natureza são os primeiros indícios desse objetivo em sua vida. Se chegar a viver "em Deus" e permitir que Deus viva "nele", então sua alma alcançará aquela paz longamente almejada e o equilíbrio.

Entre as *tarefas vitais* do tipo QUATRO está a de desenvolver um realismo sadio e de orientar a saudade para objetivos alcançáveis. O tipo QUATRO precisa cuidar para que sua atenção fique no presente e não resvale continuamente para o passado ou para o futuro. Precisa encontrar sua energia, sem cair constantemente de um extremo a outro, sem alternar entre *alegria exultante* e *desolação mortal*. Nem tudo é sempre euforia *ou* depressão. Seu "observador objetivo" tem a tarefa de perguntar: "Não basta *um pouco* de alegria e *um pouco* de tristeza – ao menos de vez em quando?"

As pessoas do tipo QUATRO não redimidas preferem rituais à realidade. Transfiguram suas recordações que são mais belas do que foi o fato real. Por isso é necessário que encarem a realidade. Há necessidade de encarnação, isto é, aceitação da realidade, mesmo que seja feia e suja. Lá o tipo QUATRO *realmente* se encontrará. Por isso faz bem a ele o engajamento social e a luta pela paz e justiça, pois ali vai lidar com a sujeira desse mundo que não pode ser transformada esteticamente.

Para redenção do tipo QUATRO é necessário que tome consciência das reais experiências de perda em sua vida, que permita a raiva contra a respectiva pessoa de seu relacionamento e deixe de incensá-la posteriormente. A "incapacidade de afligir-se" (Alexander Mitscherlich) impede a verdadeira libertação. Paulo escreve especialmente para o tipo QUATRO melancólico: "A tristeza segundo Deus opera arrependimento para a salvação, da qual minguém se arrepende; mas a tristeza do mundo opera a morte" (2Cor 7,10).

Para o tipo QUATRO que deseja redimir-se não é fácil examinar criticamente seu esnobismo e sua consciência elitista (oculta). Ao invés de comparar-se com os outros, deveria conscientizar-se dos próprios valores e, com gratidão, partilhá-los com os outros. Neste treino, o tipo QUATRO precisa de pessoas que não se deixem manipular por ele, mas que permaneçam "objetivos" e exijam "autêntica" partilha.

Sem o tipo QUATRO, o mundo e a maior parte de sua arte e poesia seriam mais pobres. Quando aprende a servir os outros com seus dons, pode dar valiosa contribuição para este mundo "ser salvo pela beleza".

Daniel Berrigan e Thomas Merton são os *santos* padroeiros do tipo QUATRO.

O padre jesuíta Daniel Berrigan inspirou, como ninguém mais, o movimento cristão pela paz nos Estados Unidos. Suas atividades eram planejadas de forma a chamar bastante atenção. Eram sempre simbólicas, ilegais e sem violência. Durante a guerra do Vietnã, encenou a queima em praça pública de pessoas no comando das operações. Certa vez, um de seus grupos invadiu o Pentágono.

"Alguns distribuíam panfletos e conversavam com os funcionários do Pentágono. Outros se fantasiavam e faziam o papel de fantasmas da morte. Andavam pelas salas de reuniões, despensas, restaurantes e postos bancários que se encontravam no piso inferior dos gabinetes militares. Cantavam: Morte-morte-morte. A bomba-a bomba-a bomba! Outros ainda derramavam sangue, nosso próprio sangue, que uma enfermeira de nosso grupo havia colhido de nós. O sangue era espalhado pelas colunas, pelas paredes, pelas soleiras das portas e pelo chão – grande quantidade de sangue que pingava por toda parte. Também espalhamos cinzas: a incineração dos vivos. Algumas pessoas caíam como mortas dentro do sangue e das cinzas. Levávamos uma cruz onde se liam os nomes de várias armas: os mísseis *Trident* e *Cruise,* bombas de Nêutron e napalm – toda maquinaria mortífera"[17].

Berrigan usou a energia do tipo QUATRO para servir à humanidade. Ninguém mais teria tido a ideia de articular um protesto de forma tão drástica e criativa. Colocou sua melancolia e prazer de representar a serviço da paz e da justiça, ao invés de atrair a atenção apenas sobre sua pessoa criativa.

O poeta Thomas Merton (1915-1968) que, finalmente, tornou-se monge trapista, veio de uma família de artistas e nasceu em Prades (França). Aos seis anos perdeu a mãe e começou então a levar uma vida errante com o pai: Bermudas, Estados Unidos, França, Inglaterra. Com 16 anos perdeu também o pai: "Assim, tornei-me um tipo perfeito de pessoa do século XX"[18].

---

17. BERRIGAN, Daniel. *Zehn Gebote für den langen Marsch zum Frieden.* Stuttgart: [s.e.], 1983, p. 9s.

18. FELDMANN, Christian. *Träume*, p. 277.

Após os estudos básicos, entrou na Universidade de Cambridge. Ficou conhecido por sua boemia, suas caricaturas marotas e por seus "casos com mulheres" (um filho seu dessa época faleceu, depois, num bombardeio de Londres).

Entrementes vinha crescendo nele o nojo pela vida que levava. Em 1934 foi para os Estados Unidos, fixou-se perto do Harlem, filiou-se ao Partido Comunista e começou também a interessar-se por assuntos religiosos. Um amigo hindu aconselhou-o a ler Agostinho e Tomás de Kempis.

Em 1938 recebeu o batismo católico. Seus amigos achavam que era mais uma de suas excentricidades, mas ele tomou a coisa a sério e quis ser franciscano. Quando porém contou ao superior sua vida, foi recusado, o que o magoou profundamente. Mas não desistiu. Vivia como monge, parou de fumar e fez exercícios espirituais no mosteiro mais rigoroso do país, o mosteiro trapista *Gethsemani,* no Kentucky, onde, além dos outros votos, era observado o mais rigoroso silêncio.

Neste mosteiro foi admitido como candidato em 1941. Cinco anos depois foi publicada sua autobiografia, *A montanha dos sete patamares*[19] com grande sucesso. Nela se retrata o radical desprezo pelo mundo de um monge jovem (e de início bastante fanático) e foi comparada à obra *Confissões* de Santo Agostinho. Nos trinta anos seguintes apareceram mais uns 60 livros seus, aproximadamente.

A vida monacal vinha se tornando cada vez mais pesada a ele. O abade achava que ele levava muito a sério seus sentimentos subjetivos. Finalmente o superior da Ordem proibiu que escrevesse. Mas, mesmo assim, tornou-se mestre de noviços. Seus livros fizeram com que muitos jovens experimentassem esta vida radical de oração e trabalho. Eles o admiravam e idolatravam. Mas ele se recusava a ensinar-lhes uma observância intransigente da regra. Queria, antes, formar a personalidade individual usando calor e amor. Ernesto Cardenal é um de seus discípulos.

Merton entende que o monge é pessoa que busca a Deus e quer vencer o "falso eu", renunciando às mentiras da vida e às certezas artificiais: "Queremos ser conduzidos, nus e indefesos, para dentro daquele medo onde estaremos diante de Deus somente com a nossa nulidade"[20].

Nesta época tornou-se cada vez mais político. Escreveu artigos contra o ensinamento da Igreja da "guerra justa" e contra o militarismo americano. Quando atacou a guerra do Vietnã, houve um atentado contra ele do qual escapou por pouco da morte.

---

19. Zurique/Elnsiedeln/Colônia, 1985.

20. FELDMANN, p. 294.

Depois de longa disputa com o abade, conseguiu licença para construir no bosque um ermitério, aliás bastante confortável. Lá começou a ler, escrever e receber visitas. Por ocasião de uma internação hospitalar, teve um relacionamento amoroso bastante profundo com uma enfermeira. Mas ainda assim não estava satisfeito. Sonhava com um ermitério ainda mais isolado no Alasca. Finalmente sentiu vontade de ir aos países do Oriente porque a ideia de uma síntese entre cristianismo e budismo não o deixava em paz. Em 1968 teve licença para ir a uma conferência da Ordem em Bancoque. Encontrou nesta viagem místicos sufistas, zen-budistas e o Dalai-Lama. Este e Merton ficaram profundamente impressionados um com o outro. Devido a um defeito no aquecedor do quarto do hotel, Merton sofreu um choque elétrico fatal. Quis a ironia do destino que precisamente um aparelho militar americano trouxesse de volta aos Estados Unidos os seus restos mortais.

Tipo Cinco

Visão geral

Os tipos CINCO, SEIS e SETE são tipos da cabeça. Pensam antes de agir e possuem – aparentemente – certa objetividade. Os dotes especiais do tipo CINCO consistem no fato de ser ele aberto e receptivo a novos fatos e impressões. As pessoas deste tipo são descobridoras de novas ideias, pesquisadoras e inventoras, objetivas, interrogadoras e interessadas em conhecer as coisas em seus detalhes. Podem ser cabeças originais, provocantes, surpreendentes, não ortodoxas e profundas. São boas ouvintes por escutarem com atenção. Com isso podem ajudar outras pessoas a perceberem a realidade com maior sobriedade e objetividade. Existem pessoas do tipo CINCO com fortes dons contemplativos. O tipo CINCO redimido une seus conhecimentos a uma busca de sabedoria e compreensão; esforça-se também por conseguir um discernimento empatizante do coração. Possui uma força interna serena, é delicado, amável, cortês e terno.

    A primeira experiência de muitas pessoas do tipo CINCO foi uma espécie de vazio. Por isso desejam ardentemente a *plenificação*. Algumas já "sentiram" no próprio ventre materno: "não sou desejado". Outras tiveram pais física e psiquicamente importunos ou cresceram num ambiente espacialmente apertado. Seu mundo interior era o único espaço livre no qual podiam movimentar-se à vontade. Outras ainda viveram praticamente o contrário: enquanto crianças receberam pouco carinho e proximidade, permanecendo, assim, subdesenvolvida sua capacidade de manifestar sentimentos ou de externá-los corporalmente. Sentem dentro de si um vazio abissal. A falta de segurança, a sensação de não ter lar e a solidão podem fazer com que o tipo CINCO se feche em si mesmo como um animal que se finge de morto quando está em perigo.

Muitas pessoas do tipo CINCO passam pela vida e recolhem tudo que podem, na esperança de preencher o vazio que sentem. E, desse modo, tornam-se receptivas e acolhedoras. Se o tipo DOIS está como que compelido a *dar*, o tipo CINCO não redimido sente a compulsão de *tomar*.

A paixão de coletar do tipo CINCO se volta muitas vezes para ideias, conhecimento, sossego e espaço. Há também pessoas desse tipo cuja mania de ter se materializou e acumulam as coisas mais incríveis: livros, selos, tampinhas de cerveja, jornais velhos, retalhos de pano, tampas de tubos de pasta de dentes, cartões já usados para distribuição de leite etc.

O tipo CINCO precisa de ambiente privado, independente e protegido. Sonha com um castelo onde não seja visto e possa pensar: *"My home is my castle"*. A maioria das pessoas do tipo CINCO é introvertida; exceções confirmam a regra. Estas pessoas são por natureza monges, eremitas, sábios de gabinete, bibliotecários e técnicos preciosistas.

Muitas pessoas do tipo CINCO usam óculos. Seus olhos já apresentam sinais de desgaste antes dos 20 anos, pois toda a sua energia se concentra em tudo ver e em tudo captar. Seus olhos são como aspiradores de pó. O tipo CINCO vê tudo, ouve tudo e *retém* tudo. Todas as atividades em que são necessárias lentes como microscópio ou telescópio para *observar* são atrativas para ele. Muitas pessoas do tipo CINCO gostam de tirar fotografias e de tudo que lhes permite assumir o papel de observador. Muitos gênios inventores, descobridores e cientistas são do tipo CINCO. Devemos agradecer a Deus sua existência.

O tipo CINCO tenta não se deixar envolver no torvelhinho de sentimentos e acontecimentos, mas, ao invés deles, desenvolver algo como objetividade. É importante para ele conservar a calma – ao menos externamente – e manter suas emoções sob controle. Ninguém deve perceber que esteja com raiva, que esteja enamorado ou que esteja competindo com alguém. Todo "espalhafato" lhe é odioso. Isto vai tão longe que, muitas vezes, tem dificuldade em demonstrar sentimentos – mesmo quando deseja fazê-lo. Exteriormente isto aparece como se fosse petulante e frio, como se não precisasse de ninguém e se considerasse superior aos outros.

Na verdade, a maioria das pessoas do tipo CINCO tem uma vida sentimental intensa. Mas é como se seus sentimentos ficassem bloqueados no instante do acontecimento e viessem claudicando atrás dele. Primeiramente o tipo CINCO registra o fato com os olhos, ouvidos e cérebro, e pode ficar objetivamente, por assim dizer, ao lado do evento. Assim que estiver só, procederá a uma avaliação e, novamente, a partir da cabeça, os sentimentos devem ser colocados em ordem. Este é o método usado por ele para acessar, pouco a pouco, aos seus sentimentos. Alguém disse muito bem que a planta-símbolo do tipo CINCO era a alface, uma planta que tem coração na cabeça.

À semelhança do tipo QUATRO, o tipo CINCO sente-se mais vinculado aos ausentes do que aos presentes. Em relação aos ausentes, consegue ter sentimentos bem vivos. Mas, como raramente exterioriza suas emoções quando em presença do amigo ou da pessoa amada, ou as demonstra por pequenos gestos, o amigo ou o parceiro de um tipo CINCO podem facilmente ter a impressão de que ele não tem grande interesse por eles. O tipo CINCO que já consegue sair de sua vida subjetiva ainda continuará agindo em seu meio ambiente de forma relativamente controlada.

A amizade com o tipo CINCO pode ser gratificante, se não esperarmos três coisas: iniciativa, proximidade corporal e constante doação total. O tipo CINCO tem medo de estender o dedo mínimo, porque teme que se lhe tome a mão inteira ou algo mais. Mas quem se contenta com o dedo mínimo ou menos ainda encontrará no tipo CINCO um amigo e fiel companheiro de jornada, um ouvinte perseverante e discreto, um excelente conselheiro.

Muitos grandes filósofos foram do tipo CINCO: Plotino, Tomás de Aquino, Descartes, Spinoza, Feuerbach, Heidegger, Popper e outros.

Viveram em geral uma vida retraída e analisaram o mundo a partir de uma "torre de marfim".

O discípulo do neoplatônico *Plotino* (ca. 205-270), Porfírio, começa a biografia de seu mestre com a frase: "Plotino [...] parecia um homem envergonhado de ter um corpo"[1]. O conjunto da filosofia de Plotino é uma exposição de sua repugnância pelo corporal.

Tomás de Aquino (1225-1274) foi chamado por seus colegas de estudo de "boi mudo". Calava-se porque não queria aparecer. Só por acaso foi descoberto que nele se escondia um grande filósofo[2].

Expoente característico do filósofo tipo CINCO é *René Descartes* (1596-1650), o "pai da Idade Moderna". Enquanto jovem, viajou muito e tornou-se oficial. Era-lhe indiferente a causa a ser defendida. Não queria ser *ator,* mas *espectador.* Interessava-lhe saber *como* as pessoas se matavam e "como eram construídas as armas que serviam a este fim"[3]. Depois de haver estudado "o livro do mundo", retirou-se para o sossego. Escolheu a Holanda para morar, pois "aqui poderia passar a vida toda sem que ninguém me notasse"[4]. A publicação de suas ideias não lhe interessava. Ao contrário, queria ficar oculto. Provavelmente as frases-chave de sua filosofia "*Duvido,* logo existo; *penso,* logo existo" só podem ser formuladas e plenamente entendidas por um tipo CINCO.

Ludwig Feuerbach (1804-1872), o fundador do moderno ateísmo, assim descreve sua vida de privações, enquanto estudante em Erlangen: "Minha casa é silenciosa e rodeada pela natureza; antes do almoço, um copo d'água; ao meio-dia, uma refeição frugal; à noite, uma jarra de cerveja e, no máximo, ainda um rabanete: se pudesse contar sempre com isso, nada mais desejaria da terra e sobre a terra"[5].

Martin Heidegger (1889-1976) tinha uma cabana na Floresta Negra "pobremente mobiliada e com bancos de madeira, de simplicidade espartana [...] Num desses bancos diante da cabana ficava Heidegger sentado por longo tempo, contemplando a amplidão das montanhas e o silencioso esvoaçar das nuvens, enquanto amadureciam as ideias". Sua índole espiritual caracteri-

---

1. WEISCHEDEL, Wilhelm. *Die philosophische Hintertreppe.* Munique: [s.e.], 1975, p. 70. A maioria das informações sobre os filósofos mencionados neste capítulo foi tirada desse valioso (e barato) livro que apresenta de modo jovial, mas também profundo, a vida e o pensamento de 34 grandes filósofos. Segundo minha opinião, um terço ou mesmo a metade deles podem ser considerados do tipo CINCO.

2. Cf. ibid., p. 90s.

3. Ibid., p. 116.

4. Ibid., p. 117.

5. Ibid., p. 238.

za-se por "um pensamento rigoroso e cuidadoso, por uma profundidade cavilosa, pela solidão que o cerca e pela melancolia silenciosa que dela emana"[6].

Além da *filosofia*, o tipo CINCO sente-se atraído, desde a infância, para a mística religiosa. Todas as religiões desenvolveram um ramo místico. Há correntes místicas no hinduísmo, no budismo e nas religiões dos índios americanos; no Islã temos o *sufismo*, no judaísmo o *hassidismo* (e partes da *cabala*), no cristianismo, a mística medieval de *Mestre Eckhart* e de seus discípulos; encontramos correntes místicas nas Igrejas ortodoxas do Oriente (*filocália; mística hesicástica* dos monges do Monte Atos) e, inclusive, no protestantismo (por ex., Gerhard Teerstegen). O *Dicionário das Religiões* define assim a mística: "Absorção da pessoa em Deus ou no divino, ou talvez em algo que ainda está por trás de Deus, um 'vazio' ou 'não ser'"[7]. Gerhard Wehr fala da "experiência de um contato imediato e intuitivo com Deus, respectivamente com o absoluto ou com o incondicional"[8]. E por esta razão é notório que muitas figuras de mulheres marcaram e influenciaram sobretudo a mística islâmica e cristã. O tipo CINCO tem mais facilidade do que os outros para conseguir aquela "visão" interior ou aquele "olho interno".

Conheço muitas pessoas de ordens religiosas que são do tipo CINCO. Muitas são mais velhas que eu e ainda não concluíram sua formação para algum serviço. E a gente se pergunta: Quando começarão estas pessoas a fazer algo pelos outros e a converter seu conhecimento em práxis? Precisam, antes, ir a Chicago para concluir o curso de Filosofia. Depois, precisam ir a Roma para escrever um trabalho sobre Liturgia. E depois ainda passar um ano em Jerusalém para fazer estudos bíblicos e de arqueologia. Precisam ter certeza de que dominam todo o assunto para, então, sentirem-se maduras para qualquer tarefa. Mas isto não acontece nunca e sua realidade não consegue alcançar a realidade do mundo.

O filósofo vienense *Ludwig Wittgenstein* (1889-1951), por exemplo, estudou inicialmente Engenharia, em Berlim, depois de haver projetado, já como garoto, novo modelo de máquina de costura. De lá foi para Manchester e dedicou-se à aeronáutica que estava dando os primeiros passos. Percebeu,

---

6. Ibid., p. 274.

7. *Wörterbuch der Religionen*, 1976.

8. WEHR. *Wörterbuch der Esoterik*, p. 100. Não se pode discutir aqui a relação dos movimentos místicos com as grandes religiões pelas quais foram condenados muitas vezes como heréticos e nem os pontos que as diferentes "místicas" têm em comum ou em que divergem. Uma boa introdução a esta problemática temos em SUDBRACK, Joseph. *Mystik*. Mainz/Stuttgart: [s.e.], 1988.

então, que era precisamente a matemática que o interessava. Dirigiu-se então a Bertrand Russell, em Cambridge. Mas também aí não demorou. Foi depois para uma granja bem solitária na Noruega, engajando-se depois como voluntário no exército austro-húngaro, em 1914. Durante a guerra e como prisioneiro de guerra na Itália, terminou de escrever seu *Tractatus logico-philosophicus*. Após a guerra, descobriu Tolstoi e voltou-se para o cristianismo, estabelecendo-se como professor rural na Baixa Áustria e levando vida bem pobre. Também nesta função demorou pouco. Ocorreu-lhe a ideia de ser monge e tornou-se jardineiro de um mosteiro. De repente interessou-se por arquitetura. Fez projetos de casas e, finalmente, resolveu doutorar-se...[9]

Enquanto o tipo QUATRO faz de tudo para aparecer, o tipo CINCO tenta de tudo para evitar que a atenção recaia sobre ele. Também pode ter um comportamento "estudado". Serve para a adaptação: "Como devo proceder para que as pessoas não percebam que estou presente ou para que nada peçam de mim?" Se o assunto da conversa se tornar muito pessoal, o tipo CINCO procura, aliás com muito jeito para isso, desviar a conversa para outra direção. Assim que percebe que alguém quer "sondá-lo", retira-se sem mais.

Muitas pessoas do tipo CINCO odeiam palavras como *repartir* ou *compartilhar*. Quando, num grupo, surge o convite ao "intercâmbio de sentimentos", a maioria das pessoas do tipo CINCO procura, com jeito e sem chamar a atenção, sair de fininho. O tipo CINCO não quer expor-se e, muito menos, colocar a descoberto o seu interior. Quando não for possível evitar a "acareação", esperam, em geral, até o último instante. E, ainda assim, dizem o mínimo possível. Mas escutam com atenção o que os outros falam. Nada lhes escapa.

Muitas pessoas do tipo CINCO têm dificuldades com seu papel de pais. O conceito atual de "maternidade" não foi inventado pelo tipo CINCO. Lembro-me bem de uma senhora do tipo CINCO que veio a meu consultório de aconselhamento. Deu-me a impressão de ser mulher admirável e mãe extremosa. Achava ela, porém, que a educação dos filhos era um inferno. As crianças exigem permanentemente o tempo, o espaço e a energia dos pais, ao passo que o tipo CINCO precisa de privacidade. Esta é uma das razões por que muitas pessoas deste

---

9. Cf. WEISCHEDEL, p. 291s. • SCHULTE, Joachim. *Wittgenstein* – Eine Einführung. Stuttgart: [s.e.], 1989.

tipo não querem casar e ter filhos. Temem que estes bichinhos corram pela casa o dia inteiro e que possam exigir delas alguma coisa.

Nos mosteiros o tipo CINCO quer ter um cantinho e, se possível, bem no fim do corredor. Lá existe pouco perigo de alguém invadir seu domínio. Odeia os importunos e invasores. Se quisermos vê-lo furioso – quando normalmente é bem comedido – basta entrar e sair apressadamente de seu quarto, sem antes bater à porta. Deste modo, é possível realmente feri-lo. Protege sua privacidade como a pupila dos olhos. As pessoas do tipo CINCO que vivem em comunidade precisam retirar-se periodicamente para ficar sozinhas e reabastecer-se. Para elas, pessoas demais ou proximidade demais trazem cansaço e consumo de energia. Precisam de tempo para si mesmas, para ordenar os pensamentos e sentimentos e preparar-se interiormente para novos encontros.

Há pouco tempo dirigi uma semana de exercícios para os monges da abadia trapista de Gethsemani, no Kentucky – o antigo mosteiro de Thomas Merton – e apresentei-lhes o eneagrama. Após três dias, percebi claramente que a maioria deles era do tipo CINCO. Para provocá-los um pouco, disse-lhes isto: "Antigamente, eu os olhava e venerava com respeito. Pude constatar como vocês ficavam, por três horas seguidas, imóveis perante o Santíssimo. Tinha a certeza de que vocês haviam alcançado o mais alto estágio de contemplação, porque eu jamais aguentaria ficar quieto três horas seguidas sem nada fazer. Mas agora sei que a maioria de vocês é apenas um tipo CINCO". Os monges quase morreram de rir. Tinham a liberdade de admitir isto. Muitas pessoas do tipo CINCO não conhecem coisa mais bela no mundo do que ficar sentadas durante três horas a olhar para qualquer coisa – ou para nada. Quando estão assim sentadas, têm a calma que querem, ninguém pedirá nada delas, nada precisam dar.

O que se disse até agora pode levar à concepção errônea de que todas as pessoas do tipo CINCO são intelectuais, monges profundamente sábios ou, ao menos, pessoas muito inteligentes. Infelizmente é preciso dizer que existem pessoas deste tipo de burrice antológica. Mas também elas têm sua torre de controle na cabeça, em seu limitado juízo, em sua "lógica" qualquer que seja, em sua concepção do mundo. Não se metem naquilo que não entendem. Pessoas não redimidas do tipo CINCO podem apresentar traços esquizoides, desenvolver formas de autismo ou terminar no niilismo – tudo isso são as últimas consequências do "pensar puro", sem corporalidade, emocionalidade, escolha de valores ou ações.

O filme *Rain Man,* que recebeu muitos *Oscars* em 1989, trata de um americano, tipo TRÊS, jovem dinâmico e em busca do sucesso que, após a morte do pai, percebe que tem um irmão mais velho, autista (Dustin Hoffman). Este irmão é um gênio em matemática, mas, de resto, um isolado e alienado. A relação com o mundo externo é mecanizada. O filme mostra indícios de "conversão" que o tipo TRÊS, voltado para fora, experimenta no encontro com seu irmão patologicamente introvertido. E, por sua vez, a repentina dedicação e desafio atuam terapeuticamente sobre o autista Raimond. Inesquecível é a cena em que deita carinhosamente a cabeça no ombro do irmão, mostrando pela primeira vez que é capaz de alcançar algo como a proximidade.

Dilema

A *tentação* do tipo CINCO é *saber.* Para ele saber é poder. O tipo CINCO não redimido acha que pode garantir sua vida pelo fato de ter informações detalhadas sobre tudo. As informações que colhe do mundo exterior e armazena nunca bastam. O tipo CINCO precisa sempre de mais um curso, de mais um seminário, um curso de verão, um livro ou um recolhimento ao silêncio. Num seminário sobre o eneagrama, seu número é desproporcionalmente grande. Causam-lhe fascínio os sistemas teóricos que explicam o universo ou a psique humana: modelos psicanalíticos, teoria dos tipos, teoria da relatividade de Einstein, a teoria quântica, a teoria da fissão nuclear, a teoria evolucionista, as leis da genética etc. Por isso, há muitas pessoas do tipo CINCO que são fãs do eneagrama. Mas também conheço algumas que recusam de antemão·o eneagrama, pois, para elas, é um desmancha-prazeres que põe a descoberto o programa de vida delas. Durante toda a vida pôde o tipo CINCO brilhar com superioridade intelectual: "Sei mais do que os outros. Entendo melhor o mundo que os outros. Estou acima do emaranhado de sentimentos e da carga emocional dos outros". Mas, de repente, manifesta-se que ele nada mais é do que um tipo CINCO e que sua força também é o seu pecado.

Ao acervo de impressões e saber do tipo CINCO pertencem também as viagens, pois viajar é instrutivo. Gosta de estudar culturas, usos e costumes estranhos e desconhecidos. Nessas viagens, pode também tentar alguma "aventura", porque sabe que não trará maior comprometimento e poderá terminar a qualquer momento por outra viagem. A verdadeira vivência só ocorre quando, mais tarde, em casa, consegue ordenar as coisas. *Souvenirs* e pequenas lembranças podem ajudar a memória e servir de ocasião para despertar na fantasia todo o ocorrido. Algumas pessoas do tipo CINCO têm uma coleção de "totens"que diz respeito a todas as fases e acontecimentos importantes de sua vida.

Um dos *mecanismos de defesa* que o tipo CINCO gosta de praticar chama-se *retirada* ("cair fora"). O que ele mais teme é o engajamento emocional. Quanto menos redimido, tanto mais teme os sentimentos, sexo, relacionamentos que causam dependência. Quando tocamos num tipo CINCO, sua reação é um grande susto ou mesmo um pulo. Por isso muitas pessoas deste tipo têm uma índole para o celibato. Por motivos falsos, podem escolher o celibato e tornar-se solteirões excêntricos ou solteironas sabichonas que se ocultam por trás dos óculos.

A grande atriz *Greta Garbo* era um tipo CINCO bem característico. Já nos tempos de glória, era proverbial sua misantropia. Para não chamar a atenção, acrescentava algum nome fictício ao seu ou se fantasiava para enfrentar o público. No portão de sua casa não havia tabuleta com seu nome. Mantinha guarda-costas(!) cuja tarefa consistia em não deixar ninguém aproximar-se dela. Não gostava de ver os filmes em que atuava e tinha a dolorosa sensação de nudez quando era obrigada a vê-los. Quando tinha que comparecer a alguma recepção, gostava de falar, em geral, sobre temas abstratos ou políticos, porque detestava falar sobre si mesma. Nunca se casou. Seus casos amorosos foram de curta duração. Na privacidade, preferia vestidos simples, quase parecendo uma freira. Deixava alguns cômodos de sua casa totalmente vazios. Desde 1941 retirou-se de vez de qualquer assunto cinematográfico e passou a viver como eremita. Seu belo rosto ela o escondia sob um grande chapéu e atrás de óculos escuros[10].

O tipo CINCO não redimido teme laços concretos. Prefere ficar no mundo abstrato das teorias e ideias. Explica o mundo, mas raramente faz algo para melhorá-lo. Karl Marx fez uma proposta aos filósofos em geral de apenas interpretarem o mundo, ao invés de mudá-lo. Abraham Maslow apontou para os perigos do "conhecimento do ser". Entende com isso uma atitude de vida que nada mais quer do que entender relações:

---

10. Cf. WALKER, Alexander. *Greta Garbo* – Ein Porträt. Munique: [s.e.], 1981.

O conhecimento do ser não envolve julgamento, comparação, condenação ou interpretação. Também não envolve decisão, porque esta significa disposição para agir [...] Enquanto se observa, com respeito, admiração e recepção passiva, o carcinoma ou as bactérias, no gozo da rica compreensão, não se faz simplesmente nada. Ficam suspensos o medo, a contrariedade, o desejo de melhorar, destruir ou acabar com a situação [...] É um não-existir-no-mundo no sentido existencialista"[11].

O tipo CINCO tende para o conservadorismo. A compulsão pesquisadora, aparentemente desligada de valores, contribui para que muitos conhecimentos de pessoas geniais do tipo CINCO redundassem em malefício para a humanidade. Muitos cientistas se recusaram a levar em conta as implicações éticas de seus conhecimentos[12].

Friedrich Dürrenmatt abordou este assunto em sua tragicomédia *O físico* (1962). O físico atômico Möbius fingiu-se de louco, pois sabia que suas ideias poderiam destruir o mundo. No manicômio encontrou dois outros físicos: um americano e outro soviético, ambos espiões que queriam raptar Möbius. Este destruiu sua fórmula e convenceu os outros dois a permanecerem com ele – para o bem da humanidade – no manicômio. Mas a médica diretora copiou secretamente a fórmula e fundou a organização para explorar a fórmula. O choque foi tão grande que deixou os físicos realmente loucos.

Quando, em algum seminário, tenho que lidar com pessoas do tipo CINCO, sempre lhes digo: "Toda vez que forem confessar-se, não esqueçam de reconhecer: 'sou um intelectual esnobe'". Nas conferências e seminários, as pessoas do tipo CINCO se sentam, em geral, na última fileira, para não aparecerem. Se estivessem bem na frente, poderia, de repente, fazer-lhes uma pergunta ou pedir a todos que ficassem de pé. Não querem envolver-se em nenhuma situação penosa. Sua vida é como uma guerrilha na selva: querem ver sem serem vistas. São como o detetive da loja: fica atrás de um espelho especial que lhe permite ver tudo do outro lado sem que alguém o veja.

---

11. MASLOW, Abraham H. *Psychologie des Seins*. Munique: [s.e.], 1973, p. 125.
12. DÜRRENMATT, Friedrich. *Die Physiker*. Frankfurt: [s.e.], 1962.

Helen Palmer denominou o tipo CINCO não redimido de "Buda não iluminado"[13]. O "Buda iluminado" é capaz de libertar-se do mundo e de suas paixões, *após* tê-los vivido e sofrido. O Buda "não iluminado" renuncia a suas emoções *porque* não pode e não quer consentir com elas. Apressadamente apela para soluções religiosas e, por falsos motivos, rejeita "as gotas amargas da vida". Para tais pessoas a prática da meditação zen, por exemplo, pode ser um perigo e servir à imaginação contra o "mundo" e a "carne".

O segundo *mecanismo de defesa* do tipo CINCO chama-se *segmentação*. Muitas pessoas do tipo CINCO dividem sua vida numa porção de segmentos ou seções que subsistem praticamente independentes uns dos outros. É possível que tenham, em cada um desses compartimentos, amigos e conhecidos que nunca souberam nada um do outro. Enquanto essas "pessoas de relacionamento parcial" se mantiverem no campo a elas assinalado e não se imiscuírem na vida geral do tipo CINCO, podem estar certas de contar com a atenção e dedicação dele dentro dos limites traçados.

Limitação é outra palavra-chave que ajuda neste contexto a entender a psicologia do tipo CINCO. Teme ser cobrado e envolvido em questões emocionais; e por isso muitas pessoas do tipo CINCO só encontram segurança quando a situação espaçotemporal de uma relação estiver bem definida. Gostariam de saber quanto tempo vai durar uma reunião ou conferência para predispor-se internamente. Precisam de tempo para ver como se comportarão antes e depois de reuniões cansativas. Visitas de surpresa, sem aviso prévio, e ataques inesperados que possam desafiá-las pessoalmente, elas os consideram ameaçadores. Quando sentem expectativas emocionais, isto lhes parece algo desagradável. Do tipo CINCO só se consegue algo – e olhe lá – quando a gente não o espera nem o exige. Em caso de conflito aberto estão à sua disposição – além da retirada e dos argumentos intelectuais – apenas os mecanismos de defesa.

O *pecado de raiz* do tipo CINCO chama-se *cobiça*. O tipo CINCO não é um doador. Tende a armazenar bens espirituais e materiais. Este é o

---

13. PALMER, p. 227.

ponto em que precisam de vez em quando levar um cutucão admoestador: "Já é hora de você finalmente dar alguma coisa de seu tesouro". A *armadilha* do tipo CINCO chama-se *avareza*. É avarento sobretudo com relação a seu eu. Tem medo de que possa perder-se, caso venha a doar-se. Aquilo que possui lhe dá segurança. Pode vir a ser um avarento de marca maior como Ebeneezer Scrooge, no conto de Charles Dickens, *A canção de natal*[14]. O tipo CINCO avarento não aproveita a vida, é mesquinho com suas posses, a fim de ter descanso e folga no futuro. Em alguns isto pode assumir traços patológicos: os bilionários Howard Hughes e J. Paul Getty eram célebres neste sentido. Apesar de sua grande fortuna, nunca se favoreciam pessoalmente com ela. A maioria das pessoas do tipo CINCO são realmente modestas em suas exigências e têm natural tendência para ascese. Precisam sempre de tudo um pouco. Algumas contam inclusive o papel higiênico para não desperdiçar nada. Orgulham-se de ser tão comedidas. Muitas vezes as primeiras experiências da vida foram duras, pois não tinham o que realmente precisavam. Bem cedo foram obrigadas a contentar-se com pouco. Nesta perspectiva, *avareza* e *sobriedade* não são realmente opostos na pessoa do tipo CINCO.

Como sói acontecer, os maiores dons do tipo CINCO são o lado oposto de suas obsessões: tem dons contemplativos, entende bem de relacionamentos e descobre sistemas espirituais grandiosos.

O tipo CINCO *evita* o vazio. Enquanto os outros o consideram muitas vezes misterioso e profundo, ele mesmo acha que possui pouco valor e pouca riqueza interior. O medo do vazio (*horror vacui*) é propriamente o motivo que está por trás de muita coisa que o tipo CINCO não redimido faz.

O dom ou *fruto espiritual* do tipo CINCO redimido é a *objetividade*. Outra vez se mostra como um e mesmo traço de caráter pode conter bênçãos ou maldição. O tipo CINCO não redimido *deve* distanciar-se; o tipo CINCO redimido *pode* distanciar-se.

---

14. DICKENS, Charles. *Weihnachtserzählungen*, Munique: [s.e.], s.d., p. 9s. Em seu conto "Canção de Natal", Dickens descreve a conversão do rico, mas avarento, Ebeneezer Scrooge. Scrooge tornou-se no ambiente anglo-americano o símbolo da avareza. Também O Tio Patinhas, o "homem mais rico do mundo", chama-se, no original americano das histórias em quadrinhos de Walt Disney, *Uncle Scrooge*.

Esse dom do tipo CINCO é de grande benefício para qualquer comunidade. As pessoas do tipo CINCO podem ser excelentes pastores de almas. Conseguem prestar atenção, por horas a fio, ao monólogo de outra pessoa. Alguém pode falar muito e o tipo CINCO parece ter capacidade ilimitada de ouvir e tudo assimilar. A faculdade que tem de manter-se emocionalmente neutro pode ajudar a quem procura aconselhamento a avaliar sua situação com mais precisão, lucidez e realismo. Devido a seu dom especial, consegue também encarar com bastante objetividade uma situação tensa e dizer: "Acho que a coisa pode ser encarada por este lado e também por aquele".

Distanciamento é, ao mesmo tempo, o dom e o pecado do tipo CINCO. É o único tipo em que podemos usar a mesma palavra para significar sua maior força e sua maior fraqueza.

Símbolos e exemplos

Animais-símbolo do tipo CINCO são a *coruja,* a *raposa* e a *marmota.* Os olhos imóveis da *coruja* estão voltados para a frente e o ouvido é bem aguçado. No Egito e na Índia a coruja era um símbolo da morte; na Grécia estava vinculada à deusa Atená e era considerada a protetora da cidade de Atenas e de todas as ciências. As corujas veem tudo, mas é difícil localizá-las.

A *raposa* é um predador solitário e possui pupilas oblíquas e estreitadas. Seu faro e ouvido são extremamente desenvolvidos. Na mitologia chinesa, a raposa tem importância central. Com 100 anos, era capaz de transformar-se em qualquer coisa. Com 1.000 anos seu pelo ficava branco, tinha nove caudas e era onisciente. Nas fábulas e na poesia a raposa aparece como esperta e ardilosa; no simbolismo cristão significa, entre outras coisas, astúcia, ganância e desespero. Em muitas histórias infantis aparece também como alguém que ajuda.

A *marmota,* com suas grandes bochechas, representa a paixão de armazenar e ganância do tipo CINCO, a estocagem de "alimento" para tempos de escassez.

O *país-símbolo* do tipo CINCO é a *Grã-Bretanha.* Temos aí o arquétipo do *gentleman* inglês, conservador, cortês, reservado e friamente distante. Outro lado do tipo CINCO encontra-se na figura do *escocês* avarento, alvo de inúmeras caricaturas.

A *cor-símbolo* do tipo CINCO é o *azul.* Azul é a cor da introversão, calma e distância, mais receptiva do que irradiadora. Na tradição o azul representa o feminino; o manto de estrelas, com fundo azul, da mãe de Deus, simboliza a sensibilidade humana pelo mistério do universo. Céu e mar, os espaços mais profundos e acessíveis à contemplação, são azuis. Em seus matizes escuros, simbolizam passividade, contemplação sossegada e imobilidade. Segundo Kandinsky, o azul tira a pessoa do convívio com os outros e a conduz para o próprio centro: "Quanto mais profundo, tanto mais chama o homem para o infindo, desperta nele o desejo do puro e finalmente do transcendental"[15].

Os *patronos bíblicos* do tipo CINCO são *Maria,* a mãe de Jesus e o Apóstolo *Tomé.*

Maria encarna a passividade e receptividade, o lado místico-contemplativo do tipo CINCO. Antes de dar, está disposta a receber. Ao final da história do nascimento de Jesus, diz-se que os pastores contaram tudo o que acontecera com eles. E sobre Maria, diz o relato: "Conservava todas aquelas palavras, conjeturando em seu coração" (Lc 2,19). O tipo CINCO é capaz de guardar coisas só para si: há confiabilidade em seu coração, sabe calar. No decorrer da história da Igreja, Maria foi idealizada como símbolo de uma virgem espiritualizada, intacta e intocável, "sem carne e sangue". Contra essa imagem volta-se, entre outros, a Teologia da Libertação latino-americana, que tem os pés mais no chão e que descobre, a partir do *Magnificat* (Lc 1,46-55), uma Maria lutadora, que não é "inofensiva" (O texto do *Magnificat* esteve, por algum tempo, proibido na Argentina, ao menos em público). Na linguagem do eneagrama poderíamos dizer que a Teologia da Libertação descobriu o lado do tipo OITO de Maria (O tipo OITO – a energia da "ação" – é o ponto de integração do tipo CINCO)[16].

O Apóstolo *Tomé* é mais conhecido no cristianismo como aquele que "duvidou" da ressurreição. Mas já aparece uma vez, antes do episódio da ressurreição. Jesus conta a seus discípulos que Lázaro havia falecido e que Ele queria ver o sepulcro. Então Tomé diz aos companheiros: "Vamos também nós para morrer com Ele" (Jo 11,16). Resignação niilista e indiferença são perigos constantes para o tipo CINCO. Tomé não estava com os demais discípulos quando Jesus ressuscitado apareceu. Informado do caso, ficou cético. Só confia naquilo que viu *com os próprios olhos.* Quando Jesus aparece de novo a seus discípulos, Tomé estava com eles. Jesus o intima: "Põe aqui o dedo e olha minhas mãos, estende a mão e põe no meu lado" (Jo 20,27). O mesmo Jesus que dissera a Maria Madalena (tipo DOIS): "Não me toques!",

---

15. Apud RIEDEL, Ingrid. *Farben in Religion, Gesellschaft, Kunst und Psychotherapie.* Stuttgart: [s.e.], 1983, p. 53.

16. Cf. ROHR, Richard. "Let it Be – Maria und die Protestanten". *Der nackte Gott.* Munique, 1987, p. 37-44.

exige contato corporal do racionalista Tomé. Enquanto o tipo DOIS tem que libertar-se da simbiose e fazer de sua capacidade verdadeira distância, o tipo CINCO tem que chegar da cabeça para o corpo, do pensar para a ação. Segundo a lenda, Tomé se tornou um homem de muita ação. Diz-se que foi para a Índia(!) onde fundou a Igreja de Cristo.

Conversão e redenção

O *convite* ao tipo CINCO chama-se *sabedoria*. Sabedoria é um conhecimento profundo do ordenamento do mundo e da vida que não se consegue apenas pelo pensamento, mas também por experiência realmente vivida. Sabedoria é *experiência refletida*. As pessoas do tipo CINCO inclinam-se à "pré-reflexão": pensam *antes* de agir, ou *em vez de* fazer algo. *Reflexão* é a assimilação intelectual posterior de uma experiência vivida. Da sabedoria à qual o tipo CINCO é convidado faz parte também a confiança na *vontade de Deus*. Isto significa confiar mais em Deus do que a sabedoria aprendida na escola pode pressupor. Significa aceitar os mistérios como tais ao invés de querer dissecar tudo com o bisturi da razão.

Faz parte das *tarefas vitais* do tipo CINCO aprender a agir e a engajar-se. O tipo CINCO tem que *enamorar-se apaixonadamente*. O amor é um drama para algumas pessoas do tipo CINCO porque na relação erótica se chocam o anseio por proximidade com o desejo, igualmente forte, de distância[17]. Pode acontecer que um tipo CINCO esteja apaixonado até à raiz dos cabelos, mas quando se encontra com o ser amado fica como que entorpecido e não sabe como proceder. Muitas vezes só experimenta o "verdadeiro" sentimento tempos depois. Sob este aspecto, "aprender a amar" é um dos maiores desafios do tipo CINCO[18]. Um tipo CINCO que não admite para si nenhuma paixão, que não permite a si "perder a cabeça" ao menos uma vez neste ponto, é uma pessoa muito incompleta.

A meditação e a oração são fontes de energia muito poderosas para o tipo CINCO. Este precisa cultivar seu mundo interior, a fim de obter forças para enfrentar o mundo exterior. Isto se torna possível quando o mundo interior é vivenciado como sendo pouco ameaçador,

---

17. Cf., para o tema "Distância e proximidade", SCHMIDBAUER, Wolfgang. *Die Angst vor Nähe*. Reinbek, 1985.

18. KELSEY, Morton. *Lieben lernen*. Metzingen: [s.e.], 1986.

quando o tipo CINCO encontrou paz e segurança em Deus e, portanto, também em si mesmo.

Aconselho todas as pessoas do tipo CINCO a meditar sobre a encarnação – que significa engajamento – e sobre a paixão de Cristo – paixão pelos homens, disposição de colocar mãos à obra. Não é possível realizar o cristianismo tomando um monte de livros e trancando-se sozinho num quarto. Mas é exatamente isto que o tipo CINCO não redimido gostaria de fazer. Em Cristo se corporifica o Deus palpável que salva os homens exatamente pelo contato físico.

Uma pessoa, conhecida minha, do tipo CINCO, encontrou um caminho genial para conseguir maior perfeição: tornou-se massagista porque sentiu inconscientemente que deveria tocar os corpos de outras pessoas e estar disponível a elas. Com isso livrou-se da jaula do autorrelacionamento e do isolamento e voltou-se para a corporalidade própria e dos outros. Recentemente disse-me ela: "Quando faço meu trabalho e, portanto, lido com os corpos de meus semelhantes, isto é uma parte ou a continuação de minha vida de oração". Normalmente o tipo CINCO conserva sua energia para si mesmo. Esta mulher, porém, faz cerca de nove massagens por dia. É um passo para sua integração.

Ela continuará sendo do tipo CINCO. Todos continuamos sendo o que somos. Mas, no caminho da salvação ou da libertação, devemos fazer o que os latinos denominavam *agere contra*. Precisamos agir contra nossas compulsões "naturais". Isto exige decisão firme, pois *não* acontece por si. Em certo sentido, isto é "contra a natureza" ou "acima da natureza". O tipo CINCO precisa às vezes agir impulsivamente, fazer qualquer coisa e também cometer erros. Não é errado cometer erros! Mas disso o tipo CINCO – como também alguns outros tipos – tem medo. Tem medo de fazer algo *insensato*. Vemos aqui que o tipo CINCO e SEIS são vizinhos. O *medo* – pecado de raiz do tipo SEIS – não é estranho ao tipo CINCO.

Por isso o tipo CINCO precisa arriscar-se no caminho para fora. A terapia da forma e o trabalho braçal podem ajudar bastante. Mas qualquer outra "manifestação" do mundo interno é bem-vinda, como por exemplo um trabalho de criação artística (música, pintura) – mesmo que outros possam, neste caso, olhar as nossas "cartas espirituais" – ou um engajamento político e social *prático*.

Mesmo parecendo tão autossuficiente, o tipo CINCO precisa sentir a experiência de amor seguro no mundo interior (experiência de Deus) e no mundo exterior (amor dos semelhantes). Seu alimento psíquico é qualquer dito que desperta mensagens interiores como: "Aqui você pode estar à vontade. Estamos satisfeitos de tê-lo conosco. É um direito seu estar aqui. Você é bem-vindo. Você faz parte do nosso grupo".

O tipo CINCO precisa tomar cuidado para não ser arrogante ou presunçoso, seja para com os homens ou para com Deus ("se Deus quiser algo de mim, Ele vai dar um jeito"). Chegará ao mais profundo de seu dom da verdadeira *sabedoria* se renunciar à mania dos segredos e das mistificações artificiosas, se tiver disposição de enfrentar o segredo das outras pessoas, se abrir o jogo de seu segredo e se abrir as portas de seu tesouro. O tipo CINCO tem que aprender a manifestar diretamente emoções em vez de guardá-las para os momentos a sós. Por sua tendência natural, as pessoas do tipo CINCO seriam antes budistas do que cristãos. Mas, exatamente para elas, o caminho oriental da renúncia ao mundo e da interiorização pode ser uma armadilha que as impedirá de descobrir o mistério da encarnação e da cruz, realizando este mistério em suas próprias vidas.

Como representante dos *santos* contemplativos, temos *Hildegard von Bingen* (1098-1179). Foi uma das pessoas mais cultas da época: versada em música, teologia e medicina. Mas ficou célebre pelo seu dom das visões. Hildegard sofria muito por causa disso e ficou doente. Somente quando escreveu tudo e conseguiu *compartilhar* (!), ficou curada. Muitos místicos só chegam àquele contato com o mundo após renhida luta que os leva da introspecção doentia para a ação. Como todas as pessoas do tipo CINCO, precisam dar o passo do ver para o agir. Podem, então, tornar-se visionários clarividentes, tanto no campo religioso como no político, que conhecem perfeitamente os contextos mundiais e os interpretam.

Dietrich Bonhoeffer (1906-1945) trilhou o caminho que foi do *pensar* para o *agir*. Nasceu em Breslau. Era o sexto de oito irmãos. O avô e o bisavô pelo lado materno tinham sido grandes professores de teologia. O pai era um dos psiquiatras mais famosos de seu tempo. Na família Bonhoeffer, da alta burguesia, já se exigia das crianças "conhecimentos profundos" e "objetividade". A mãe ensinava os filhos de forma a poderem saltar algumas séries na escola.

O jovem Dietrich era leitor assíduo e um apaixonado jogador de xadrez. Aos 18 anos, fez uma viagem a Roma. Como estudante, era muito aplicado e assistia às preleções de vários campos do saber. Já aos 19 anos começou a elaborar sua tese de doutorado, ainda hoje bem conhecida, sob o título *Sanctorum communio* (que, em 1927, recebeu a qualificação de *"summa cum laude"*).

Com 22 anos começou um vicariato em Barcelona. Depois passou um ano de estudos nos Estados Unidos, onde ficou profundamente chocado com o racismo no Harlem. Com 25 anos tornou-se livre-docente. Em 1933 os nazistas chegaram ao poder. Bonhoeffer viu claramente, desde o começo, o perigo do culto ao *Führer* (sempre foi contra qualquer exercício de poder sobre a psique dos outros). Percebeu a tempo e alertou a Igreja sobre a questão dos judeus que viria a tornar-se questão decisiva dos anos vindouros, uma questão que a Igreja devia tomar a peito. Pouco depois, na qualidade de pastor estrangeiro, foi para Londres.

Aos 29 anos foi nomeado diretor do seminário (ilegal) da "Igreja Confessional". Em 1936 foi proibido de lecionar pelos nazistas. Fez nova viagem aos Estados Unidos e de lá voltou no último navio antes de rebentar a guerra. Voltou para a Alemanha, pressentindo que isto poderia custar-lhe a vida.

Em 1942 filiou-se ao grupo que planejava matar Hitler. O intelectual tornou-se conspirador político! Em abril de 1943 foi preso. Passou dois anos na prisão e planejou o suicídio, caso pudesse denunciar os colegas conspiradores, por causa da aplicação de torturas – de que tinha um medo terrível. Pouco antes do fim da guerra foi levado a Buchenwald e, depois, a Flossenbürg, onde morreu estrangulado em 9 de abril.

Na prisão escreveu: "A liberdade está em ousar e fazer o certo, não o aleatório; em empreender com coragem o real, não pairando entre os possíveis; na ação e não na fuga das ideias. Sai da indecisão e entra no torvelinho dos fatos, baseado apenas na lei de Deus e em tua fé. Desta maneira a liberdade receberá jubilosa o teu espírito"[19].

---

19. BONHOEFFER, Dietrich. *Widerstand und Ergebung*. Munique: [s.e.], 1951, p. 184. Uma abalizada e curta biografia de Bonhoeffer em BETHGE, Eberhard. *Dietrich Bonhoeffer* (monografias de Rowohlt). Reinbek, 1976.

Tipo Seis

Visão geral

As pessoas do tipo SEIS possuem dons extraordinários: são colaboradores, sabem trabalhar em grupos e são confiáveis. Num relacionamento, é possível crer em sua fidelidade. Suas amizades são marcadas por sentimentos ternos e profundos. Muitas vezes são bem originais e espirituosas, têm às vezes um humor cômico e dedicam-se de corpo e alma às pessoas de que gostam.

Sabem como vincular a conservação de tradições firmadas à disposição de trilhar novos caminhos. Têm um senso para o que é possível e impossível. Percebem a tempo os aspectos negativos, ainda não aventados, de um projeto; e têm sobretudo um sexto sentido para perigos iminentes. Conseguem ser perspectivas e corajosas quando se trata de abrir novos caminhos e traçar novos limites.

O tipo TRÊS e o tipo SEIS são para nós de especial importância, pois seus pecados de raiz não foram reconhecidos como tais no cristianismo ocidental: *Medo*[1] (tipo SEIS) e *mentira* (tipo TRÊS). Enquanto

---

1. Os termos "medo" e "temor" são empregados no linguajar comum como sinônimos. Seria mais preciso se definíssemos o medo como sentimento impreciso diante de alguma ameaça, ao passo que o temor se refere a um objeto determinado. No nosso livro empregamos os termos como sinônimos.

esses pecados permanecerem no olvido, nossa sociedade está sujeita a sério perigo.

Muitas pessoas que vêm trabalhando há bastante tempo com o eneagrama estão convencidas de que o tipo SEIS é o mais numeroso na sociedade ocidental. Constatei a mesma coisa e acho que há uma série de razões para isso: O tipo SEIS é facilmente acometido de autodesconfiança. Isto o torna cauteloso, medroso e desconfiado. Sempre fareja perigo. Em sua constituição psicopática, torna-se vítima de sua mania de perseguição. Quando se pensa nos inúmeros temores e perigos a que está exposta uma criança, já antes do nascimento e, depois, nas primeiras semanas e meses de vida, pode-se entender que existam muitas pessoas que seguem a seguinte orientação: "O mundo é perigoso. É preciso estar sempre alerta. Não tenho autoridade interna suficiente para estar à altura de tudo isso. Devo, portanto, procurar segurança em algum lugar fora de mim".

Riso descreveu a desunião interna das pessoas do tipo SEIS da seguinte forma: "São emocionalmente dependentes dos outros, mas não tanto de si mesmos. Gostam de estar junto aos outros, mas primeiro colocam-nos à prova para ver se são de confiança. Adoram autoridade e a temem ao mesmo tempo. São obedientes e também desobedientes. Temem a agressão dos outros, mas às vezes também elas são altamente agressivas. Procuram segurança e, assim mesmo, sentem-se inseguras. São amáveis e ajustadas, mas podem, de repente, ser vulgares e cheias de ódio. Acreditam nos valores tradicionais, mas podem subitamente passar por cima deles. Querem escapar do castigo, mas às vezes elas mesmas o chamam sobre si"[2].

Muitas pessoas do tipo SEIS informam que não conseguiram desenvolver um sentimento de confiança, desde o início, porque tiveram pais sem autoridade, sem confiabilidade, violentos ou de sentimentos frios. Muitas recebiam castigos e pancadas sem razão evidente; era desse modo que os pais ab-reagiam os próprios conflitos. Isto acarretou várias consequências possíveis: *ou* estas crianças tiveram que procurar um protetor em quem pudessem confiar; *ou* tiveram que aprender a detectar os menores indícios de perigo para procurar a tempo uma proteção; *ou* tiveram que se prevenir agressivamente contra a violência ameaçadora.

---

2. RISO, p. 163.

No primeiro caso, a falta de verdadeira autoconfiança leva a que o tipo SEIS procure uma autoridade, alguém que ofereça segurança, que seja célebre ou tenha posição de mando e que possa dizer como o tipo SEIS deve proceder. Neste caso, o tipo SEIS precisa de uma instituição (por exemplo, a Igreja, o partido, o Estado, a ciência) ou de um livro (por exemplo, a *Bíblia*, o *Código de Direito Canônico* ou o *Código de Direito Penal*, o *Corão, Minha luta* ou *O capital*) com respostas infalíveis. O tipo SEIS anseia por segurança. Não quer contentar-se com sombras impenetráveis ou tons escuros; quer um mundo claramente dividido em *preto e branco* e uma verdade, também *preta e branca,* que possam levar para casa. No pior dos casos, a energia do tipo SEIS produz o tipo nazista, aquela pessoa que exige de maneira totalitária e presunçosa que a realidade seja assim como ela a precisa; e que está disposta a cumprir qualquer ordem que venha "de cima". Em seu interrogatório, Adolf Eichmann disse em Israel: "Eu fazia parte das pessoas que não tinham decisão própria. As palavras do *Führer* tinham força de lei. Simplesmente obedeci. Não importa o que tivesse sido mandado, eu teria obedecido, pois juramento é juramento".

Muitas pessoas do tipo SEIS falam de hiatos em sua história pessoal; não conseguiram acabar os estudos ou o curso acadêmico. Pouco antes das provas eram acometidas de um pavor paralisante ou não progrediam nos estudos porque queriam aprofundar cada detalhe e tirar toda e qualquer dúvida. Põem em dúvida sua própria posição em vez de sustentá-la com convicção interna. O trabalho de Sísifo de ter absoluta certeza da própria opinião pode finalmente levar ao fracasso total.

Muitas pessoas do tipo SEIS produzem situações em que elas, ao final, saem perdendo. São pessimistas e têm medo do sucesso. Se não tiverem sucesso, é menor o perigo de aparecerem em cena invejosos e concorrentes. Por isso, o tipo SEIS "faz voltas" ao redor do sucesso, atribui-o aos outros ou coloca objetivos tão inacessíveis e fantásticos que o fracasso já está previsto de antemão. O tipo SEIS luta pela sobrevivência e não pelo sucesso, pois este só traz mais perigos dentro dele. Quando tem algum êxito, esquece-o rapidamente. Cada nova situação se apresenta tão ameaçadora que de nada adianta recordar vitórias do passado[3].

---

3. Cf. PALMER, p. 255-257.

Se o tipo TRÊS é um notório ganhador, o tipo SEIS é um notório perdedor. Este "prazer de perder" pode assumir traços masoquistas. Woody Allen apresenta em muitos de seus filmes este tipo "perdedor".

A maioria das pessoas do tipo SEIS só consegue aceitar o elogio a contragosto. Acham que por detrás dele há alguma armadilha. Se alguém quiser ser bem aceito pelo tipo SEIS deve colocar em seu elogio um mínimo de crítica construtiva, pois assim o elogio parece ser mais autêntico.

Para entender o tipo SEIS, há que distinguir entre o tipo *fóbico* (medroso) e o tipo *contrafóbico*. São tipos tão diferentes que esta distinção é de grande importância.

O tipo *fóbico* é por natureza precavido, hesitante e desconfiado. Dificilmente confia em si mesmo e em seus "instintos". Normalmente, foge do perigo. De certa forma, estas pessoas são de "fácil trato". Quando caem nas mãos de um conselheiro espiritual ou de um terapeuta de sua confiança, são capazes de se deixarem guiar passo a passo e de, aos poucos, encararem seus medos de modo que têm boas chances de se tornarem mais soltas, mais autossuficientes e mais livres.

O tipo *contrafóbico,* no entanto, é capaz de causar grandes prejuízos aos outros. Nos casos extremos, torna-se membro da KU-KLUX-KLAN, de grupos justiceiros de extrema direita, neonazistas, motoqueiros e de outros grupos desordeiros. Procura situações de risco e engaja-se em esportes perigosos como alpinismo e corridas de carros, pois prefere "atacar a situação de frente" ao invés de estar sempre martirizado por seus medos[4].

As pessoas *contrafóbicas* driblam o medo que, na verdade, é o motor principal de seu agir e o compensam por uma dureza imposta, pela

---

4. Karl Ledergerber descreveu três formas de fugir do medo: 1. *Fuga para frente* ou *agressão* (como exemplo apresentou o senador americano McCarthy que nos anos de 1950 "criou uma atmosfera de medo, fazendo crer que a metade dos políticos, intelectuais, diplomatas e funcionários públicos era constituída de espiões russos disfarçados"); 2. *Fuga para trás* ou *desistir de viver* (p. ex.: animais que, quando em perigo, fingem-se de mortos; Ledergerber fala neste contexto de uma "voluntária" estupidificação, regressão e depressão); 3. *Fuga para o lado* ou *atividades de compensação* (ações compulsivas, manias, medo do objetivo). As três formas de fuga do medo encontram-se no tipo SEIS. LEDERGERBER. *Keine Angst vor der Angst* – Ihre Überwindüng church Einsicht und Vertrauen. Friburgo na Brisgóvia: [s.e.], 1976, p. 102-115.

força artificial e pela temeridade. Não têm acesso ao medo que as domina. Basta um pretexto para explodirem; em casos extremos, podem gritar, xingar, mentir ou passar às vias de fato. Não aceitam crítica ou rejeição daquilo que acham certo e defendem encarniçadamente e com todos os meios suas causas. Isto pode levar a comportamentos intoleráveis.

Na célebre obra de Watzlawick, *História do martelo*, descreve-se muito bem o mecanismo que funciona no tipo SEIS contrafóbico: Um homem queria pendurar um quadro na parede, mas não tinha martelo. Quis ir ao vizinho e tomar o martelo emprestado. Mas veio a dúvida: talvez o vizinho não lhe empreste martelo algum. Ainda ontem ele o cumprimentou com descaso. "Será que ele tem algo contra mim? Mas não lhe fiz nada". O homem vai se enfurecendo cada vez mais contra o vizinho nojento. Finalmente, vai à casa dele, toca a campanhia e grita na cara do vizinho: "Pode ficar com o diabo do seu martelo"[5].

Dilema

A *tentação* do tipo SEIS é sua constante procura de *segurança*. Gosta, por isso, de sistemas ortodoxos e fechados. Tem um pendor para o fundamentalismo, seja islâmico, cristão, científico, de cor verde, vermelha ou marrom. A era de Khomeini ficou marcada pelos efeitos do fundamentalismo islâmico. Nos Estados Unidos, os fundamentalistas cristãos lutam por Deus e pela pátria brandindo a Bíblia. Todos os fundamentalistas precisam de uma fonte *infalível* da verdade. Entrementes constituíram-se, nos Estados Unidos, grupos de autoajuda, chamados "fundamentalistas anônimos" que, a exemplo dos "alcoólicos anônimos", organizaram-se para fugir à prisão espiritual significada pela cosmovisão fundamentalista.

Há dois séculos começou *o fundamentalismo da razão,* iluminista e nacionalista, seu caminho vitorioso: a *ciência* tornou-se a fonte infalível do conhecimento. Hoje sentimos e sofremos as consequências catastróficas da mania do progresso. Horst-Eberhard Richter expôs num ensaio que o moderno mito do progresso é consequência de um medo da morte e do mundo. Quando a fé num Deus amoroso perdeu sua força, ocorreu "a mudança de um medo desesperado para uma *compulsão furiosa de posse*", dos sentimentos de impotên-

---

5. Cf. WATZLAWICK, Paul. *Einleitung zum Unglücklichsein.* Munique: [s.e.], 1983, p. 27s.

cia surgiram fantasias de onipotência ("Complexo de Deus"). Sentimentos e afetos foram sacrificados à "razão" todo-poderosa. "Ao invés de serem fontes de conhecimento mais profundo tornaram-se fator irritante. Seria tarefa do pensar matemático colocar sob rígido controle seus movimentos emocionais perturbadores". Outra consequência: "Em vez de aceitar a inevitável ideia da morte, nossa cultura inventou como substituto o fenômeno de um inimigo absoluto do mundo"[6].

Thomas Meyer entende os muitos existencialistas de nossa época como reação à "perda do consolo" através de uma modernidade cética e secularizada. Os homens se sentem abandonados, pois, com a libertação dos tabus religiosos também se perdeu a segurança de que usufruíam outrora. Meyer reclama o afastamento de qualquer necessidade econômica ou ecológica para que nenhum fundamentalismo verde ou neonazista possa impor qualquer hegemonia cultural[7].

O tipo SEIS procura hierarquia, autoridade e segurança. Por isso encontram-se entre eles mais militares fanáticos do que entre outros tipos. Entre os militares existe um sistema hierárquico claramente definido com pessoas que dizem o que é preciso fazer. Sabe-se o que fazer e o que não fazer, a quem se deve obedecer e a quem se deve dar ordens.

A lei e tudo o que se relaciona com ela fascinam o tipo SEIS. Muitos deles procuram ocupações em que lidam com a lei, seja para *protegê-la*, seja para *infringi-la*. Juízes, procuradores do Estado, advogados, detetives, comissários, policiais, escreventes criminais e criminalistas participam do jogo do tipo SEIS.

Helen Palmer chama o tipo SEIS de "advogado do diabo". Nos processos de canonização da Igreja romana o *advocatus diaboli* precisa levantar tudo o que seja *contra* a canonização. O tipo SEIS tem um "sexto sentido" para os disparates e momentos suspeitos.

O primeiro *mecanismo de defesa* do tipo SEIS é a *projeção*. As pessoas do tipo SEIS têm fantasia exuberante para cenários apocalípticos e muitas vezes contam com o pior. Sua desconfiança leva, entre outras coi-

---

6. RICHTER, Horst-Eberhard. Fortschrittsmythos und Unsterblichkeitswahn. In: MÜLLER, Helmut A. (org.). *Naturwissenschaft und Glaube*. Berna/Munique/Viena: [s.e.], 1988, p. 302-315.

7. MEYER, Thomas. *Fundamentalismus* – Aufstand gegen die Moderne. Reinbek: [s.e.], 1989.

sas, a projetarem nas outras pessoas inimizade, ódio e pensamentos negativos, mesmo que para isso só existam indícios insignificantes. No caso de uma parceria, conseguem, por exemplo, levantar hipóteses engenhosas sobre os "motivos inconscientes" do parceiro. A desconfiança que nutrem contra si mesmas faz com que suponham existirem nos outros os mesmos motivos negativos. Esta programação leva ao clássico mecanismo do bode expiatório. A hostilidade presente, por exemplo, na guerra fria – que esperamos seja coisa do passado – pode ser considerada como expressão de uma síndrome global do tipo SEIS[8].

O *pecado de raiz* do tipo SEIS é o *medo*. A Bíblia exorta constantemente, já no Antigo Testamento e sobretudo na mensagem de Jesus, a superarmos o medo: "Não temais". Mas, mesmo assim, não reconhecemos quão demoníaco o medo pode ser. Apesar de a Bíblia nos exortar a nos opormos à voz do medo, nós a negamos ou lhe damos outro nome como diplomacia, esperteza ou razão.

Sobretudo as pessoas com posição de comando e que desejam controlar os outros por meio do medo encontram sempre novos nomes para defini-lo: "lealdade", por exemplo, ou "obediência". A muitos de nós foi incutida a "virtude" da obediência já na infância. Na verdade, visava-se a que ficássemos submissos a nossos pais, professores, superiores, pastores ou outros detentores de algum poder. O medo foi disfarçado com a virtude da obediência e até mesmo com um voto religioso, quando o que se visava nada tinha a ver com a verdadeira obediência. A verdadeira obediência nasce da liberdade de *ouvir*, chegar a uma decisão consciente e, conforme o caso, dizer "não". Falsa obediência é o fruto podre do medo.

Quero lembrar novamente que estamos no campo da cabeça. Não é surpreendente que o medo esteja localizado na cabeça – e não, por exemplo, na barriga ou no coração? Quando se lida com pessoas obce-

---

8. Walter Wink estudou o intercâmbio entre "projeção" e "introjeção" que leva à produção de imagens hostis. Por um lado, projetamos nossas "sombras" desconhecidas e não aceitas sobre os outros; e ao mesmo tempo tomamos sobre nós, na confrontação direta, também a energia negativa dos outros. "Sem perceber, transformamo-nos naquilo que combatemos. Tornamo-nos aquilo que odiamos". WINK, Walter. *Angesichts des Feindes* – Der dritte Weg Jesu in Südafrika und anderswo. Munique: [s.e.], 1988, p. 15.

cadas pelo medo, percebe-se que são *realmente fantasmas cerebrais* que a perseguem. Em sua cabeça se desenrolam constantemente cenários apocalípticos onde tudo vai mal. Isto se reflete finalmente nos sentimentos e na barriga; mas o ponto de partida do medo é o cérebro. Segundo consta, os *sufistas* denominaram a Igreja Católica Romana de Igreja do tipo SEIS. Tinham a impressão de que o sistema romano estava muito baseado no medo. Isto fez com que muita gente tivesse medo de Deus, do sacerdócio, do pecado mortal, de si mesmo, de seu corpo. Este último aspecto salta aos olhos quando consideramos a atitude atual e ainda não superada da Igreja Católica Romana quanto à sexualidade. Não se nos deu a liberdade de correr riscos. Neste sistema, não eram permitidos erros.

O "grande inquisidor", no romance de Dostoievski, *Os irmãos Karamasov*, faz prender Jesus Cristo que voltara à terra, curando e pregando como antigamente. Diz a seu prisioneiro que está exigindo demais das pessoas com a liberdade que lhes concede. A Igreja teria, por verdadeiro amor aos homens, retirado esta liberdade das pessoas: "Durante quinze séculos vivemos atormentados por esta liberdade, e agora nossa obra está realizada [...] hoje as pessoas estão mais convencidas do que antigamente de que são plenamente livres; elas mesmas nos trouxeram sua liberdade e a depositaram humildemente aos nossos pés [...] Tu recusaste o único caminho pelo qual se poderia fazer os homens felizes. Por sorte, quando foste embora, deixaste o assunto conosco"[9].

No célebre romance de Umberto Eco, *O nome da rosa,* discute-se num mosteiro medieval se Jesus teria alguma vez sorrido. O velho e cego Jorge sacrifica a vida de muitos monges e finalmente todo o mosteiro para que um livro de Aristóteles sobre a comédia não chegasse ao conhecimento público. Dizia ele: "A risada é a fraqueza, debilidade e perversidade da carne [...] algo baixo e vulgar [...] Rir faz com que o lavrador não sinta medo do demônio, pois na festa dos tolos também o demônio parece tolo e bobo [...] E este livro poderia ensinar que é uma ciência libertar-se do medo do demônio"[10]. Medo e bom humor, liberdade e medo não se coadunam. Por isso, os ideólogos não conseguem rir de si mesmos ou deixar que outros riam deles.

Antes do Concílio Vaticano II, a Igreja Católica era muito atraente para pessoas inseguras. Era um celeiro de verdades e certezas absolutas e infalíveis. Graças a Deus que abandonamos esta ilusão *de fato.* O cato-

---

9. DOSTOIEVSKI. *Os irmãos Karamasov* [s.n.t.].

10. ECO, Umberto. *O nome da rosa* [s.n.t.].

licismo de hoje abrange toda a extensão desde Daniel Berrigan até Marcel Lefebvre. Este último, inclusive, foi excomungado. Mas há muitas pessoas que ainda sonham com um tradicionalismo fomentado e praticado por Lefebvre.

Pelo fato de tantas pessoas ainda precisarem da ilusão da segurança, ouso dizer que o tradicionalismo e o fundamentalismo continuarão a crescer. E isto acontece porque não ajudamos as pessoas a enxergarem sua "armadilha do tipo SEIS" e a superarem seu medo.

Tudo isso não se refere apenas à Igreja Católica Romana, mas a todo o cristianismo ocidental. O protestantismo é filho do catolicismo e, muitas vezes, fez o mesmo com os seus seguidores: cuidou para que as pessoas tivessem medo de Deus, ao invés de amarem a Deus. O conceito bíblico do "temor de Deus", erroneamente entendido, colaborou com este processo devastador. Na lista clássica dos "sete dons do Espírito", que se baseia em Is 11,1, também aparece o *timor* (*domini*), o temor (de Deus). A segunda parte (*domini*, ou seja, "de Deus") era omitida pela Igreja (por questão de simplicidade?), de modo que o próprio temor era considerado um "dom do Espírito".

As consequências que pode ter uma educação que faz de Deus, ao mesmo tempo, objeto de amor e de medo, aparece no ajuste de contas que o psicoterapeuta Tilman Moser faz com a fé em Deus (protestante) de sua juventude e que ele formula numa espécie de antioração:

> Devemos amar e temer a Deus [...], isto me foi inculcado, como se o primeiro elemento não tornasse quase impossível o segundo. E pelo fato de tua louca condição de ser, como alguém que se devia amar e temer, provocou também ódio, era preciso ter mais medo ainda, ser mais humilde ainda e ser mais agradecido ainda pelo adiamento da condenação [...] Tu me tiraste de tal forma a consciência para que jamais me pudesse sentir em ordem, me pudesse reconciliar comigo mesmo, me pudesse sentir bem [...] Sobre fenômenos espirituais ou sobre favores nunca se falou em nossa família. Assim, eu me sentia entregue à tua ira [...] Tu prosperavas nos espaços vazios da impotência e da incons-

ciência [...] Enquanto escrevo, só me vem ódio à cabeça. Hoje cedo, ao fazer uma pausa, tive ânsias e vomitei [...][11].

O tipo SEIS não redimido *evita* um *comportamento errado*. Observa meticulosamente normas, leis e regras; cuida outrossim para que ninguém infrinja o combinado.

A *armadilha* do tipo SEIS fóbico é a *covardia,* e a do tipo SEIS contrafóbico é a *ousadia.* Todas as pessoas do tipo SEIS supervalorizam as autoridades, mas, ao mesmo tempo, desconfiam delas. No fundo, sentem-se fracas e vulneráveis. Isto pode fazer com que se humilhem e se submetam a uma espécie de obediência cadavérica. Mas também pode fazer com que se unam a outros *cães de fila* para se sentirem fortes em grupo. Os catastróficos costumam estar desatinados antes que seus fantasmas mentais, tomados pelo medo, assumam o poder sobre eles. Lançam-se em empreendimentos arriscados ou se revoltam com a coragem do desespero.

Mas também o pecado de raiz do tipo SEIS tem um lado positivo. O tipo SEIS possui dons maravilhosos. Toda comunidade ou grupo que possui em seu meio um tipo SEIS pode contar com sua lealdade, dedicação e responsabilidade. Por sua vez, o tipo SEIS espera de seus superiores e colegas a mesma lealdade e honestidade que ele mesmo apresenta. A dedicação pode converter-se em revolta quando a liderança esperada e "infalível" falha completamente e não consegue satisfazer as expectativas[12]. Por isso o tipo SEIS, pelo fato de se sentir muitas vezes pisado e prejudicado, pode tornar-se um lutador apaixonado e destemido pela causa dos oprimidos.

O verdadeiro *dom do Espírito* do tipo SEIS é sua *coragem.* Em momentos de crise o tipo SEIS consegue vencer seu medo mais facilmente do que qualquer outro tipo. Teve que carregar seu medo ao longo de toda uma vida; em dado momento, fica cheio de bancar sempre o covarde e pode repentinamente assumir uma postura heroica.

---

11. MOSER, Tilmann. *Gottesvergiftung.* Frankfurt: [s.e.], 1976, p. 15-38.

12. Raymond Franz, outrora membro do comitê dirigente das Testemunhas de Jeová em Nova York, abandonou a "organização teocrática" porque não aceitava as irregularidades cometidas pela direção e que contradiziam sua pretensão de infalibilidade. Com o zelo e a meticulosidade só possíveis a um tipo SEIS reuniu o material comprometedor e o documentou juridicamente de forma imbatível. Seu livro tem o sugestivo título *Der Gewissenskonflikt* – Menschen gehorchen oder Gott treu bleiben? Munique, 1988.

Exemplo incrível de superação do medo pude presenciar em *New Jerusalem*: Estava, certo dia, com um grupo de senhoras, diante de nosso centro, à beira da rua, onde brincavam também algumas crianças. Havia conosco uma senhora que poderíamos classificar como um tipo absolutamente medroso. Reagia sempre com insegurança e jamais se envolvera em algum risco. Naquele dia uma criança correu de repente para a rua, quando um carro vinha com certa velocidade dobrando a esquina. Antes que alguém de nós reagisse, correu ela para a rua – entre o carro e a criança. Graças a Deus não aconteceu nada; o carro conseguiu frear a tempo.

Outro dom de muitas pessoas do tipo SEIS é seu sentido, bastante desenvolvido, para aquilo que "está no ar". A grande especialista do eneagrama, Helen Palmer, é um tipo SEIS. Contou-me que não teria aptidão terapêutica e faculdade empatizante se não fosse um tipo SEIS. Durante muito tempo perguntava-se por que se sentia constantemente ameaçada e procurava explicações para seus temores. Dizia: "Esta compulsão me levou a entrar em mim e a examinar todas aquelas energias que me ameaçavam". Helen Palmer é uma das melhores psicólogas que já conheci. Capta as energias que emanam das pessoas de modo tão direto e incrível que, antigamente, a teríamos chamado de vidente. *Conhece* simplesmente o que está acontecendo ao seu redor. "Esta faculdade eu a desenvolvi porque sentia medo", disse ela.

Símbolos e exemplos

São vários os *animais* que representam os múltiplos aspectos do tipo SEIS. O fóbico é representado de preferência pela *lebre*, sempre pronta a fugir, pelo *rato* cinzento, sempre amedrontado, ou pelo *veado* arisco. As lebres são fiéis ao seu lugar. O medo proverbial dos "covardes" é na verdade um sentido de vigilância, altamente desenvolvida, que lhes permite reagir com presteza a qualquer mudança ou perigo em seus arredores. Ameaçados por muitos inimigos naturais, desenvolveram medidas de proteção que lhes garantem a sobrevivência: a cor camuflada de seu pelo marrom, a fuga rápida em caso de perigo.

Símbolos do contrafóbico são o *lobo,* que precisa da proteção da alcateia, e o fiel e obediente *cão ovelheiro alemão;* o *ratão* corresponde à agressividade que o tipo SEIS contrafóbico pode apresentar quando colocado contra a parede.

O *país* do tipo SEIS é a *Alemanha*. O estereótipo dos alemães corresponde a esta energia. Quando um americano quer imitar um alemão, une os calcanhares e grita: "Achtung!" (atenção). Esta maneira típica simboliza a maneira *con-*

trafóbica de reagir, ou seja, uma segurança artificial que esconde, na verdade, muita insegurança. Esta repressão do medo vingou-se mais de uma vez na história alemã. Os alemães ainda hoje têm vergonha de encarar o que fizeram em nome da Alemanha e por ordem de alemães nas duas guerras mundiais só porque "cumpriram seu dever". Tudo isto é muito apavorante e ameaçador, devendo, pois, ser reprimido. Se os alemães não atentarem bem para sua história e não a aceitarem (é isto o que significa a palavra bíblica "conversão") estarão condenados a repeti-la. Não é por acaso que o Cardeal Ratzinger, chefe da Congregação para a Doutrina da Fé (atualmente Papa Bento XVI), seja alemão. Ele cuida para que ninguém se desvie das normas e diretrizes da fé verdadeira[13].

Luise Rinser, a escritora alemã que vive na Itália há mais de trinta anos, assumiu de Erich Fromm a distinção entre pessoas *biófilas* (amantes da vida) e *necrófilas* (amantes da morte), e atribui à mentalidade *italiana* a primeira e à mentalidade *alemã* a segunda: "A Alemanha é um país de homens, um país de pais, onde o masculino e o homem têm a preferência. A Alemanha é aquilo que poderíamos chamar de um *país-animus,* ao passo que a Itália é um *país-anima,* um país de qualidades femininas, o país da *Madonna,* da divindade cristianizada da mãe. Para mim, a Alemanha é o país natal, mas a Itália se tornou minha pátria-mãe [...] A Alemanha tem sua grandeza. Ouvindo-se *O Anel dos Nibelungos,* de Wagner, pode-se saber o que penso [...] Quando ouvi que Hitler era um apaixonado wagneriano, compreendi minha repulsa intuitiva [...] Hitler acabou em veneno e fogo; queria levar toda a Alemanha para o nada [...] O fato de a necrofilia de Hitler se haver transferido tão facilmente para os alemães mostra que já estava presente de modo latente"[14].

A *cor* simbólica do tipo SEIS é o *marrom-bege.* Não chama a atenção, não brilha por força própria e se adapta ao meio ambiente. É a cor da casca que protege a árvore dos perigos. Marrom é a mistura de vermelho e verde, onde o vermelho dinâmico se desfaz. E a cor da abnegação[15]. Como o ouro e a prata, também o marrom não faz parte das quatro cores básicas. Contudo, é uma das cores mais impressionantes, mais rica em nuances, transmitindo a sensação de algo ligado à terra e também segurança. *Humus* (terra) e *humilitas* (humildade) têm a mesma raiz em latim. Por isso as ordens mendicantes da Idade Média – e, antes delas, os *sufistas* – usavam um hábito marrom.

O *representante bíblico* do tipo SEIS fóbico é *Timóteo,* discípulo de Paulo. Patrono do tipo contrafóbico é o Apóstolo *Pedro.*

Timóteo é várias vezes mencionado nos Atos dos Apóstolos e nas cartas de Paulo. Ainda relativamente jovem, recebeu de seu mentor Paulo a tarefa

---

13. Richard Rohr descreve suas impressões sobre a Alemanha no capítulo "Impressionen aus Deutschland" do livro *Der nackte Gott.* Munique: [s.e.], 1987, p. 124-139.

14. Tirado da colaboração de Luise Rinser em: *Reden über das eigene Land: Deutschland,* vol. 5. Munique, 1987, p. 90s.

15. Cf. BENEDIKT. *Kabbala,* p. 146.

de dirigir a comunidade de Éfeso. É discutido se as duas cartas a Timóteo foram redigidas por Paulo ou se foram escritas por alguém outro, reportando-se a Paulo. De qualquer modo, nelas se encontram os primeiros esboços de um ordenamento eclesial hierarquicamente estruturado. Grande parte é uma espécie de instrução de um superior a um subordinado. Enquanto as primeiras comunidades de Paulo eram bem mais "carismáticas" e "basicamente democráticas", surge com Timóteo, pela primeira vez, uma espécie de "vigário" ou encarregado oficial. O nome Timóteo significa "temente a Deus". Ele recebeu a chefia da comunidade através da imposição das mãos (1Tm 4,14) e deve zelar pela pureza da doutrina (1Tm 1,3-7). Sempre de novo é exortado a ter conduta irrepreensível (1Tm 1,18-20). É mencionado pela primeira vez o cargo de bispo (1Tm 3,1-7). Fala-se, com razão, na teologia, que estas "cartas pastorais" retratam a Igreja Católica primitiva que se foi transformando sempre mais de um *movimento* para uma instituição.

Pedro é um tipo SEIS contrafóbico. É dedicado a seu mestre e pronto a segui-lo até a morte (Mt 26,35). Nos momentos de perigo, reage contra a fuga: na prisão de Jesus, tira a espada da bainha e corta a orelha de um escravo do sumo sacerdote (Mt 26,51). Mas pouco depois falha vergonhosamente ao negar Jesus por medo de ser ridicularizado (Mt 26,69-75). A discussão entre Pedro e Paulo, descrita na Epístola aos Gálatas 2,11-21, já foi abordada quando falamos do tipo UM. É o choque característico entre um reformador e uma pessoa antes autoritariamente estruturada, como sempre de novo aparece na história (Lutero-catolicismo; Gorbatschov-dogmático interno de partido). Grande realização da Igreja primitiva foi que as duas facções se mostraram dispostas a assumir compromissos ("Concílio dos Apóstolos", At 15,1-35).

Nem sempre Pedro foi covarde. Há muitas referências de que podia ser bem valente em situações de grande perigo e – como a maioria das pessoas do tipo SEIS – tinha um lado bem corajoso. Quando o sinédrio lhe ordenou que não mais falasse de Jesus, disse: "Julgai vós mesmos se é justo diante de Deus obedecermos mais a vós do que a Deus. Não podemos deixar de falar do que vimos e ouvimos" (At 4,19s.). Mais tarde, tornou a dizer: "Importa obedecer mais a Deus do que aos homens" (At 5,29). Finalmente, Pedro sofreu o martírio por causa da fé.

Conversão e redenção

Infelizmente existem poucas pessoas com sadia autoconfiança. O *convite* ao tipo SEIS chama-se *fé*. Fé, no sentido bíblico, não é em primeiro lugar ter como certas determinadas afirmações; trata-se, antes, de uma relação de confiança entre o homem e Deus e vice-versa. *Deus acredita em nós!* Este é o fundamento para que possamos acreditar em Deus sem perder nossa dignidade de pessoas. Deus confia em nós e espera que façamos nossa parte. Pelo fato de Deus confiar em nós, podemos desenvolver uma sadia autoconfiança.

Só poucas pessoas receberam de figuras constituídas em autoridade a permissão de confiarem em si mesmas. Grita-se e exige-se as mais das vezes: "Confie em nós! Obedeça! Nós sabemos o que é melhor para você". Lembro-me perfeitamente do dia em que um sacerdote me permitiu pela primeira vez ser minha própria figura de autoridade e meu próprio "guru interior". Ele me pediu: "Prometa, Richard, que você sempre confiará em você mesmo". Na qualidade de jovem, isto foi para mim um golpe benéfico de autêntica energia masculina[16].

Faz parte das *tarefas vitais* do tipo SEIS aprender a libertar-se da constante direção vinda de autoridades e assumir a reponsabilidade por sua vida e sentimentos. Deve ousar, sobretudo, encarar seu medo e dar-lhe um nome. Quando chamamos o demônio pelo nome, temos poder sobre ele e podemos vencê-lo. Jesus perguntava o *nome* dos demônios, e logo que o nome era pronunciado quebrava-se a maldição[17]. Especialmente o tipo SEIS precisa sacudir de si aqueles fantasmas mentais que dominam sua existência.

Desde o berço, o tipo SEIS prefere certa forma de espiritualidade e piedade que é estruturada, ordenada e um pouco tola: "Será que rezo as orações certas? Será que as pronuncio da forma correta?" A Igreja Católica pré-conciliar tinha verdadeira fixação de que fossem pronunciadas palavras certas e que a missa fosse de uma correção total. Tratava-se sempre de *palavras*: rezar o breviário, pronunciar corretamente as fórmulas latinas da missa. Tudo era muito cheio de palavras, muito da parte esquerda do cérebro[18]. Sobretudo quando a presença das mulheres foi aumentando na Igreja e quando foram transmitindo seu modo de percepção, surgiram formas de oração que estavam mais

---

16. Para o conceito de "energia masculina" de Richard Rohr, cf. seu livro *Der wilde Mann* – Geistliche Reden zur Männerbefreiung. Munique: [s.e.], 1986.

17. Cf. a história dos irmãos Grimm "Rumpelstilzchen". Assim que a princesa descobre o nome de Cobold, ele já não tem poder sobre sua vida.

18. Pesquisas sobre o cérebro concluíram que a parte esquerda do cérebro, que dirige a parte direita do corpo, é capaz de pensamentos analíticos e abstratos, ao passo que a parte direita do cérebro "pensa" mais através de imagens e símbolos e está orientada "sinteticamente". A sociedade ocidental – por exemplo, na escola – exige mais da parte esquerda do cérebro, de modo que a outra parte importante fica atrofiada – sobretudo entre os alemães. Boa introdução a esta "teoria da divisão cerebral" e sua importância na interpretação da Bíblia encontra-se em WINK, Walter. *Bibelarbeit* – Ein Praxisbuch für Theologen und Laien. Stuttgart: [s.e.], 1982, p. 21-35.

orientadas para a parte direita do cérebro, que provinham mais da intuição e do corpo, que tinham mais "coração". Os homens da sociedade ocidental se deram muito bem até agora com a energia do tipo SEIS. Não afirmo que não existam também mulheres que sejam assim. Mas os homens descobriram este jogo e traçaram suas regras que até hoje governam muitas de nossas instituições. Por isso será proveitoso sobretudo para os homens do tipo SEIS emancipar-se de formas prefixadas e preestabelecidas de piedade – mesmo correndo o perigo de cometer "erros".

Uma vida espiritual que ajuda o tipo SEIS a libertar-se de suas compulsões deveria visar ao fortalecimento da confiança pessoal em Deus e da autoconfiança. Trata-se de desenvolver uma relação cordial quente e interior, com um Deus pessoal ao qual a gente possa se entregar. Para lá chegar é bom procurar uma comunidade onde as pessoas se abram e não só cultivem uma troca abstrata de ideias, mas falem de seus medos e sentimentos.

Uma vez que os temores do tipo SEIS são, em geral, exagerados, é bom que peça aos amigos que avaliem constantemente estes temores. O tipo SEIS precisa ser lembrado frequentes vezes que muitas suposições sobre os motivos e intenções dos outros são projeções que não têm fundamento quando confrontadas com fatos reais.

O tipo SEIS deve treinar com afinco para chegar a decisões sem pedir "licença" a autoridades. Deve treinar também lembrar-se dos próprios êxitos e aspirar a ter êxito. Esportes do tipo luta como *Teak Won Do* ou judô podem ajudar a reagir espontaneamente e "a partir da barriga", sem tempo de examinar detalhadamente a situação. Todos os exercícios corporais que visam a uma sadia autoconfiança podem ser recomendados. O mais importante é que o *próprio* tipo SEIS descubra o que é bom para ele.

Humor e capacidade de rir dos próprios temores exagerados também podem ajudar a afugentar o medo. Onde se ri com vontade, o medo não pode durar muito. Por isso, os ditadores e todos os sistemas baseados no medo não toleram ser desmascarados pela risada, chacota e sátira.

Na reunião de Craheim, já mencionada, houve à noite uma espécie de cabaré, onde os representantes dos vários tipos fizeram sua própria apresentação. A colaboração que os dois tipos SEIS trouxeram mostrou, através de sua capacidade à autoironia, o quanto já estavam "redimidos":

> A Alemanha deve permanecer alemã!
> Desconfie dos estrangeiros e de você mesmo!
> Nunca diga apressado o que você pensa,
> *Se é* que você pensa...

> Primeiro ouvir o que os outros dizem...
> A exemplo de Timóteo peça conselhos a Paulo.
> Agarre-se naquilo que os maiorais lhe dizem,
> Você ainda não é capaz de autodeterminação.

> Seja leal!
> Lealdade e Loyola...
> Católicos são sempre bem-vindos!
> A ratazana é sempre masculina,
> Não existe ratazana feminina!

> Alemanha, Alemanha acima de tudo cresce capim...

> Quem nada com a correnteza, passa...
> Quem nada com a correnteza, passa por...
> Quem nada com a correnteza, passa por aquilo
> que ele poderia ter sido,
> se tivesse nadado contra a correnteza.

As pessoas do tipo SEIS necessitam de espaço seguro, no qual não precisam se defender e onde se sintam bem-vindas assim como são. Necessitam de um Deus que não seja ao mesmo tempo "amoroso" e "mau", que não as castigue e que aceite seus erros e fraquezas. A experiência de amor incondicional é a única coisa que, com o tempo, pode ser mais forte do que o medo: "No amor não há medo, mas o perfeito amor expulsa o medo" (1Jo 4,18).

Nos encontros sobre o eneagrama, constata-se sempre de novo que só poucas pessoas estão dispostas a se identificarem como sendo do tipo SEIS, ainda que este tipo seja bastante numeroso (em Craheim, por exemplo, de 70 participantes, só duas pessoas se apresentaram como sendo do tipo SEIS; ao passo que 15 achavam que eram do tipo CINCO). Por isso, queremos frisar mais uma vez: Nenhum tipo é "melhor" ou "pior" do que o outro. Cada um tem possibilidades espantosas e grandiosas.

163

Existe um exemplo notório do que pode acontecer quando um tipo SEIS encontra realmente seus dons:

Oscar Romero (1917-1980), arcebispo de Salvador, é o nosso *santo* para o tipo SEIS. Romero era um tipo SEIS clássico: arredio, delicado, conservador, leitor assíduo, temporizador, um homem do sistema e que sempre seguiu a linha partidária católica. No dia em que foi nomeado Primaz de El Salvador (em 1977), os conservadores vibraram, enquanto os progressistas estavam frustrados e até duvidavam se podiam celebrar a eucaristia com o arcebispo. O próprio Romero disse, mais tarde, que recebera de Roma a incumbência de "pôr ordem" nos progressistas, pois também o Vaticano estava procurando um entendimento com o regime salvadorenho.

Em três meses as coisas mudaram completamente. O estopim foi o assassinato de um padre jesuíta, de um velho camponês e de um coroinha através de um ataque militar à Vila Aguilares, paróquia do padre assassinado. Os soldados profanaram a Igreja e impediram a entrada de Romero quando quis salvar a hóstia consagrada. Confessou mais tarde que este fato foi a verdadeira causa de sua "conversão". Tornou-se claro para ele: "Importa obedecer mais a Deus do que aos homens" (At 5,29).

Esta última e verdadeira lealdade tomou, de agora em diante, a primazia nas considerações políticas e eclesiais. Romero tornou-se um *profeta a partir da obediência*. Após sessenta anos revelou-se, de repente, o melhor desse homem. Mudou o estilo de trabalho: começou a discutir questões importantes com seus colaboradores, ao invés de tomar decisões isoladas. Viu o sofrimento do povo salvadorenho e ficou tomado de coragem fora do comum. Os cristãos devem ser "pessoas destemidas", dizia ele.

Nos três anos em que foi Primaz de Salvador, não era preciso ir à igreja aos domingos: quando Romero pregava, todos os aparelhos de rádio estavam com o volume no máximo – até que o transmissor da igreja foi explodido. Romero colocava grande confiança na capacidade de seu povo de ser criador de sua própria sociedade e incentivava os fiéis a serem ativos e "não esperar pelo que o bispo dizia aos domingos"[19]. A rica oligarquia que ele atacava constantemente tentou apresentá-lo como "psicopata"; muitos bispos e padres se afastaram dele e o Papa João Paulo II recusou expressamente a opinião de Romero, de que a força revolucionária era legítima como último meio contra a tirania duradoura e inequívoca.

Finalmente, Romero conclamou os integrantes do exército a desobedecerem às ordens e colocarem um fim à opressão do próprio povo. Daí em diante, tinha que contar com seu assassinato. Pouco antes de sua morte, disse numa entrevista: "Enquanto cristão, não creio na morte sem a res-

---

19. FELDMANN, Christian. *Träume*, p. 29.

surreição [...] Enquanto pastor, recebi de Deus a tarefa de dar a vida pelos que amo, isto é, todos os salvadorenhos, inclusive aqueles que estão a fim de me matar [...] Um bispo pode morrer, mas a Igreja de Deus, isto é, o povo, jamais pode perecer"[20].

A 24 de março foi morto a tiros durante um sermão. Nos funerais, a que compareceram 80.000 pessoas, ocorreu um massacre militar que produziu mais 39 vítimas. A Igreja Católica oficial diverge ainda hoje quanto à figura deste homem, mas o "povo pobre dos vilarejos e montanhas já canonizou de há muito o seu pastor"[21].

---

20. Ibid., p. 35.
21. Ibid., p. 39.

Tipo Sete

Visão geral

As pessoas do tipo SETE irradiam otimismo e alegria. Estão atentas à preciosidade de cada momento, admiram-se quais crianças e sentem a vida como um presente. Com sua espontaneidade, dão a impressão de que em tudo há suficiente beleza e bondade, e de que não há nada supérfluo. Estão cheias de idealismo, de planos para o futuro e conseguem entusiasmar os outros para isto. Ajudam os outros a ver e usufruir o lado belo da vida. São joviais, têm um bom humor contagiante e sabem rir de si mesmas. Quando aparece um tipo SETE, as crianças logo o cercam.

O tipo SETE, alegre, parece não estar "bem da cabeça", à primeira vista. Relaxado, humorista, fantasioso, radiante, brincalhão e de charme desarmado, eis o tipo SETE – até perceber que tudo isto *também* serve para protegê-lo de agressões, medos e sofrimentos.

Muitas pessoas do tipo SETE tiveram, no decorrer de seu desenvolvimento, experiências traumáticas para as quais não estavam preparadas. Para não repetir estas experiências dolorosas no futuro, desenvolveram uma estratégia dúplice: *Em primeiro lugar* reprimiram ou disfarçaram suas experiências negativas e dolorosas. Descrevem sua vida com cores coloridas, mesmo que o cenário tenha sido objetivamente bem outro do que belo: "Naturalmente, também passamos por dificuldades. Mas, quem não as teve? Não se pode ficar abalado por causa delas". *Em segundo lugar*, passaram esta mensagem para a *cabeça* e começaram a *planejar* suas vidas como se cada dia prometesse o máximo de alegria e o mínimo de sofrimento. E pelo fato de conseguirem unir tão bem o útil ao agradável, chegaram a um bem-estar bastante grande. Em nossa sociedade, é este o caminho mais trilhado: proteger-se contra os sofrimentos e dificuldades.

Há muitas pessoas do tipo SETE que riem sem cessar. Com o tempo, isto pode aborrecer os outros. O SETE é o tipo *Mary Poppins*: tudo é maravilhoso. A vida é uma Disneilândia, cheia de prodígios e surpresas agradáveis. Ao menos as pessoas do tipo SETE, americanas, gostariam de ser enterradas na Disneilândia.

O tipo SETE é a "eterna criança". *Peter Pan* poderia ser seu padroeiro[1], ou o *deus grego Mercúrio* que, com seus sapatos alados, paira num reino maravilhoso de fantasia. Às vezes gostaríamos de dizer para uma pessoa do tipo SETE: "Ponha os pés no chão. Nem tudo na vida é alegre, engraçado e fácil!" Muitas delas gostam de usar expressões como: "Maravilhoso! O máximo! Super! Loucura! Nem posso imaginar!"

As pessoas do tipo SETE são *ávidas de novidades*, no mais verdadeiro sentido da palavra. É como se aquilo que sabem ou têm nunca bastasse. Precisam de variedade, estímulo e novas vivências. Precisam explorar sempre novas possibilidades para maximizar a alegria de viver. Em seu diário constam os termos mais belos e estimulantes. Por outro lado, as tarefas desagradáveis são deslocadas, adiadas ou ignoradas. Não sendo possível evitá-las, são "acolchoadas" com belas experiências e com alguma felicidade marginal: uma fita cassete com belas músicas para uma viagem a um lugar pouco agradável, ou breve incursão em lojas de discos ou de bombons em caso de viagens a serviço bem enfadonhas. São também "viciadas em adrenalina" e têm champanha no sangue

---

1. A recusa de muitos homens de se tornarem "adultos" foi analisada por Dan Kiley em seu livro *Das Peter-Pan Syndrom.* Munique/Hamburgo, 1987.

(Palmer). Muitas vezes não percebem que muita coisa do que fazem é simples fuga dos dolorosos abismos da própria alma.

As pessoas do tipo SETE não são especialistas, mas "generalistas" (Riso). Para elas há sempre muitas bolas em jogo, porque sempre querem deixar abertas todas as opções e esquivar-se inconscientemente da obrigação de entrar em contato muito *íntimo* com alguma coisa ou pessoa. Na *profundidade* espreita sempre, para elas, também o *sofrimento*. Além disso, poderiam tornar-se visíveis os próprios limites se houvesse dedicação total a alguma coisa – e isto também seria doloroso. Desse modo, muitas pessoas do tipo SETE dominam a "arte de blefar", são gozadoras e dão impressão de terem muitas qualidades e saberem de tudo. Na verdade bastam-lhe poucos fatos, que eles combinam talentosamente, para que a imagem seja a mais completa possível.

Muitas vezes têm dificuldade em decidir por certa carreira. Não se importam em desempenhar várias atividades interessantes ao mesmo tempo. Preferem trabalhar como autônomos ou num grupo que funciona bem porque são autoritárias desde pequenas e lhes dói quando suas chances e liberdades são cortadas pelos superiores. Também não gostam muito de súditos: a impressão do exercício do poder poderia levar a conflitos dolorosos.

Dilema

A *tentação* do tipo SETE chama-se *idealismo*. Ele tem vários aspectos. O tipo SETE precisa ter certeza de estar se empenhando por uma boa causa que traga alegria a ele mesmo e aos outros. Gostaria que todos fossem felizes. Isto faz com que renuncie aos aspectos de sua atividade que poderiam eventualmente prejudicar outras pessoas, o que acontece sobretudo quando se trata de uma colisão entre a própria felicidade e a dos outros. A ideia, por exemplo, de que existem pecados estruturais que cometemos, todos nós, porque nosso bem-estar é financiado pela miséria do Terceiro Mundo, pode produzir forte reação no tipo SETE.

Um dos mais frequentes *mecanismos de defesa* do tipo SETE é a *racionalização*. A ideia, antes mencionada, das injustiças do sistema econômico mundial ele a consegue reprimir com a ajuda da seguinte reflexão: Os pobres não ficariam mais felizes se nós renunciássemos a nosso dinheiro e chances. A dor de uma separação é minorada pelo fato de ele procurar e achar motivos racionais para o rompimento de uma relação e considerar prontamente os aspectos positivos da nova situação: "A liberdade também é algo belo!" A morte de um parente se torna mais aceitável quando se diz que ela foi uma "libertação" e que o falecido conseguiu realizar belas coisas na vida. As pessoas religiosas do tipo SETE também conseguem alívio ao considerarem que o falecido está agora junto de Deus. Na maioria dos casos, a dor não é *sentida,* mas *deslocada.* O mecanismo de racionalização mostra precisamente que as pessoas do tipo SETE são pessoas da cabeça. Esta é uma das muitas sabedorias surpreendentes do eneagrama: a felicidade e alegria do tipo SETE são produzidas na cabeça, exatamente como o medo do tipo SEIS.

Algumas pessoas do tipo SETE conseguem viver uma vida toda sem perceberem o lado escuro da existência e do mundo. E qualificam de derrotistas e "pessimistas culturais" os que colocam o dedo nas feridas. As pessoas do tipo SETE precisam de muito tempo até perceberem o lado negativo de um relacionamento – ou o seu próprio lado negativo. Pelo fato de quererem que tudo seja bom e belo, eliminam outros aspectos da realidade. À semelhança do tipo TRÊS, correm o perigo da inflação do eu, uma visão exageradamente positiva da própria pessoa. O tipo TRÊS pode recusar-se a ver falhas; o tipo SETE pode recusar-se a tomar consciência do sofrimento. Enquanto criança, muitas pessoas do tipo SETE tiveram literalmente medo da escuridão e tiveram que dormir com luz acesa. Não desejam escuridão, mas cores e luz.

Em retiros espirituais que preguei para sacerdotes, constatei muitas vezes o seguinte: Quando a semana de retiro chegava ao meio e eu começava a trazer material mais pesado e a ir mais *fundo,* podia antever como se comportariam alguns padres descendentes de irlandeses (eram sobretudo os irlandeses. A Irlanda é o país do tipo SETE). Colocavam em ação vários mecanismos de defesa logo que eu falava que deviam enfrentar seu lado escuro e entender-se com suas sombras. Nesta hora alguns deles se afastavam ostensivamente de mim e não mais me encaravam. Ou começavam a fazer brincadeiras nas últimas filas e a contar piadas. Sempre eram os irlandeses! Certamente não queriam me irritar e mal percebiam realmente o que estavam fazendo. Faziam piadas para não terem que ouvir as coisas desagradáveis. Um dos métodos mais eficazes de afugentar a dor é fazer piada. Os psicólogos denominaram isto de "riso nervoso".

O tipo SETE *foge* da *dor*. O método que usa é assombrosamente simples: "Quero ser alegre em vez de triste! Quero gozar a vida". É um *otimista* notório, ainda que seja vizinho do tipo SEIS, *pessimista* por natureza. Otimismo e pessimismo não estão muito distantes um do outro: ambos são mecanismos *psíquicos* para enfrentar os abismos e perigos da vida.

É difícil para o tipo SETE ocupar-se dos problemas emocionais, próprios ou alheios. Uma pessoa do tipo SETE abandonou sua carreira pastoral porque tinha grande dificuldade em tratar com os enfermos que precisavam de seu apoio: "Queria levar alegria aos doentes, mostrar-lhes novas chances e falar da vida lá fora. Era exatamente isto o que eu teria esperado de um pastor de almas. Mas o encontro com a dor e o sofrimento dos outros me apavorou. Sentava ao lado de um doente sofredor e dizia para mim: 'Tenho saúde, eu vou bem'. Terrível era também a preocupação de ser rejeitado pelo doente que eu visitava. Isto *me* teria magoado".

As pessoas do tipo SETE ficam infelizes quando os outros estão infelizes. Precisam de pessoas alegres e de *vibrações positivas* ao seu redor. Podem divertir os outros, mas, às vezes, também procuram "modificar" um sofredor porque não conseguem suportar a dor. Quando a coisa "esquenta", fica muito triste ou profunda, conseguem desviar a conversa para rumos inofensivos ou abafar com rodeios como: "Pois é, daqui a pouco vai melhorar" ou "a coisa não é tão feia como parece".

Lembro-me de uma senhora cujo filho havia sido internado no hospital e, no mesmo dia, o marido perdera o emprego. Enquanto me contava tudo isto, ela ria. Mas quando lhe vieram as lágrimas, tomou consciência do que estava fazendo e disse: "Veja, Richard, continuo sorrindo! Não quero admitir que sinto dor e, por isso, sorrio!"

Este exemplo mostra que a alegria e despreocupação manifestadas externamente pelo tipo SETE são simples fachada e de aspecto dúbio.

Às vezes ele mesmo sabe que por trás de um sorriso se esconde uma grande tristeza da qual tem medo. Deseja que alguém enxergue para além da alegria aparente, perceba sua dor e a leve a sério. Suas tentativas de partilhar com os outros também esse lado fracassam, muitas vezes, porque não são levadas a sério. O nosso meio ambiente se acostumou tanto com o nosso "caráter" que nos prende a determinadas formas de comportamento. Muitas vezes, os companheiros simplesmente não acreditam no tipo SETE, causando nele um clamor intenso. O resultado é que ele volta mais uma vez ao velho jogo: "Sorria sempre. Não interessa a ninguém como as coisas vão lá dentro". Ou – com muita autoironia – "Don't worry – be happy!" Nesses casos pode acontecer que o tipo SETE volte a seu papel de bufão e tolere que outros se divirtam às suas custas: "Ria, palhaço".

Muitas vezes o tipo SETE introjetou tão profundamente seu otimismo que tem dificuldade de perceber o lado escuro e difícil das coisas.

O pecado do tipo SETE é a *imoderação* ou "intemperança", como se dizia antigamente. Seu lema é: "Mais é sempre melhor". Nossa sociedade de bem-estar endossa plenamente este lema de um tipo SETE não redimido. Não se trata apenas de comer e beber. O tipo SETE consegue exagerar *tudo*: comer mais, beber mais, trabalhar mais, começar mais projetos, ter mais relacionamentos, morar melhor, comprar mais, possuir mais. Mas precisa sobretudo de brincadeiras, alegria e diversão.

Quando, há alguns anos, vim para Albuquerque, morei inicialmente com dois franciscanos, ambos do tipo SETE. Certa noite receberam a visita de um frade, vindo da cidade, que também era do tipo SETE. Ali estava eu, um pobre tipo UM sério, com esses três brincalhões. Começaram a desfolhar acontecimentos cômicos, experiências engraçadas e anedotas; e morriam de tanto rir – e eu estava aí como peixe fora d'água. Perguntava-me como era possível acontecer a uma única pessoa, num só dia, tanta coisa grotesca e cômica. Um dos frades contou o que vira quando fora ao supermercado de manhã. Eu disse: "Também estive hoje no supermercado. Mas não vi nada disso. Será que basta você andar pela loja e as coisas mais loucas acontecem?" "Mais ou menos" – disse ele – "só que eu enfeito um pouco as coisas". O tipo SETE tem o dom de rechear bastante um caso engraçado. É mais rápido do que qualquer um para enxergar o lado cômico de uma situação. Isto me escapa porque minha disposição é outra. Sou sério demais. Eles são gozadores demais. Têm um sentido apurado para tudo o que pode ser engraçado, para tudo o que cause riso, para tudo o que sirva de diversão.

As pessoas do tipo SETE falam demais, assim como tendem a fazer tudo "demais". Precisam esforçar-se para serem mais sóbrias e "ascéticas" em todos os sentidos. Precisam tentar conscientemente superar sua imoderação. Se pudéssemos dar a estas pessoas um conselho, este deveria soar assim: "Se você acha que deve falar este tanto – a metade basta! Se você acha que deve beber este tanto – a metade já é demais! Se você acha que precisa de todas estas atividades recreativas – corte sempre a segunda delas". Menos é sempre mais quando um tipo SETE não redimido quer libertar-se de si mesmo[2].

Eu morava com um tipo SETE quando foi lançado o filme *Contatos imediatos de terceiro grau*. Ele já havia visto o filme onze vezes. O tipo SETE gosta de *ficção científica, futurologia* e *fantasia* – tudo que o tira da realidade que sempre é desagradável. Por isso também gosta de viajar. Acha que em outros lugares ainda possa existir mais alegria.

À semelhança do tipo DOIS, precisa o tipo SETE lutar com problemas de peso. Geralmente está envolvido com dietas – o que detesta, porque elas exigem privação e "sofrimento". Gosta de boa comida e tem um fraco por doces com os quais consegue "adoçar" a vida. O tipo DOIS armazena amor, o tipo SETE armazena alegria e felicidade. Nisto estão viciados o tipo SETE e o NOVE. O tipo SETE bebe ou consome drogas para anestesiar a dor. O "bêbado" de O *pequeno príncipe,* de Saint Exupéry, poderia ser um tipo SETE: "Por que você bebe" – pergunta o pequeno príncipe. "Bebo para esquecer". – "O que você quer esquecer?" – "Quero esquecer a vergonha!" – "Por que se envergonha?" – "Porque bebo"[3].

---

2. Richard Rohr, num confronto crítico da sociedade consumista ocidental com a tradição franciscana, elaborou uma "espiritualidade da subtração". Numa cultura que identifica uma "boa vida" com "ganhar sempre mais", o convite ao "deixar" é uma exigência necessária. Rohr convida seus ouvintes a "subtrair" tudo o que nos impede de estarmos do lado do Cristo cósmico num mundo famélico e sofredor. *Letting Go: A Spirituality of Substraction* (oito audiocassetes, St. Anthony Messenger's Press).

3. SAINT-EXUPÉRY, Antoine de. *O pequeno príncipe* [s.n.t.].

O tipo SETE é *epicureu*. Os inimigos do filósofo Epicuro (341-271 a.C.) diziam que ele era um comilão, beberrão e libertino (assim dizia, por exemplo, seu colega filósofo Epíteto). Mas seus amigos elogiavam sua abstinência, virtude e modéstia. A filosofia de Epicuro permite, ambas as interpretações. O grande objetivo da vida era para ele a *felicidade*. Disso fazia parte a *ausência* de dor e a *presença* do prazer.

Com a palavra "prazer" não entendia a satisfação grosseira de instintos, mas os diletantismos espirituais refinados como amizade e intercâmbio de ideias filosóficas. Nada tinha a opor contra as delícias sensuais, mas o exagero poderia ser contraproducente: quem come e bebe demais fica doente[4]. O ideal de Epicuro era a alma, objetiva e impassível. Ela deve abandonar os instintos mais baixos e voltar-se para o prazer mais elevado, isto é, a *razão*: "Não é possível viver prazerosamente sem que seja sensata, bela e licitamente e nem viver sensata, bela e licitamente sem que seja prazerosamente"[5]. Finalmente, permanece ainda o problema do medo da morte. Epicuro o supera ao explicar que a morte é um estado de não sentir, um nada e, por isso, também algo nada ameaçador: "Quando nós existimos, a morte não existe; e quando a morte existe, nós não existimos". Está certo que: "Somente o conhecimento de que a morte é um nada torna deliciosa a vida passageira"[6]. A filosofia de Epicuro é um exemplo clássico de como o tipo SETE procura afastar o medo e a dor por vias racionais e através de bons argumentos.

Dois movimentos de grande influência vêm marcados fortemente pelas energias do tipo SETE; dentro da Igreja, é o *movimento carismático*; fora da Igreja, é a maioria dos movimentos chamados *New Age*.

O movimento carismático corre o perigo de tornar-se um movimento puramente do tipo SETE. Aqui se prega muito uma teologia da *ressurreição* e da *glória*, mas pouco se quer ouvir da teologia da cruz. Não se quer olhar continuamente para o Cristo como homem das dores. Procura-se uma salvação que tenta passar ao lado do sofrimento e da morte.

Há mais ou menos dez anos atrás falei num congresso de carismáticos sobre o sentido da morte de Cristo na cruz. As caras dos ouvintes ficaram cada vez mais compridas e insatisfeitas. Ao final, veio uma se-

---

4. "Só paro quando é *demais*. Ao comer só paro quando estou mais que satisfeito – e propriamente insatisfeito com esta sensação de estar cheio". Um tipo SETE.

5. Quinta sentença de seu "catecismo" segundo Epicuro. *Von der Überwindung der Furcht*. Munique, 1983; sobre Epicuro em geral, cf. WEISCHEDEL. *Hintertreppe*, p. 60-66.

6. Apud WEISCHEDEL. *Hintertreppe*, p. 64.

nhora ao meu encontro e me repreendeu: "Você quer ser franciscano? Então precisa ser alegre e pregar a alegria. Mas você falou horas a fio sobre a cruz. Tenha vergonha". Nestes ambientes, falar de cruz, sofrimento, dor e morte é perder tempo.

O pecado de raiz do tipo SETE, isto é, a imoderação, aparece também em muitas reuniões carismáticas. Quanto mais é sempre melhor. Quando temos que dirigir um culto carismático, podemos contar que a comunidade deseja cantar 14 cantos de entrada e outro tanto após a distribuição da comunhão. E os textos dos cantos, várias vezes repetidos nesses cultos, apresentam uma "teologia gloriosa", unilateral. Em geral, Deus e Cristo só recebem *títulos gloriosos*: o Senhor, o Rei, o Poderoso, o Ressuscitado, o Magnífico, o Supremo. Quanto mais, melhor. O tipo SETE não entende que esta conta não procede. Ele acha que, se um "Louvai ao Senhor" é bom, 45 "Louvai ao Senhor" são melhores. Digo isto sem desmerecer os grandes dons que se manifestam no movimento carismático. Mas se este movimento não descobrir e aceitar o seu lado escuro, trilhará o caminho que o tipo SETE não redimido percorre compulsivamente: o de uma superficialidade cada vez maior.

Isto leva, por exemplo, a que a maioria dos "carismáticos" fuja dos problemas sociais (isto já ocorrera na comunidade carismática de Corinto e Paulo a repreendeu severamente por isso, cf. 1Cor 11,17-34). Há dez anos, disse aos carismáticos que não mais participaria de seus congressos se neles não tratassem de temas como paz e justiça. Sem que me houvessem dito diretamente, tenho a impressão que sua atitude é esta: "Não queremos nos incomodar com este assunto sujo. Queremos pular, bater palmas e cantar que Jesus é o Senhor". Minha pergunta a esses grupos é a seguinte: "O que significa a afirmação *Jesus é o Senhor*? Quais as *consequências* práticas disso para os problemas desse mundo?"

No movimento carismático difundiu-se um método de como lidar com a dor e o sofrimento. Trata-se de uma variação cristã do "pensamento positivo"[7]: os fiéis não devem lamentar as perdas e sofrimentos, mas "agradecer a Deus"

---

7. Cf. PEALE, Norman Vincent. *A força do pensamento positivo*. Este raciocínio parte do princípio de que nosso pensamento influencia nosso estado de saúde. Por meio do pensar consciente de "pensamentos positivos" posso chegar a ser feliz, estar satisfeito e ter sucesso. Uma série de livros que adota este raciocínio inundou nos últimos anos o mercado livreiro.

também nos momentos difíceis, mesmo que não entendam a ação dele. Deve ter sua razão de ser o fato de Deus permitir isto ou aquilo; sua inteligência é maior do que a nossa. Por isso, nos grupos carismáticos extremistas, lamento e tristeza são considerados manifestação de falta de fé, devendo ser reprimidos ou aceitos em sinal de "obediência". A teologia da glória que tem muitos adeptos, sobretudo nos Estados Unidos e na Escandinávia, chega ao extremo de prometer aos cristãos que, enquanto filhos de Deus, têm o *privilégio* de serem ricos, felizes e bem-sucedidos neste mundo. O método da constante louvação conduz à "oração de efeito"[8]. Recomenda-se que nesta oração a pessoa imagine ("visualize") aquilo que deseja o mais vivamente possível e, então, agarre-se "na fé".

Encontramos também na Bíblia alguns rezadores que, nas épocas difíceis, firmam-se nas promessas ("o positivo") de Deus; mas isto não significa que a dor, o sofrimento e as contradições sejam reprimidos. Nos Salmos, algumas pessoas trazem para Deus suas lamentações pelos sofrimentos; discutem com Ele e ousam mesmo desafiá-lo e acusá-lo. No Getsêmani e na cruz, Cristo experimentou e sofreu a dor da morte, mas não a tornou mais leve por meio de louvação ou de pensamento positivo. Recusou a esponja com fel e vinagre – mistura usada naquela época para abrandar as dores. Precisamente o tipo SETE não deveria "visualizar positivamente" depressa demais, mas aprender a permitir a entrada da dor e a manifestá-la.

A "pastoral cognitiva"[9], tão querida aos carismáticos, persegue objetivo semelhante. Há uma recusa de procurar as verdadeiras causas de um problema (por exemplo, na infância de uma pessoa); parte-se da suposição de que, por um "pensar diferente", consegue-se um novo condicionamento. Em vez de sempre pensar "o errado sou eu", é preciso entrar com novos pensamentos, dizendo, por exemplo, para si mesmo constantemente a frase "Jesus me ama". Por mais útil que seja este método como providência auxiliar, torna-se perigoso se for a única medida terapêutica, pois o passado não será realmente superado. Persiste o perigo de que se trata de uma espécie de lavagem cerebral religiosa que transforma as pessoas em marionetes das verdades "certas" do evangelho. Neste caso o evangelho se torna uma ideologia otimal que domina o cérebro das pessoas, enquanto as camadas mais profundas continuam "pagãs". Sobre-

---

8. A mais extremada é Catherine Ponder em seu livro *Bete und werde reich*. Munique, 1981. A autora fala da "oração dinâmica" e promete que "a força universal de Deus está a seu alcance". Um "anjo do bem-estar e da cura" está à nossa disposição se rezarmos segundo o seu método. E que "após a oração chegará infalivelmente a luz".

9. Cf. BACKUS, William & SCHAPIAN, Marie. *Die befreiende Wahrheit, Praxis kognitiver Seelsorge*. Hochheim: [s.e.], 1983.

tudo para o tipo SETE esta espécie de pastoral é veneno – fortalece uma tendência que por si já predomina nele[10].

Observação semelhante é possível fazer em muitos círculos do movimento *New Age*. Uma proliferação de livros e cursos promete – por bom dinheiro – harmonia, iluminação e felicidade. Inclusive muitos "gurus" são motivados pela ambição de posses e prazer; os mais de 200 *Rolls Royce* que o tipo SETE Baghwan permitiu lhe fossem presenteados é apenas um exemplo do lema: "Quanto mais, melhor". Um cristianismo agindo sem alegria contribuiu para que as pessoas em busca do sentido da vida estivessem predispostas para as caras promessas de harmonia e felicidade do mercado psicológico pseudorreligioso. A "era de aquário" cujo início é celebrado nos círculos *New Age* deverá ser cheia de muita harmonia e bondade.

Helen Palmer mostra uma linha que, a partir da revolução dos filhos das flores dos anos de 1960 que, em vista da guerra e de uma vida de trabalho sem sentido, transferiram-se para um mundo aparente e feliz de "amor", leva diretamente ao narcisismo pós-moderno. A louvável autodescoberta do indivíduo acaba finalmente, em muitos "procuradores de sentido", em tendências egocêntricas e numa postura de vítimas[11].

Sintoma disso é o atual frenesi de consumo espiritual. Após a sociedade ocidental ter sugado materialmente a terra, apossa-se agora da herança espiritual do Oriente, sem pagar o preço de um caminho interior sério. Se o eneagrama for mal usado neste sentido, perde sua intenção originária, isto é, de chamar-nos para o caminho duro e pedregoso de conversão. Este caminho interior não custa barato e nem se pode consegui-lo de afogadilho.

Não é fácil criticar ou atacar um tipo SETE. Suportará tudo com um sorriso charmoso ou relegará tudo com algumas palavras chistosas; seja como for, o tipo SETE não dá a impressão de que a crítica o tenha atingi-

---

10. Excelente colaboração a este tema nos dá Anselm Grün em seu pequeno livro *Einreden – Der Umgang mit den Gedanken*. Münsterschwarzach: [s.e.], 1983. Não sucumbe à tentação de apresentar o controle da mente como único ou mais importante método de lidar consigo mesmo, mas aponta a importância que tem para nosso crescimento espiritual prestar atenção para o que pensamos.

11. PALMER, p. 276.

do realmente. Ele tem medo de ataques porque a "recusa" dói. Neste sentido, parece-se com o tipo TRÊS.

O dom ou *fruto espiritual* do tipo SETE é a *sobriedade*. Com isto não se pretende que siga o caminho da integração para a tristeza. O lema de vida do tipo SETE é a alegria – e deve continuar sendo. O que se pretende é que a alegria não se faça às custas do lado escuro da vida e que nenhum falso idealismo reprima a realidade. *Alegria sóbria* é alegria diante e apesar das dificuldades da vida, é o "mas" que, por exemplo, os autores dos Salmos, em situações de necessidade, apresentavam a Deus: "Mas eu sempre estou contigo, tu me seguras pela mão direita" (Sl 73,23). A sobriedade é que estabelece a diferença entre o *otimismo* superficial e a *esperança* profundamente arraigada.

Símbolos e exemplos

Animais-símbolo do tipo SETE são o *macaco* e a *borboleta*. Assim como o *macaco* salta de galho em galho, o tipo SETE está sempre à procura de novas aventuras e novos prazeres. Mas também a satisfação que experimenta nas brincadeiras, bagunças e idiotices lembra nosso parente mais próximo no campo animal. A *borboleta* representa a beleza e leveza do tipo SETE redimido. A metamorfose da lagarta em crisálida e depois em borboleta é, em muitas religiões, um símbolo antigo dos processos de mudança espiritual; desde os Padres da Igreja simbolizava o caminho salvífico cristão da passagem pela morte para a ressurreição[12].

Os países do tipo SETE são a *Irlanda* e o *Brasil*. Sobretudo o *homem* irlandês representa esta energia. Toda quarta casa na Irlanda é um botequim. A imagem do *velório irlandês* consiste em rir e dançar na presença da morte. Quando o homem irlandês está no fim, começa a cantar, dançar e beber. Ele bate no ombro do outro e lhe conta mais uma piada. A Irlanda é o único país onde já se oferece *wisky* às nove horas da manhã. É preciso empenhar tudo para que o dia seja feliz.

O *Brasil* é um exemplo de como um país pode ser extraordinariamente rico e pobre ao mesmo tempo. No carnaval, pobres e ricos se juntam, e todas as necessidades e preocupações são esquecidas. O desmatamento das flores-

---

12. A preciosa obra de Eric Carles *Die kleine Raupe Nimmersatt* descreve o processo da insaciedade do tipo SETE até alcançar a efetiva "leveza do ser". Durante sete (!) dias, a lagarta vai comendo uma porção de coisas gostosas sem se fartar. A cada dia deve comer mais; dores de barriga são o resultado. Só depois de absoluto descanso no feio casulo, transforma-se em belíssima borboleta.

tas virgens é um bom exemplo do que acontece quando a *imoderação* toma conta. Aumenta por pouco tempo o bem-estar daqueles que, de qualquer forma, já fazem parte dos aquinhoados. Esta rápida "melhoria de vida" leva finalmente a uma situação de impossibilidade da vida em geral.

A *cor* do tipo SETE é o *verde*. O verde simboliza vitalidade, alegria de viver, saúde e prosperidade. Hildegard von Bingen fala da "força verde" ou *viriditas* de que toda vida procede. O verde é atribuído na linguagem comum ao comportamento ingênuo e infantil. As pessoas imaturas são chamadas de "bico verde". Também as frutas não maduras são verdes. O verde lembra ao tipo SETE que precisa fazer um trabalho de amadurecimento a fim de colher os frutos de sua vida. Na arte cristã, o verde é a cor do paraíso e a cor da cruz. Marc Chagall representou na catedral de Zurique, no centro de uma árvore verde da vida, um Cristo crucificado de cor verde-ouro que está cercado de uma auréola de raios verdes.

Wolfgang Amadeus Mozart é *exemplo* de um tipo SETE com seus traços brilhantes e menos brilhantes. Em seu filme *Amadeus*, Milos Forman apresentou muito bem o lado "macacal" do "preferido dos deuses" Mozart: o prazer que sentia nas palhaçadas e travessuras, e suas escapadas eróticas.

Mozart tinha que lutar continuamente com circunstâncias bem adversas: sua índole esbanjadora fazia com que estivesse sempre sem dinheiro; muitos de seus contemporâneos não o entendiam; seus clientes faziam de sua vida um inferno. Apesar disso, o humor forte e brincalhão desse homem persistia, conforme o demonstram as inúmeras cartas que escreveu à sua "Bösle"[13].

Como a maioria das pessoas do tipo SETE, também Mozart era um touro no trabalho. Mas sabia festejar também: "Você sabe que agora é carnaval [...] e que eu gostaria de sair como arlequim [...] Semana passada dei um baile em minha casa [...] Começamos às seis horas da noite e terminamos às sete. – O quê? [...] só uma hora? – Não, às sete da manhã!"[14] Mozart procurava amigos para farras, mas não para relacionamentos mais profundos.

Nos momentos mais difíceis surgia a música mais bela e mais "leve", ao passo que suas obras mais sérias nasceram nos períodos de bem-estar: "No

---

13. "Allerliebstes Bäsle Häsle! lch habe dero mir so wertes Schreiben richtig erhalten falten und daraus ersehen drehen, dass der Herr Vetter Retler, die Frau Haass Has; und sie wie recht wohl auf sind nind; wir sind auch Gott Lob und Dank recht gesund hund... Mir ist sehr leid, dass der Herr Prälat Salat schon wieder vom Schlag getroffen worden ist fist... Ich wünsch' eine gute Nacht, scheissen Sie ins Hott, dass es kracht; schlafen S' gesund, recken S' den Arsch zum Mund..." Apud SIEGERL, Stefan & HOFFMANN, Niels Fredéric. *Mozart* – Die einzige Bilderbiographie. Hamburgo: [s.e.], 1988, p. 48. Esta biografia com magníficas anedotas e caricaturas de Mozart é indispensável para todo tipo SETE que deseja informações sobre seu patrono músico. Os autores certamente são também do tipo SETE.

14. Tirado de uma carta, ibid, p. 103.

período feliz de Viena, só escreveu músicas fúnebres e sem esperanças [...] quando estava literalmente na pior, também escrevia músicas que não deixavam transparecer o menor vestígio da necessidade porque passava [...] Seu pendor para o jocoso e a extravagância não o abandonava [...]"[15]. Esta aparente contradição está ligada ao típico fenômeno SETE: Quando as condições externas oferecem bastante segurança, tranquilidade e aceitação, o tipo SETE arrisca às vezes enfrentar o lado escuro da vida.

Os patronos bíblicos do tipo SETE são o *Rei Salomão* e o *jovem rico*.

Salomão (reinou de 965-926 aC) é filho de Betsabé que seu pai Davi trouxe para o harém após um complô assassino contra o primeiro marido dela. Em pouco tempo, o brilho da corte de Salomão ultrapassou tudo o que o país já havia conhecido antes. O poder e esplendor de Salomão eram proverbiais: "Salomão consumia diariamente para seu sustento 30 sacos de flor de farinha e 60 sacos de farinha, 10 bois cevados e 20 de pasto, 100 cordeiros, além de veados, gazelas, gamos e aves cevadas" (1Rs 4,22s.). Teria arrecadado 666 medidas de ouro por ano. Um trono de marfim folheado a ouro enfeitava seu palácio. Tinha em seu harém 700 mulheres principais e 300 secundárias.

Salomão se dispôs a apaziguar o país e a criar um único povo sob o aspecto espiritual, cultural e religioso. Com o templo, construiu um centro religioso para a fé de Israel. Além disso, criou fama de poeta, aptidão que certamente herdou de seu pai Davi.

A sabedoria dele era tão conhecida quanto sua riqueza. Até mesmo a rainha de Sabá (Etiópia) veio "procurá-lo com enigmas" (1Rs 10,1), para admirar sua riqueza e para aumentá-la ainda mais através de presentes (segundo a lenda, o caso não ficou só nos enigmas; a casa imperial da Etiópia remete sua árvore genealógica, até o nosso século, diretamente àquele encontro das duas cabeças coroadas).

A imoderação de Salomão levou-o finalmente à infelicidade: as mulheres de seu harém internacional induziram-no a construir um templo aos deuses delas. E, por último, sucumbiu ele mesmo ao sincretismo religioso: "Salomão foi atrás de Astarte, deusa dos sidônios, e de Melcom, abominação dos amonitas" (1Rs 11,5). Após a morte de Salomão, ruiu o grande reino de Davi; foi dividido e nunca mais conheceu o esplendor dos tempos passados.

Vários livros do Antigo Testamento são erroneamente atribuídos a Salomão: *Provérbios, Eclesiastes e o Cântico dos Cânticos*. É interessante observar que algumas partes do *Eclesiastes* apresentam uma visão epicureia do mundo que poderia ser assim resumida: a vida, em última análise, é sem sentido. Em vez de se martirizar com cismas, ganância e raiva do trabalho, dever-se-ia tentar tirar disso o melhor: "Anda, come teu pão com alegria e bebe contente teu vinho [...] Usa sempre vestidos brancos, e não falte óleo perfu-

---

15. Ibid., p. 152.

mado em tua cabeça. Goza a vida com a mulher que amas, todos os dias da vida fugaz que ele te conceder debaixo do sol" (Ecl 9,7-9).

A história, narrada no Novo Testamento, do "jovem rico" (Mc 10,17-31; Mt 19,16-30 e Lc 18,18-30), "pode ser vista como o cerne do evangelho"[16]. Um moço se aproximou de Jesus, caiu a seus pés e perguntou: "Bom mestre, o que devo fazer para ganhar a vida eterna?" Jesus indicou-lhe a observância dos dez mandamentos. Mas ele disse: "Tudo isso venho fazendo desde a juventude. O que me falta(!) ainda?" Jesus olhou para ele, gostou dele e lhe disse: "Vai, vende tudo o que tens, distribui pelos pobres e terás um tesouro no céu; então vem e segue-me". O rapaz "ficou triste" com esta exigência e retirou-se *abatido*, "pois era dono de muitas propriedades".

O "jovem rico" só conseguia considerar o que lhe "faltava" como adição às suas posses materiais e religiosas. Jesus, no entanto, aponta para uma fonte de vida que se abre apenas quando alguém abandona o próprio projeto de vida e se torna pobre diante de Deus. ("Não há ninguém que tendo abandonado casa ou irmãos ou irmãs, ou pai ou mãe, ou filhos, ou campos por minha causa e do evangelho, não receba já no tempo presente cem vezes mais casas, irmãos, irmãs, mães, filhos e campos no meio de perseguições, e no mundo vindouro, a vida eterna". Mc 10,29s.)

Esta história tem especial relevância hoje, pois uma rica sociedade ocidental e uma Igreja rica estão diante da injusta distribuição internacional de bens como camelos diante do fundo da agulha. O evangelho "satisfaz o instinto de posse material e religiosa, não através de promessa de mais posses, mas prometendo uma riqueza que é mais do que posse. Não aquinhoa os possuidores deste mundo com valores celestiais, mas institui uma nova justiça no relacionamento dos ricos com os pobres"[17]. A história do "jovem rico" nos desafia a *todos*, material e espiritualmente, e não só as pessoas do tipo SETE. Todas as tentativas de interpretá-la somente no sentido espiritual (e, portanto, tirar-lhe a força) devem malograr. Permanecerá sendo nosso "aguilhão na carne" enquanto mantivermos nosso coração preso ao dinheiro, a alguma posse espiritual ou material, ou a qualquer outra coisa que não Deus tão somente[18].

---

16. BARTH, Karl. *Der reiche Jüngling*. Munique: [s.e.], 1986, p. 13 [Org. por Peter Eicher].

17. Ibid, p. 17s. Esta importante história bíblica, não só para as pessoas do tipo SETE, não pode ser mais detalhada no âmbito deste livro. O católico Peter Eicher, em sua extensa introdução às reflexões de Karl Barth, conseguiu reunir o essencial. Cf. tb. BONHOEFFER, Dietrich. *Auslegung in "Nachfolge"*. Munique: [s.e.], 1988, p. 43-52.

18. Ronald Sider fez uma análise teológico-bíblica de questões econômicas apresentando uma série de propostas práticas para um estilo de vida mais simples: *Der Weg durchs Nadelöhr – Reiche Christen und Welthunger*. Wuppertal, 1978.

Conversão e redenção

O *convite* ao tipo SETE é este: *Colaborar com Deus.* O tipo SETE não redimido pensa ser o fautor da própria felicidade e por isso está sempre planejando novas formas de otimização da vida. Quando colabora com Deus, acontece o seguinte: coloca-se diante da realidade do mundo, que é sempre mistura de alegria e dor, e assume os dois lados da vida. Trilha o caminho de Deus que leva através da morte para a ressurreição. É capaz de levar alegria e esperança para onde impera a tristeza. Isto também significa que ele realmente caminhe para lá e não fuja desta missão. É o passo do *idealismo* para um vigilante *realismo.*

O dom do tipo SETE redimido é uma sóbria alegria. Esta alegria pode ser autêntica e profunda se não se perder em prazeres fúteis. Quem quiser uma festa realmente bonita deve confiar a organização a uma pessoa do tipo SETE. Quem quiser um culto que deixe os participantes felizes deve confiar a elaboração da liturgia a alguém que seja do tipo SETE.

Uma das *tarefas vitais* do tipo SETE é descobrir os ardis de sua precipitada racionalização. Devido à sua alegria minuciosamente planejada e organizada, pode chegar ao ponto de não mais se alegrar com espontaneidade e de *coração.* Na tentativa de aliviar os sofrimentos, é às vezes duro e desajeitado.

Não se deve esquecer que o tipo SETE tem uma ala do tipo SEIS e, por isso, consegue ser bem dogmático. As mesmas pessoas que há pouco foram muito alegres podem ser, pouco depois, bastante fechadas, absolutistas e autoritárias, sobretudo quando alguém lhes quer estragar o humor. A alegria de um tipo SETE não redimido é consequência do medo e um instrumento do instinto de autoconservação. A energia da cabeça sempre se esquiva da verdadeira realidade. O próprio tipo SETE se surpreende quando vê que sua energia é, no fundo, uma fuga da realidade e, não, verdadeiro engajamento. À primeira vista parecem totalmente engajados porque sabem fazer onda.

É importante para o tipo SETE chegar a uma *profunda* aceitação de si mesmo ao descobrir que Deus e algumas pessoas mais próximas o aceitam como ele é e não apenas valorizam o seu lado brilhante. Pode, então, viver realisticamente no mundo feito de belezas e dores, ao invés de pairar em sonhos constantes sobre o passado e o futuro.

Em sua caça por oportunidade, o tipo SETE anseia às vezes por uma felicidade sem causas: estar deitado simplesmente na praia e desfrutar do sol. Deveria fazer isto em vez de carregar uma porção de livros, o *walk-man*, o diário ou talvez mesmo um computador portátil, para deixar abertas todas as possibilidades.

O tipo SETE tem que aprender a superar o medo exagerado de qualquer dor corporal ou espiritual. Podem ser de grande valia nisso as formas de meditação pelas quais ele toma consciência de seus lados escuros. Um período de doença ou um afastamento premeditado podem ser a porta para aquela alegria *profunda* pela qual o tipo SETE, no fundo, anseia.

Quem ama um tipo SETE deve ajudá-lo a *comer, mastigar, engolir* e *digerir* sua dor. O tipo SETE precisa perceber seu lado escuro, diminuir o ritmo de sua vida, controlar seu constante palavreado e aceitar a parte da vida que é feia e difícil.

William James fala de "fiéis nascidos uma vez" e de "fiéis nascidos duas vezes": "Fiéis nascidos duas vezes continuam a crer e a esperar mesmo que tenham experimentado em suas vidas sofrimento e decepções. Fiéis nascidos uma vez conservam um otimismo infantil, mas não passaram por grande sofrimento"[19]. Talvez a tarefa vital de algum tipo SETE não redimido pudesse consistir em que viesse ao mundo uma segunda vez – e que se tornasse adulto.

O *santo* do tipo SETE é *Francisco de Assis* (1182-1226). No início de sua vida era ele o rei das festas e das diversões. Mas sente cada vez mais que está fugindo de si mesmo, vai se retraindo e acaba doente.

O encontro com um leproso levou-o à mudança de vida. Em seu *Testamento* escreve: "Quando estava em pecado, parecia-me repugnante e penoso ver um leproso". O tipo SETE tem uma repugnância natural por tudo que cheira mal, é sujo ou feio. "Mas o Senhor me levou ao meio deles, e eu os tratei com misericórdia. Quando me retirei, transformou-se em doçura de corpo e alma o que antes me parecia repugnante e penoso"[20].

---

19. *Zusammenfassung nach Wagner*, p. 97.

20. *Franz von Assisi, Arm unter Armen*. Munique/Zurique, 1987, p. 48.

Vemos aqui como Francisco superou a repulsa a seu lado sofredor e escuro: teve que aceitar o feio, teve que abraçar o sofrimento. É o oposto do que Francisco seria por natureza: um brincalhão, farrista e gostosão. Por decisão própria, caminhou para o lado oposto. Isto o leva à sua pobreza "sem limites". *O menos é o mais!* Quer ser o mais pobre, ao passo que os outros querem ser os mais ricos. Apesar disso, continua sendo o santo e mendicante *alegre*. Continua tendo um olho especial para tudo o que era belo. Basta ver os lugares, na Itália, onde rezava. Francisco precisava – como Mozart – de um meio ambiente belo para defrontar-se com seus medos e feridas internos.

Muitas legendas dão conta de que a procura pela "perfeita alegria" foi seu ideal de vida até o fim[21]. Conseguia alegrar-se por causa das flores e dos pássaros, conseguia usar um pedaço de pau como violino e dançar ao som da suposta melodia. Ao final de sua vida de renúncias e privações pôde saudar a morte como "irmã" e amiga. Pouco antes da morte, recebeu as chagas; os estigmas de Cristo apareceram em seu corpo e o assinalaram como pessoa que podia dizer como Paulo: "Trazemos sempre no corpo a morte de Jesus para que também a vida de Jesus se manifeste em nosso corpo" (2Cor 4,10).

---

21. Cf. ROHR, Richard. Die unverbundenen Wunden – Ein Franziskaner über Franz von Assisi. *Der nackte Gott*, p. 62-75.

Tipo Oito

Visão geral

As pessoas do tipo OITO atuam de forma vigorosa e são capazes de transmitir aos outros um sentimento de força. Têm senso de justiça e veracidade, percebem instintivamente quando "fede" em algum lugar ou quando se praticam injustiça e falsidade. Reagem contra isso de maneira aberta e direta. Podem ser um rochedo de garantia para os outros e desenvolver grande sentimento de responsabilidade e solidariedade. Quando se engajam em algo são capazes de manifestar energias extraordinárias. A palavra delas inspira confiança.

Com o tipo OITO voltamos à esfera da barriga que abrange os tipos OITO, NOVE e UM. Assim como nós, do tipo UM, queremos ser bons garotos e garotas, as pessoas do tipo OITO querem ser maus garotos e más garotas. Bem cedo tiveram a impressão de que o mundo castigava as tendências macias e, por isso, firmaram-se na dureza. Em criança, muitas pessoas do tipo OITO sentiram que eram oprimidas ou empurradas de cá para lá. Não tinham em quem confiar a não ser em si mesmas. Crianças do holocausto e crianças de bairros pobres, onde não é permitido mostrar fraqueza ou chorar, foram ou serão do tipo OITO. Em seus grupos ou quadrilhas precisam submeter-se a provas de coragem para mostrar sua esperteza, ousadia e sangue frio. Algumas pessoas do tipo OITO informaram também que seus pais incentivavam a força: "Não aguente nada! Reaja sempre! Mostre aos outros quem é o bom!" O tipo OITO chegou à opinião de que os fortes dominam o mundo e que os fracos levam a pior; resolveu, por isso, não ser bem-comportado, não se adaptar, mas desenvolver a força, fazer resistência, quebrar as regras e, de preferência, comandar os outros ao invés de se deixar comandar. Algumas pessoas do tipo OITO também criaram esta atitude como reação aos pais muito moles, "liberais" e condescendentes. Querem ver o que ainda devem aprontar para finalmente entrar em confronto.

Os observadores de fora confundem muitas vezes este tipo com o tipo UM porque percebem que ambos são governados por agressões. Uma das diferenças entre eles consiste em que o tipo OITO não se desculpa e não volta atrás. É difícil reconhecer um erro porque isto poderia parecer fraqueza.

Meu sobrinho e afilhado tem apenas quatro anos, mas já pode ser identificado claramente como do tipo OITO. Meu irmão disse: "Não consegui convencê-lo uma vez sequer a pedir desculpas pelo que fez". As pessoas do tipo OITO não se dispõem facilmente a pedir perdão: "Posso castigá-lo e, mesmo, dar-lhe algumas palmadas, mas isto o torna mais teimoso ainda. Certa vez, coloquei-o de castigo, por duas horas, no quarto dele, no escuro. E ele simplesmente ficou lá". Sem entrar no mérito dos métodos pedagógicos de meu irmão, o exemplo mostra a intransigência do tipo OITO: "Vou mostrar-lhes. Ninguém vai me dobrar ou humilhar".

Por outro lado, as pessoas do tipo OITO podem ser muito rigorosas consigo mesmas e, inclusive, penitenciar-se duramente, sem que os outros o percebam.

O tipo OITO também é confundido muitas vezes com o tipo SEIS contrafóbico. Vistos de fora, os dois tipos são realmente difíceis de distinguir. As agressões do tipo SEIS provêm da cabeça e são expressão de seu medo que desejam prevenir. A agressão do tipo OITO vem da barriga e se dirige contra tudo que este tipo acha que é fingimento e injustiça.

185

A experiência básica do tipo OITO é que a vida é ameaçadora e hostil, e que não se pode confiar simplesmente nos outros enquanto não ficar demonstrado o contrário. O tipo OITO procura conflitos e, inclusive, os provoca. Joga pesado e é um notável advogado do diabo: Quando você fala sim, ele diz não. Gosta de ser *do contra*. Mesmo que não o demonstre de imediato, sua primeira reação a novas ideias, pessoas e situações é de recusa e negação.

Por sorte, gosta de tomar o partido dos fracos. As pessoas do tipo OITO não suportam falsas autoridades e hierarquias. Sua paixão pela justiça e verdade faz com que se coloquem muitas vezes ao lado dos oprimidos e desvalidos. Isto se deve ao fato de que sabem inconscientemente que no seu mais íntimo – atrás de uma fachada de dureza, invulnerabilidade, grosseria e mesmo brutalidade – existe uma criança. Esta criança interior é exatamente o contrário da força e poder que demonstram externamente. Os sentimentos de ternura e vulnerabilidade estão profundamente arraigados no tipo OITO. A maioria das pessoas do tipo OITO só permite que no máximo duas ou três vejam este lado – se tiver sorte, uma delas é o próprio cônjuge; mas isto não está garantido. O tipo OITO é inseguro quanto à criança que nele existe, mas às vezes descobre-a nos outros e quer protegê-la.

A autoimagem do tipo OITO é esta: "Tenho poder. Sou mais forte do que vocês!" Os homens do tipo OITO são muitas vezes de constituição "taurina" ou, ao menos, de constituição atlética. Muitas pessoas do tipo OITO gostam de provas de força pelas quais conseguem demonstrar poder. É possível observar esta energia na cultura dos guetos negros das grandes cidades americanas. Até mesmo o adjetivo *bad* (mau) significa para os jovens negros *bom*. Algo semelhante podemos observar nos movimentos de libertação e no movimento feminista. Pessoas que foram empurradas de cá para lá e foram oprimidas desenvolvem uma energia do tipo OITO. A Teologia da Libertação na América Latina é em grande escala uma teologia do tipo OITO. Parte dessa energia é sempre a tomada de partido em prol dos pequenos e dos pobres; por amor à justiça, o tipo OITO está disposto a combater por todos os meios as forças dominantes.

Se um tipo OITO estiver no poder, seus subalternos sentem-se muitas vezes oprimidos e jogados, enquanto ele mesmo nem percebe que sua atitude intimida os outros. Manifesta seu desgosto de pronto e diretamente e passa logo para as tarefas do dia. As vítimas, porém, de seu desgosto não se recuperam tão rapidamente.

O tipo OITO luta para fazer contatos. Não entende muitas vezes por que este modo de fazer contatos deixa os outros com medo. Pelo fato de gostar de luta, conflito e polêmica, acha que aos outros agrade o mesmo. Não percebe que seus socos atingem a região abaixo da cintura e que é difícil para os outros suportá-los. Sua belicosidade, que ele próprio considera como algo "lúdico", mas aos outros parece comportamento agressivo, é na verdade uma forma de fazer contatos.

Quando o tipo OITO ataca os outros é para sacudir muitas vezes a fachada artificial de seu adversário. Detesta informações imprecisas e quer saber exatamente "o que" está acontecendo. Quer saber também quem é amigo ou inimigo, contra quem deve lutar e quem lhe deixa o flanco aberto. Tem grande respeito pelo inimigo de igual envergadura. Dom Camillo e Peppone, os heróis dos romances de Giovannino Guareschi, são duas pessoas do tipo OITO que lutam por sistemas de valores opostos – ambos são brutos e usam meios desleais, mas têm grande respeito um pelo outro[1].

As pessoas do tipo OITO são muitas vezes excelentes jogadoras de cartas ou esportistas de competição, porque notam logo as fraquezas do outro e, sem remorso algum, aproveitam a vantagem.

A capacidade de desmascarar comportamentos inautênticos e manifestação falsa de força fez de algumas pessoas do tipo OITO terapeutas e pastores extraordinários. Abalam a autoimagem falsa dos outros, colaborando assim para que o "autêntico" possa vir à luz.

O célebre, mas de má fama, caucasiano G.J. Gurdjieff que em sua escola usou, entre outras coisas, partes do eneagrama, era do tipo OITO. Seus dois métodos preferidos soavam assim: "Pisar no calo dos outros" e "Fazer um brinde aos idiotas". Mirava os pontos mais sensíveis do caráter de seus alunos e tanto fazia até que as reações de defesa cedessem terreno e, pouco a pouco, os fingimentos e as máscaras do "falso eu" fossem postos a nu. No círculo de Gurdjieff, a palavra "idiota" era empregada no sentido primitivo e significava um no-

---

1. GUARESCHI, Giovannino. *Don Camilo e Peppone* [s.n.t.].

vato. Na refeição de boas-vindas, bebia-se muito Brandy ou Wodka. O álcool tinha função de enfraquecer mais rapidamente os mecanismos de defesa. Num desses brindes, Gurdjieff falou a um novato sobre os traços caracterológicos que via nele: "'Você é um peru, um peru que gostaria de ser pavão'. Seguiram-se então alguns movimentos magistrais da cabeça de Gurdjieff, um ou dois sons guturais e logo apareceu à mesa um peru arrogante que se eriçou todo diante de uma perua imaginária"[2].

O grande terapeuta gestaltista Fritz Perls exigia de seus clientes que observassem e exprimissem o que existia *aqui e agora*, em vez de se refugiarem no passado ou no futuro. "Aqui e agora tornou-se o menor ponto espaçotemporal possível da vivência de um olhar intro e extrospectivo". Este "ponto de intersecção entre passado e futuro é o único momento da vida em que posso agir". Perls percebia logo quando a informação de seus clientes não condizia com seus gestos ou mímica e reforçava esta discordância para que dela tomassem consciência. As vozes discordantes internas ele as chamava *topdog* (a voz autoritária) e *underdog* (a voz submissa). Na qualidade de terapeuta assumia de preferência o papel da "resistência". Animava os outros a viverem plenamente seus sentimentos. Com "precisão quase matemática" conseguia penetrar nos "assuntos vitais" não resolvidos de seus pacientes. E, assim, levava-os ao impasse "que havia bloqueado o caminho de acesso a uma fonte essencial das possibilidades da vida"[3].

Chuck Dederich, também um tipo OITO, fundador de *Synanon* – uma terapia grupal para dependentes de drogas – desenvolveu métodos parecidos com os de Gurdjieff e Perls: durante as reuniões de Synanon, o grupo analisa o comportamento de um dos seus membros. Um motivo insignificante ou significante da "vida real" é abordado. Pode ser, por exemplo, que a pessoa visada tenha chegado com atraso de 10 minutos para a reunião grupal. "Aquele que fizer a queixa vai apresentá-la da forma mais ofensiva e radical possível, com detalhes tremendamente exagerados. Imediatamente entram em cena os outros e informam sobre acontecimentos semelhantes que eles presenciaram, tecem, por assim dizer, uma teia em torno do acusado para incriminá-lo por suas atitudes, costumes e modos de ser totalmente irresponsáveis. Assim que começa a se justificar ou defender, o grupo ataca o seu estilo de se defender"[4]. Este método de apresentar dramaticamente motivos fúteis pode ser muito cômico, mas também pode ser levado muito a sério e exige um grupo bem coeso onde exista confiança mútua. Aí, sim, as pessoas vão descarregar suas ten-

---

2. WALKER, Kenneth. Apud PALMER, p. 14; cf. GURDJIEFF, apud PALMER, p. 10-24.

3. Cf. COHN, Ruth C. & FAHRAN, Alfred. *Gelebte Gesehichle der Psychotherapie*. Stuttgart: [s.e.], 1984, p. 299-322.

4. FRINGS KEYES, p. 65.

sões de modo "lúdico", vão resolver suas desavenças e porfias, vão soltar a pressão, descobrir novos e maiores interesses[5].

Como nenhum outro tipo, o tipo OITO bem desenvolvido tem o dom de fazer com que outras pessoas atinjam seus verdadeiros potenciais.

Entre as pessoas do tipo OITO encontramos figuras de grandes líderes – e revolucionários: Martin Luther King, Fidel Castro, Che Guevara, Saul Alinsky (o célebre organizador norte-americano dos protestos dos cidadãos) foram e são pessoas que entusiasmam os outros com sua força carismática e motivam para o engajamento. O tipo OITO desperta nos outros a disposição de confiarem em sua liderança e de segui-lo para onde for. A gente sente nele que levará a bom termo tudo o que se propõe a fazer.

Enquanto o tipo UM é um reformador dentro do sistema, o tipo OITO tende a sair do sistema e lançar pedras a partir de fora. Também isto atemoriza os outros. Sobretudo as pessoas que dificilmente dão vazão à própria agressividade ficam com medo do tipo OITO. A agressividade do tipo OITO mobiliza as agressões da parte contrária. Por isso é fácil temer e odiar o tipo OITO.

Às vezes parece que o tipo OITO adora ser odiado e rejeitado. Isto o torna realmente acirrado. Não se envergonha de pisar como um elefante numa loja de porcelanas. Quando eu, como bom tipo UM, falei "merda" para meu primeiro cassete que veio a público, tive logo sentimento de culpa. Bons rapazes não falam "merda". Minha mãe, após ter ouvido a fita, falou-me que não deveria trazer semelhantes palavras na boca. Mas quando um tipo OITO fala "merda" é porque realmente quer dizer isto. Isto diverte um tipo OITO. Sente prazer quando o público se contorce nas cadeiras. O tipo OITO não é diplomata.

O tipo OITO *evita* o desamparo, a *fraqueza* e a *submissão*. Por isso tende a considerar como absolutamente correta a sua opinião e se fechar a outros argumentos. Tem um pendor para a arrogância e o autoritarismo, só para não dar a impressão de "fraqueza". Os colaboradores são tratados por ele muitas vezes como tira-botas. E vai a ponto de apresentar seus oponentes como maus ou como pobres de espírito. Pelo fato de conhecer suas próprias forças e ver de imediato as fraque-

---

5. Ibid.

zas dos outros, vai se impondo aos demais e construindo falsas hierarquias. Qualifica seus concidadãos no esquema amigo-inimigo, o que absolutamente não convém aos outros.

Mas ai daquele que se mostrar altivo contra um tipo OITO! Tínhamos no seminário um professor que esmagava qualquer um que agia com autonomia ou tivesse opinião divergente. Mas quando alguém estava realmente em dificuldade, não acertava ou cometia grave falta, este mesmo professor se mostrava deveras estupendo. Isto é próprio do tipo OITO: quando você está pobre, desamparado e fraco, mobiliza-se o seu instinto de proteção e ele faz tudo para ampará-lo. Mas quando você manifesta, de alguma forma, que tem algum poder, o tipo OITO mostrará que tem *mais* poder. Não se consegue vencer uma briga com o tipo OITO. Quando você aponta suas armas, ele aponta maiores ainda.

A verdadeira energia do tipo OITO não é ira ou rancor, ainda que às vezes se tenha esta impressão. Trata-se, antes, de uma *paixão* e de um total engajamento pela verdade, pela vida e pela justiça; é uma paixão pela coisa em que acreditam ou pela pessoa sobre a qual sentem pesar sua responsabilidade.

O maior erro que se pode cometer com referência a um tipo OITO é deixar-se intimidar ou recuar quando ele faz sua pressão de modo mais ou menos ruidosa. Algumas pessoas do tipo OITO começam a xingar ou a bater na mesa. Seria a hora de entrar em luta aberta ou tentar dialogar com a criança que existe no tipo OITO. Isto pode desarmá-lo. Ele está acostumado a que os outros encolham o rabo. Ele protege o fraco, mas detesta covardia e moleza. Nestes casos, pode ser muito violento. É o seu lado escuro. Quando acha que seu adversário é bobo ou incapaz, aplica-lhe o golpe de misericórdia, mesmo sabendo que já está na lona.

Muitas pessoas do tipo OITO estão metidas em esportes vigorosos como *rugby* e *futebol*. Também gostam de experimentar carros de alta velocidade. Soube de um jogador de futebol que tinha a rótula parcialmente destruída, mas continuava correndo e parecia quase alegrar-se com o fato. Poderia derramar seu sangue pelo sagrado *futebol*. O tipo OITO consegue experimentar a dor diretamente e suportá-la melhor do que os outros.

As pessoas do tipo OITO raras vezes demonstram medo. As mais das vezes são atrevidas, amantes do risco e gostam de assumir desafios perigosos. Vivem muitas vezes à beira da catástrofe. Isto as anima, aí estão em seu elemento.

O tipo OITO é fascinante. A gente se vê constrangido a reagir perante ele, quer se queira ou não. Quando entramos em contato com o tipo OITO, a gente não o esquece tão facilmente[6].

Dilema

A luta pela *justiça* não é apenas o ponto forte, mas também a *tentação* do tipo OITO. Isto pode levar a que o tipo OITO se intitule o vingador e retribuidor, porque seu conceito de justiça é "compensação". O tipo OITO parte do princípio de que a pessoa "má" deve ser castigada, mesmo que se trate dele mesmo. Quando está voltado sobre si mesmo, existe o perigo de dirigir as agressões, que normalmente seriam para fora, contra si mesmo. Procura sempre um culpado a quem possa castigar. Vingança e *retribuição* (a *armadilha* do tipo OITO) são para ele formas de equilibrar novamente a balança da *justiça*. Uma vez que para ele é tudo ou nada e o mundo é dividido em preto e branco, amigo e inimigo, pode acontecer que descubra em si mesmo o maior inimigo e já não possa confiar em si mesmo quando confrontado com sua própria culpa.

O fenômeno universal do terrorismo provém da energia da "justiça retributiva". Os autodenominados "tribunais do povo" aplicam sentenças de morte aos representantes de um "regime injusto" ou do "capital". Não há maior tortura para um tipo OITO do que isolá-lo e, assim, cortar-lhe todas as possibilidades de agir para fora. Alguns prisioneiros alemães da RAF (Royal Air Force) suicidaram-se, outros estão na iminência de fazê-lo.

O *mecanismo de defesa* do tipo OITO chama-se *negação*. Em certas circunstâncias, nega tudo que não condiz com seu conceito de verdade e justiça. Pode também negar e reprimir as próprias fraquezas e os limites de seu poder.

---

6. O antigo líder da bancada do SPD Hebert Wehner, o falecido presidente bávaro Franz Joseph Strauss, a "fundamentalista" verde Jutta Dilfurth e a "dama de ferro" Margaret Thatcher, todos do tipo OITO, deram novas cores à política, mas também provocaram polarizações insanáveis.

O *pecado de raiz* do tipo OITO é o *descaramento*. Com isso entendemos o que no clássico catálogo dos vícios capitais vinha expresso pela palavra *luxúria*. O tipo OITO é pessoa de "sangue quente" – com tudo o que este conceito encerra. Mais uma vez se vê a magistral psicologia do pecado que está no eneagrama. Ele nos ajuda a entender melhor o que realmente significa *luxúria*. Trata-se da violentação de outra pessoa por prazer ou paixão: o outro é vergonhosamente usado, feito objeto ou oprimido. Luxúria significa que exploro outras pessoas e que não respeito sua dignidade. Este pecado pode manifestar-se em todos os campos de atividade do tipo OITO. Um tipo OITO não redimido não tem respeito pela vulnerabilidade ou dignidade de outra pessoa.

O tipo OITO não redimido pode fazer com relação aos outros sérias exigências morais, sem que ele mesmo as observe. Às vezes oscila entre um rígido moralismo e um *laissez faire* total. A exemplo do tipo SETE, tende para uma satisfação excessiva dos instintos; no tipo OITO raras vezes isto assume formas "cultivadas": ele pode comer, beber e fazer sexo sem experimentar qualquer sentimento de culpa (só tem sentimento de culpa quando acha que foi injusto ou falso). Nos grupos de jovens, o tipo OITO é aquele que "aguenta", que é o último a ir para a cama. O tipo SETE gosta de evitar sofrimento. O tipo OITO se alegra, pois isto faz parte da vida plena e chocante.

O tipo OITO consegue realmente gozar o poder e tem necessidade de demarcá-lo e, se possível, ampliá-lo. Quer saber de tudo e fica furioso ao descobrir que foi enganado ou "deixado de fora". Quando se tem um chefe tipo OITO, é melhor reconhecer logo um erro, mesmo que, de pronto, haja uma explosão. Quando o tipo OITO descobre por si mesmo que algo foi ocultado, pode reagir de forma perigosa. Sua necessidade de controlar estende-se a tudo. Quando se deixa que assuntos secundários se arrastem, isto pode ser o começo do descontrole total! Por isso, o tipo OITO pode ser extremamente meticuloso e fazer questão de que tudo esteja em ordem nos mínimos detalhes.

O tipo OITO precisa do controle sobre seus bens e sobre outras pessoas. Quer determinar o que deve durar, mas sem ele mesmo se fixar nisso. Por isso, surgem problemas quando se apaixona. Num relacionamento amoroso, é necessário um mínimo de adaptação; há que firmar compromissos e sacrificar interesses próprios. O parceiro que se submete resolve o problema só aparentemente; na verdade, não torna feliz o tipo OITO, pois este só considera e respeita pessoas que oferecem resistência e apresentam um ponto de vista próprio. Além disso, no relacionamento amoroso, vai-se conflitar a reação carinhosa com a dureza treinada. Acresce que o tipo OITO precisa de muito espaço só para si. Muitas pessoas do tipo OITO gostam de caçar, pescar ou subir montanhas. São os homens-Marlboro que parecem não precisar de ninguém, além deles mesmos e da natureza. John Wayne é um clássico tipo OITO. Numa relação amorosa isto pode significar: "Quero ir para a cama com você, mas não quero ficar sempre com você". Sobretudo quando um homem do tipo OITO está vivendo com uma mulher muito agarrada podem ocorrer conflitos permanentes.

O verso da medalha é – como sempre – o dom do tipo OITO redimido: ele é um amante apaixonado da vida. Paixão (*passio*) é a palavra latina que melhor designa o ser do tipo OITO. Nele oscilam juntas as duas coisas: força vital e disposição apaixonada.

O *fruto do Espírito* do tipo OITO é a *inocência*. Caracteriza a criança que está dentro do tipo OITO, indefesa e que sabe confiar. O tipo OITO precisa aprender a olhar esta criança vulnerável e necessitada de proteção não apenas de fora e, lá, assumir a sua, mas também ser bondoso para com a criança indefesa que está dentro dele. Esta é uma tarefa que vem cercada de receios, pois isto significa olhar para sua própria fraqueza. Pressuposto disso é a *sinceridade*. Exatamente o tipo OITO que exige veracidade de seu mundo ambiente e desmascara logo qualquer comportamento desleal precisa aprender a exigir o mesmo de si.

O tipo OITO não gosta de olhar para dentro de si para não ver as partes frágeis do seu eu. Fragilidade ele vê nos outros: numa criança, num animal, numa mulher bonita e delicada. Podemos estudar este traço característico na caricatura do tipo OITO *Obelix*: "casca dura, cerne mole". Seu cachorrinho *Idefix* ou uma frágil e delicada menina estão em condições de tirar do sério aquele homem grandalhão e selvagem que mata javalis com as mãos e massacra legiões inteiras de romanos.

Nikos Kazantzakis (1883-1957) retratou em muitos de seus romances o tipo OITO, onde se mistura o "machismo" chauvinista com a alegria de viver e o amor às pessoas (*Paixão grega; Zorba, o grego*). A luta pela superação e "espiritualização" do instinto predomina em seus romances religiosos: *Meu Francisco de Assis* e *A última tentação*[7].

Ernest Hemingway (1899-1961) foi o autor que melhor retratou a energia do tipo OITO. Seus personagens masculinos e femininos são fortes, independentes, lutadores, aventureiros e brutos. Durante certo tempo quis mostrar pessoalmente ao mundo sua concepção do "moço rude". Ainda jovem, reuniu, segundo consta, grande quantidade de figuras obscenas, coleção que aumentou mais tarde. Desde criança, detestava lágrimas e sofrimento. Como motorista de ambulância da Cruz Vermelha foi gravemente ferido na Primeira Guerra Mundial: 237 estilhaços – de acordo com a lenda que ele mesmo criou – entraram em sua perna. Conforme ele diz, acalmou a dor com Brandy e, sozinho, extraiu os estilhaços um por um.

Seu entusiasmo pela Espanha (país do tipo OITO) e pelas touradas (o touro é o animal-símbolo do tipo OITO) nunca o abandonou e é o pano de fundo de muitos de seus contos e romances[8]. Durante anos quis ser toureiro. Conta que, certa vez, fez a experiência corajosa de saltar sobre o lombo de um touro, derrubá-lo e soprar-lhe fumaça de charuto nos olhos. Mas foi quase espetado pelos chifres do touro[9].

Sua paixão eram as lutas de boxe, excursões, caça e pesca (sobretudo a pesca de certos peixes que chegavam a 400 quilos e são perseguidos pelos tubarões); esta obsessão ele descreveu no livro *O velho e o mar*.

Como capitão de seu iate, projetado por ele mesmo, exigia absoluta obediência dos tripulantes e passageiros. Suas explosões de raiva eram temidas. Sobretudo quando atacavam seus escritos ou sua masculinidade, entrava em fúria. Seu amigo, o fotógrafo Robert Capa, disse: "Papá (Hemingway) pode ficar mais furioso do que Deus num dia em que toda a humanidade proceder mal"[10].

Por outro lado, era muito generoso quando pessoas se viam em grande necessidade: "Para ser um homem civilizado são necessárias duas qualidades: compaixão e capacidade de aparar golpes"[11].

---

7. KAZANTZAKIS, Nikos. *Griechische Passion.* Reinbek: [s.e.], 1977. • Id. *Alexis Sorbas.* Reinbek: [s.e.], 1955. • Id. *Mein Franz von Assisi.* Reinbek: [s.e.], 1980. • Id. *Die letzte Versuchung.* Reinbek: [s.e.], 1981.

8. P. ex.: *Tod am Nachmittag.* Reinbek: [s.e.], 1957; *Gefährlicher Sommer.* Reinbek: [s.e.], 1986.

9. Cf. NELSON, Waller H. *Ernest Hemingway* – 100 Blitzlichter aus seinem Leben. Munique/Esslingen: [s.e.], 1971, p. 23.

10. Ibid, p. 56.

11. Ibid., p. 78.

Hemingway foi casado quatro vezes e, segundo ele mesmo disse, teve muitos outros relacionamentos íntimos com mulheres. Próximo ao fim da vida, sofreu de uma espécie de alienação mental; foi assaltado por inexplicáveis estados fóbicos e já não conseguia escrever. Após várias tentativas fracassadas de suicídio, conseguiu, em junho de 1961, matar-se com um tiro de espingarda. Com esta morte conseguiu pela última vez que a derrota não triunfasse [...] prescrever aos acontecimentos o seu curso e fazer sua a decisão última", conforme disse Walter H. Nelson[12].

Há nisso tudo muito mito. Kenneth S. Lynn procurou, em sua nova biografia, limpar esse mito[13]. Mostra, por exemplo, que Hemingway aumentou muito seus "feitos heroicos" na Primeira Guerra Mundial e descreve o autor como macho patológico, "um filhinho da mamãe que desde pequeno foi irritado por sua mãe em seu papel sexual, de modo que durante toda vida teve que construir um superego masculino"[14]. Enquanto criança foi obrigado a usar, por longo tempo, roupas de menina como sua irmã mais velha que ele detestou a vida toda. Seu pai, submisso à mãe dominadora, cometeu suicídio. O biógrafo acha que Hemingway temeu a vida toda não ser um homem completo. Homens fortes não conseguiam conviver com ele. Muitas vezes, desafiava os rivais para uma luta de boxe e aí golpeava com brutalidade.

Segundo Margaret Frings Keyes, o tipo OITO é comandado por vozes internas que dizem: "Não seja você mesmo! Não sinta o que você sente!"[15] Se a análise de Kenneth Lynn procede, então Hemingway é um exemplo de quão funestas consequências pode ter a negação da identidade sexual praticada na tenra infância.

Símbolos e exemplos

Os *animais-símbolo* do tipo OITO são o *rinoceronte*, a *cascavel*, o *tigre*, e o *touro*. Todos agressivos e simbolizam força, energia fálica e vitalidade. Na tourada, o macho espanhol se defronta, por assim dizer, com sua própria imagem; trata-se de um duelo de vida e morte, é preciso correr sangue, só um sobrevive. A imagem da tourada que sempre impressionou Hemingway contém um dos grandes temas vitais do tipo OITO.

O país clássico do tipo OITO é a *Espanha*. Entendendo-se a energia do tipo OITO fica mais fácil compreender o funesto *machismo* dos homens dos

---

12. Ibid., p. 109.

13. LYNN, Kenneth S. *Hemingway* – Eine Biographie. Hamburgo: [s.e.], 1989.

14. LÖFFLER, Sigrid. "Kein ganzer Kerl – Eine neue Hemingway-Biographie versetzt dem Mythos vom Macho den Todesstoss". *Die Zeit*, 3/3/1989, p. 108.

15. FRINGS KEYES, p. 64.

países de língua espanhola. As mulheres desses países sabem que tudo é apenas fachada e que por detrás da casca dura de seus maridos está um bom menino. A máscara da força espanhola esconde sentimentos de insegurança e inferioridade. Mas, ainda que se detecte este mecanismo, pode ele atuar de maneira muito destrutiva: os filhos têm medo do pai do qual não podem aproximar-se. A mulher é oprimida, humilhada, espancada. O homem-macho tem que comandar[16].

Na devoção popular espanhola há evidentes traços de sanguinolência, sobretudo nas representações da crucifixão. O tipo OITO quer ver sangue.

Nas sociedades e *países que são oprimidos* ("Não seja você mesmo!"), a energia do tipo OITO pode condensar-se sempre mais e, finalmente, descarregar-se revolucionariamente.

As cores do tipo OITO são *branco e preto*. O tipo OITO quer clareza. Recusa tons intermédios e compromissos porque se parecem com fraqueza. Para ele só existe um *ou-ou*: amigo ou inimigo, bom ou mau, forte ou fraco. O preto está para o nada absoluto, para a morte, o fim, o abismo. Mas também é referido ao Eros e ao caos primitivo. O branco é a luz de esplendor absoluto, conforme a viu Moisés na sarça ardente. Ao mesmo tempo, simboliza a totalidade da força criadora. Na Bíblia, é a cor da inocência, dos bem-aventurados e dos anjos (por exemplo Mt 17,2; 28,3). O tipo OITO são pessoas dos polos opostos: "Quem não é por mim é contra mim". O próprio número OITO se compõe de dois círculos ou polos que se tocam em apenas um ponto. É considerado tradicionalmente como a união dos opostos.

Na *Bíblia* encontramos o tipo OITO numa série de personagens femininas do Antigo Testamento bem como entre os "juizes" (Sansão) e reis (Saul e Davi).

O desenvolvimento literário da Bíblia dá "um exuberante testemunho de como o papel histórico de mulheres foi relegado, repintado e falsificado"[17]. Contudo, há vestígios na Bíblia de um tempo em que certas mulheres tiveram repercussão histórica; isto vemos sobretudo em cantos de mulheres que estão contidos nos escritos do Antigo Testamento. Encontramos, por exemplo, vestígios de Míriam, uma mulher que, na saída do Egito, foi líder no mesmo plano de Moisés e Aarão. Após a passagem do Mar Vermelho, canta aquele hino de libertação que faz parte da tradição mais antiga sobre a história do Êxodo:

---

16. Uma série de teólogos da libertação latino-americanos abordou recentemente o tema do machismo e começou a estudá-lo psicológica e teologicamente. TAMEZ, Elsa (org.). *Against Machismo*. Bloomington: [s.e.], 1987.

17. As ideias a seguir baseiam-se num artigo de Johanna Haberer: "Befreiung brancht Poesie – Auf den Spuren der Sprachgewalt biblischer Frauen". *Sonntagsblatt der ev. luth. Kirche. in Bayern*, de 26/3/1989.

"Cantai ao Senhor porque estupenda foi a vitória, cavalo e cavaleiro Ele precipitou no mar" (Ex 15,21).

Nos tempos em que Israel ainda não tinha uma organização estatal, houve mulheres carismáticas e escolhidas por Deus que comandavam as tropas, em situações de necessidade, contra os inimigos. Entre elas encontra-se Débora, da qual se diz: "Cessaram as proezas; tinham desaparecido de Israel até que eu, Débora, pus-me de pé, levantando-me como mãe de Israel" (Jz 5,7).

Quando a estéril Ana conseguiu dar à luz o filho Samuel, cantou o hino da libertação: "O arco dos valentes quebrou, a força cingiu os exaustos" (1Sm 2,4). Algo semelhante ressoa depois no *Magnificat* de Maria (Lc 1,46-55).

A fala das mulheres bíblicas se torna *forte* e *política* quando se trata do futuro de seus filhos. Para proteger o fraco tornam-se valentes e fortes.

O lendário "juiz"[18] Sansão é descrito no Antigo Testamento como o protótipo do herói fortudo. Não entra no esquema dos piedosos homens de Deus. Sansão "se mete em muitas aventuras nada espirituais. Está principalmente atrás de mulheres [...]"[19].

Desde criança não corta o cabelo – sinal da consagração a Deus. Ainda jovem, estraçalha um leão. Por ocasião de seu casamento com uma moça do povo (inimigo) filisteu, mata trinta filisteus pelos quais se sentiu traído. Quando os filisteus o amarram, "as sogas sobre os braços tornaram-se como fios de linho que queimam no fogo". Pouco depois, mata mil homens com uma queixada de burro. Quando foi a Gaza e entrou na casa de uma prostituta, os habitantes cercaram a casa e fizeram uma emboscada na porta da cidade. Mas Sansão arrancou a porta da cidade e a levou ao alto de uma montanha.

Finalmente, apaixonou-se por uma moça de nome Dalila, que foi induzida pelos dirigentes filisteus a descobrir a origem de sua força. Inicialmente enganou a moça e conseguiu driblar as investidas dos filisteus. Mas, finalmente, revelou a Dalila que perderia a sua força logo que lhe cortassem os cabelos. Enquanto dormia, os filisteus cortaram-lhe os cabelos e a "força de Javé" o abandonou. Os inimigos furaram-lhe os olhos, amarraram-no com correntes e lançaram-no no calabouço, onde seus cabelos voltaram a crescer. Por ocasião de uma festa ao deus Dagon, os filisteus levaram Sansão ao salão para divertir o povo. Estando entre as colunas que sustentavam a construção, pediu forças ao Senhor, sacudiu-as e tudo desabou, morrendo ele e mais três mil filisteus. Desse modo, a luta de poder entre Javé, o Deus de Israel, e Dagon, o deus dos filisteus, decidiu-se em favor de Javé (Jz 13–16).

---

18. "Juízes" foram aquelas figuras que, antes de Israel estar constituído como país organizado, eram chamadas por Javé para conduzir o povo na luta. Depois da vitória, que sempre acontecia com a participação divina, voltavam à sua vida normal.

19. RAD, Gerhard von. *Theologie des Alten Testaments,* vol. 1. Munique, 1969, p. 346.

O Rei Saul também chegou ao poder através de uma convocação de Deus: "O vidente" Samuel ungiu-o secretamente como salvador do povo contra os inimigos de Israel. Assim que os amonitas se apossaram do país de Israel, irrompeu a força de Deus que estava latente em Saul. Voltava Saul com seus bois do campo quando ouviu a história do ataque inimigo: "foi possuído de violenta cólera, tomou uma parelha de bois e, tendo-os cortado em pedaços, os mandou por todo território de Israel através dos mensageiros com este recado: Quem não acompanhar a Saul e Samuel, aconteça o mesmo a seu gado" (1Sm 11,6-7).

Após a vitória, o povo aclamou Saul seu primeiro rei. Conseguiu expulsar os filisteus. Mas, em pouco tempo, sucumbiu à depressão e aos acessos de raiva. O jovem pastor Davi chegou ao palácio real para alegrar o rei com sua harpa. Davi fez pacto de amizade com o filho de Saul, Jônatas, e casou com a filha do rei, Mical. Mas Saul, com seu instinto de homem de poder, pressentiu em Davi um rival. Tentou cravar Davi com uma lança na parede. Davi consegue fugir, cerca-se de um bando bem desqualificado e se coloca como líder guerrilheiro sob a vassalagem dos inimigos filisteus. Na batalha decisiva, onde os filisteus matam Saul e Jônatas, Davi não estava presente.

Usando a força do modo político e através de uma refinada política matrimonial, Davi conseguiu livrar-se de outro filho de Saul e estender pouco a pouco seu reinado sobre todo Israel. Em seu reinado (1000-965 a.C.) subjugou todos os povos vizinhos, inclusive os filisteus, e fez de Israel um grande reino. Mandou trazer para Jerusalém a "arca da aliança" com as tábuas da lei e fez da capital Jerusalém também o centro religioso do reino. A primitiva escolha do rei, onde o próprio Deus convocava os dirigentes do povo e estes eram os "legítimos" reis de Israel, foi substituída pela dinastia de Davi.

Amon, o filho mais velho de Davi, envolve-se num relacionamento de escândalo de consanguinidade com sua meia-irmã Tamar; Absalão, o segundo dos filhos, faz assassinar seu irmão e entra em revolta aberta contra o pai. Finalmente, Absalão é capturado pelos homens de Davi e morto. Chega ao poder Salomão, nascido da relação duvidosa de Davi com a bela Betsabé.

A história de amor entre Davi e Betsabé lança uma luz bem clara sobre o caráter de Davi. O tipo OITO, como Davi, "não cobra incondicionalmente seu senso de justiça como empecilho para seus próprios interesses"[20]. Davi manda Urias, o marido de Betsabé, para a frente mais perigosa da batalha, onde haveria de morrer. Toma, então, a bela mulher e a recolhe a seu harém. Certo dia, aparece o Profeta Natã e conta a Davi uma história: "Numa cidade havia dois homens, um rico e o outro pobre. O rico tinha ovelhas e bois em quantidade. O pobre só possuía uma ovelhinha pequena que tinha comprado e criado. Ela cresceu com ele e junto com os filhos, comendo do seu bocado e be-

---

20. FRINGS KEYES, p. 67.

bendo da sua taça, dormindo no seu regaço, em uma palavra, tinha-a na conta de filha. Chegou ao homem rico uma visita. Ele teve pena de tomar uma rês das suas ovelhas ou bois, a fim de preparar para a visita. Tomou a ovelhinha do homem pobre e a preparou para o visitante. Quando Davi escutou a história ficou furioso e disse a Natã: 'Pela vida do Senhor! O homem que fez isto merece a morte. Ele pagará quatro vezes a ovelha por ter feito uma coisa dessas'. Natã respondeu: 'Este homem és tu'" (2Sm 12,1b-7a).

É uma reação natural do tipo OITO. Ele "tende a reagir agressivamente contra os outros que apresentam traços semelhantes ao dele, mas que nega inconscientemente"[21]. O Profeta Natã representa em nossa história a verdadeira consciência de Davi que desvenda de um só golpe o autoludíbrio e a autojustificação"[22] (História de Saul e Davi: 1Sm 9–2Sm 24).

Conversão e redenção

O *convite* ao tipo OITO chama-se *compaixão*. O tipo OITO não redimido é impiedoso para com os outros. Somente o encontro com a *verdade* pode libertá-lo. A verdade o torna capaz de ver e assumir sua fraqueza. A partir dessa experiência pode aprender a suportar e aceitar a fraqueza dos outros.

Pelo fato de o tipo OITO ter medo de seu "cerne mole", poucas vezes aceita fazer uma terapia, remexer em sua vida interior ou meditar regularmente, em suma, decidir-se a fazer "uma viagem ao seu interior". Acresce que o tipo OITO tem medo de ser controlado ou manipulado por um terapeuta ou professor. Mas há também casos opostos. Uma terapeuta famosa, que é do tipo OITO, escreve: "Não consegui trabalhar em mim mesma mais cedo. Minha natureza do tipo OITO me observava e se fechava. Este autotrabalho é descompromissado e traz excelentes frutos. Sempre de novo sou lembrada de que sou *incansável agora em minha aceitação incondicional das pessoas* [...]".

Faz parte das *tarefas vitais* do tipo OITO entender-se com a questão do poder. O poder não é algo mau em si; pode ser bênção ou maldi-

---

21. Cf., do mesmo autor, as considerações sobre o Rei Davi como tipo OITO. Dois grandes romances ilustram a energia do tipo OITO de Davi e a política imperialista de seu reinado: HEYM, Stefan. *Der König David Bericht*. Frankfurt: [s.e.], 1987; HELLER, Josef. *Weiss Gotl*. Munique: [s.e.], 1985.

22. FRINGS KEYES. Ibid.

ção. O tipo OITO deve tomar cuidado para não rebaixar, humilhar ou amedrontar os outros com seu poder. Precisa aprender a respeitar a opinião dos outros, a não narcotizar seus sentimentos pelo álcool ou festas ruidosas, assumir compromissos e observar as mesmas regras que espera sejam obedecidas pelos outros. Com sua força e vitalidade, o tipo OITO redimido pode proteger os outros ao invés de dominá-los.

Sem o tipo OITO o mundo talvez fosse pior ainda. Graças a Deus que existem pessoas que rompem e derrubam as fachadas mentirosas de instituições e sociedades. Precisamos delas. Mas temos que ajudá-las a confiarem em seu lado terno. Também o tipo OITO precisa ceder quando está errado, e pedir perdão. E deve considerar isto não uma fraqueza, mas verdadeira força.

Especialmente difícil é isso para as mulheres do tipo OITO. Nossa sociedade "permite" que o homem seja machista. Mas quando a mulher se mostra altiva, é logo qualificada de "sapatão" ou "mulher-macho". As mulheres do tipo OITO têm às vezes dificuldade de aceitar sua feminilidade e tudo que se refere a "maternal" e alimentar imagens "ternas" (como, por exemplo, a criança mamando ao seio).

Os homens do tipo OITO precisam de um acesso a seu próprio lado feminino, em vez de "delegar" calor e ternura à mulher.

Martin Luther King (1929-1968) é nosso *santo* e exemplo de um tipo OITO redimido. Aprendeu de Gandhi a combater a *violência* com a *não violência* e a *força* com a *não força*: "A não violência é a força, mas é o uso correto e bom da força"[23].

Em 1955-1956 organizou este pastor batista, em Montgomery, no Alabama, um boicote aos ônibus que levou, finalmente, à abolição da segregação racial. Mais de 30 vezes foi julgado e preso por causa de movimentos de desobediência civil. Após uma condenação, ele disse: "Sei que era um infrator convicto, mas estava orgulhoso de meu delito [...] Meu crime era que eu procurava incutir em meu povo um sentimento de dignidade e autoestima"[24]. Vários atentados à sua vida não o demoveram de seu caminho. O FBI aconse-

---

23. Apud FELDMANN, Christian. *Träume*, p. 110.
24. Ibid., p. 115.

lhou-o em uma carta a suicidar-se. "Você está condenado, e isto você sabe! Você tem uma saída, e você a conhece"[25].

Matin Luther King compreendia os negros que queriam retribuir violência com violência. Mas ficava triste por ver que seus irmãos usavam a mesma receita dos brancos racistas.

Quando se tornou um opositor ferrenho à guerra do Vietnã, muitos de seus amigos "liberais" que eram brancos o abandonaram. Foi chamado de comunista – como Dorothy Day, Oscar Romero e muitos outros cristãos que entenderam o evangelho *também* de forma política. Em 1968 foi assassinado em Memphis, no Tennessee[26].

Este batalhador destemido pela justiça tinha um lado sensível e terno e foi torturado a vida inteira por dúvidas. Na juventude, fez duas tentativas de suicídio. Não conseguiu se entender com sua sexualidade – "casos com mulheres" comprometeram seu casamento. Conforta-nos ver que também "santos" e figuras bíblicas tiveram seus lados sombrios, não superados, e – como todos – eram imperfeitos, mas estavam "a caminho".

---

25. Ibid., p. 119.

26. Para a teoria e práxis da resistência não violenta, no sentido de Martin Luther King, cf. WINK, Walter. *Angesichts des Feindes* – Der Dritte Weg Jesu in Südafrika und anderswo. Munique: [s.e.], 1988.

Tipo Nove

Visão geral

As pessoas do tipo NOVE são promotoras da paz. Seu dom de aceitar os outros sem preconceitos faz com que muitos se sintam compreendidos e aceitos por elas. Podem ser árbitros imparciais porque sabem ver e avaliar os aspectos positivos de ambos os lados. Seu sentido de decência faz delas, em certas circunstâncias, lutadores engajados pela justiça e paz. Conseguem expressar verdades duras com calma e com tal naturalidade que parece fácil aos outros "engolir" estas verdades. Ao lado de um tipo NOVE parece fácil a muitas pessoas alcançarem a tranquilidade.

Não é por acaso que o tipo NOVE está no vértice do eneagrama pois ele representa de certa forma a natureza humana primitiva e não corrompida. Talvez todos fôssemos do tipo NOVE se não tivéssemos crescido num mundo tecnologicamente "civilizado". Esta convicção me veio quando estive na África, nas Filipinas e em outros países do Terceiro Mundo. Quando se vai às aldeias do interior e se encontra os chamados "indígenas", o povo primitivo que desde as remotas eras habitou nosso planeta, o entendido no eneagrama percebe logo que a maioria é do tipo NOVE.

Podemos entender agora o que aconteceu com os africanos que eram por natureza do tipo NOVE e foram levados para a sociedade norte-americana, do tipo TRÊS. Posso entender perfeitamente por que eram considerados uma "negação" nesta sociedade de produção: *Nosso jogo não é o jogo de vocês*. Nossa pressa, nossa luta de concorrência e nossa ambição de fazer carreira não correspondem ao que vocês entendem por *vida*.

As histórias (imaginárias) do chefe Tuiavii, de Tiavea no Pacífico Meridional, que foram publicadas (a 1ª edição é de 1920) no livro *O Papalagi*, descrevem a sociedade industrial ocidental a partir do ponto de vista de um insulano do Pacífico. O "papalagi" é o homem branco cuja vida e agir o "primitivo" não entende. Para ele é muito estranho, por exemplo, como as pessoas do Ocidente se portam em relação ao tempo: "Suponhamos que o homem branco queira tomar sol, andar de canoa ou namorar com sua noiva, estraga a maior parte de seu prazer, porque está preso na ideia: Não tenho tempo de ser feliz [...] Menciona milhares de coisas que lhe tomam o tempo, resmungando e mal-humorado inicia um trabalho em que não tem satisfação alguma [...] Mas se perceber que tem tempo, que ele está aí, ou que lhe dá outro tempo [...] falta-lhe novamente o prazer, está cansado de trabalhos sem alegria [...] Há "papalagis" que acham que nunca têm tempo [...] Por isso a maioria deles voa através da vida como uma pedra arremessada [...]"[1].

As chamadas nações "civilizadas" fizeram desta atitude primitiva de vida um pecado e a chamaram *indolência* ou *preguiça*. Mas esta fraqueza de iniciativa é antes uma espécie de confusão interna. O tipo NOVE tem dificuldade de entender sua própria natureza. Precisa antes de tudo descobrir o que realmente quer e tomar consciência de quem ele é. A conclusão é que está por assim dizer "em toda parte e em lugar nenhum". É generalista, sabe de tudo um pouco, mas não é mestre em nada. Domina *alguma coisa* em tudo, mas nada com precisão. Um jovem teólogo, do tipo NOVE, contava:

"Eu estou em todas. Sei um pouco de esqui, um pouco de surfe, sei andar um pouco de moto, sei tocar um pouco de guitarra, canto razoavelmente, danço bastante bem, algumas vezes falo bem em público, sei ouvir os outros muito bem (bastante bem), sei lidar um pouco com

---

1. *Der Papalagi* – Die Reden des Südseehäuptlings Tuiavii aus Tiavea. Zurique: [s.e.], 1977, p. 64.

crianças, entendo inglês mais ou menos, também francês, um pouco de italiano; nadar dá para o gasto, mergulhar, montanhismo, fazer teatro (quando consigo chegar lá); na teologia também sou bom, mas fui 'apenas' o segundo nas provas. Na escola primária recebi certa vez um boletim onde *só* havia números dois – isto pareceu estranho! Também levo jeito para trabalhos manuais; entendo alguma coisa de computador, motores e trabalhos em madeira – tudo para o gasto. Ia esquecendo de mencionar a pesca com anzol e pesca submarina".

Muitas vezes falta ao tipo NOVE a vontade ou não se esforça o bastante para demonstrar aos outros os seus talentos. Consegue imiscuir-se ou retirar-se de algo sem que isto chame maior atenção. Quando alguém inicia um tema, é capaz de levá-lo adiante, ainda que não o faça com grande paixão. Se o parceiro mudar de tema, ele também o acompanhará. O tipo NOVE gosta de remar a favor da correnteza.

Muitas pessoas do tipo NOVE contam que, na infância, foram desconsideradas ou "naufragaram" de alguma forma. Foram ignoradas ou rejeitadas quando apresentavam opinião própria. Os interesses dos pais ou irmãos pareciam ter mais importância. Fizeram a experiência de nunca registrar qualquer acesso de ira. Por isso resolveram guardar a raiva só para si. Outras pessoas do tipo NOVE viviam, enquanto crianças, em situação familiar tão difícil e aparentemente insolúvel que tiveram que tentar manobrar entre as frentes e "entender" os dois lados para não serem elas mesmas trituradas. Desenvolveram, assim, uma sensibilidade aguçada pelas necessidades e interesses dos outros e puderam, com o tempo, fazer com que isto se tornasse os seus próprios interesses. Neste ponto, o tipo NOVE se parece ao tipo DOIS. Outras pessoas ainda experimentaram uma harmonia tranquila, sem altos, baixos ou desafios e foram tão mimadas que bem cedo se acomodaram. Na escola raras vezes empregavam muita energia. O jovem teólogo, citado acima, contou:

"Na primeira série, treinávamos e apostávamos fazer contas de cabeça. Quem chegava primeiro à solução podia falar. Comigo ia mais devagar; ficava entre os últimos. Por isso, considerava-me péssimo calculador e minha carreira de matemático estava terminada. Lembro-me das horrorosas aulas de matemática no ginásio. Fiquei no *regular*. Recusava esforçar-me. Empregava minha energia em não precisar aprender *nada* e só fazer o tanto que bastasse. Nas outras matérias era quase igual. Externamente parecia que eu tivesse dormido o período escolar todo, mas hoje considero que despendi grande energia em evitar realmente o trabalho".

As pessoas do tipo NOVE são amáveis; basta que as amemos. Mas às vezes procedem com tal brandura e delicadeza que mal percebemos tratar-se de uma pessoa. A maioria delas não vai mudar o mundo porque prefere o caminho do menor esforço e tem medo de decisões que podem comprometê-la. O tipo NOVE gosta de "empurrar com a barriga" tarefas importantes e fugir de tudo o que é muito difícil e exige muita energia. Considera-se descomplicado e simples e assim age; isto torna aos outros fácil lidar com ele. O tipo NOVE é sincero; nele não há motivos escusos. Diz o que sente, mesmo que para descobri-lo em si mesmo tenha que fazer esforço. Mas, então, o que diz é o que realmente pensa. Algumas pessoas do tipo NOVE confessam que às vezes há nelas uma compulsão interna que as força a responder francamente às perguntas que lhe são dirigidas. Posteriormente podem se chatear porque confiaram em alguém que realmente não merecia confiança.

Dilema

A *tentação* do tipo NOVE consiste em *diminuir-se* – sobretudo diante de si mesmo. À primeira vista, o tipo NOVE age com *humildade*. Mas, na verdade, atrás disso existe uma falsa modéstia e o medo de aparecer. Pelo fato de não estar seguro de si mesmo, prefere manter-se em segundo plano e cuidar para que sua imagem não desperte atenção. Consegue entrar numa sala e dela sair sem que ninguém o perceba. Não procura atrair a atenção dos outros e nada faz para aparecer. O tipo NOVE pretende que os outros o percebam por iniciativa deles e que venham a ele. Quando isto acontece, fica surpreso ("Oh! Você me notou!") e está pronto a sair de seu esconderijo interno.

É por isso que existem poucas pessoas do tipo NOVE que sejam famosas. Dado o fato de que elas mesmas não se consideram importantes, são muitas vezes desconsideradas pelos outros. O presidente norte-americano Gerald Ford era um tipo NOVE. Ao se falar dele, surge logo a pergunta: Gerald Ford? Quem foi ele? Quase ninguém se lembra dele ou do que fez.

O *mecanismo de defesa* do tipo NOVE é *anestesiar-se*. Pelo fato de não se sentir preparado para tantos esforços e desafios, foge muitas vezes para algum vício. Só com dificuldade entra em ação e é tentado a pensar: "Talvez um copo de bebida ajude, ou um cigarro de entorpecente". O tipo NOVE recorre a estimulantes externos porque dificilmente consegue estimular-se.

As pessoas do tipo NOVE dão às vezes a impressão de estarem no "mundo da lua". Quando nada acontece a seu redor, são capazes de adormecer em plena luz do dia. O sono pode ser o lugar ideal da fuga quando a vida se torna por demais cansativa. À noite às vezes têm insônia[2].

Quando se encontram em situação aflitiva, muitas pessoas do tipo NOVE se retraem: não querem ser peso para os outros e não lhes passa pela cabeça que alguém possa entendê-las ou ajudá-las ou que alguém se interesse por seus problemas. Mas quando chegam àquele ponto crítico em que parecem como que paralisadas e não mais conseguem mover-se, precisam necessariamente de ajuda externa. Amor e dedicação são meios miraculosos de novamente levantar um tipo NOVE à beira do abismo. Mas este amor deve ser apenas o empurrão inicial. A tarefa vital do tipo NOVE é descobrir e desenvolver seu sentimento de autovalorização e seu próprio impulso interno para tornar-se *independente* dos contínuos impulsos de fora.

O *pecado de raiz* do tipo NOVE é a *preguiça*. Os monges dos tempos antigos falavam da *acedia*, do "demônio do meio-dia":

> O demônio da *acedia,* que também se chama demônio do meio-dia, é o pior de todos. Ele ataca o monge na 4ª hora e assedia a alma até a 8ª hora. Primeiramente faz surgir a impressão de que o sol não se move, ou se move com extrema lentidão, e que o dia tem 50 horas. Depois, impele o monge a olhar constantemente para fora da janela e a sair da cela para ver se o sol ainda está longe da 9ª hora e se não aparece

---

2. Andreas Ebert: Um amigo meu, do tipo NOVE, descreve o tragicômico desta situação: "Às vezes preciso de horas para dormir porque fico lutando com o travesseiro e a coberta até encontrar a posição certa. Às vezes caio no sono de puro cansaço".

algum outro monge. Além disso, incute no monge a aversão ao lugar onde está vivendo, ao próprio modo de vida e ao trabalho manual; incute-lhe também a ideia de que o amor desapareceu entre os irmãos e que já não há ninguém que o console [...] (O demônio) pinta [...] quão longa é a vida e lhe (ao monge) apresenta as dificuldades da ascese [...][3].

O tipo NOVE é *por natureza* acomodado e lento para agir. Isto pode irritar os outros. Para ele é problemático tomar iniciativas, desenvolver projetos e perspectivas, assumir e realizar tarefas. Tudo faz para não se comprometer e nem ser forçado pelos outros. Por isso, há que fazer "contratos" bem explícitos com ele: "Até às 12 horas do dia 9 de abril, isto e aquilo precisam estar resolvidos". Aí, sim, fará a tarefa – mas também nem um dia antes. Se deixarmos espaço maior para sua autodeterminação, existe o perigo de nada ser feito.

A *armadilha* do tipo NOVE é a *indolência* e o *comodismo*. A atitude de muitas pessoas do tipo NOVE é esta: "A coisa não vale o esforço! É tudo tão cansativo e complexo! Por que ficar de pé se posso estar sentado? E por que sentar se posso deitar?" E, de certa forma, têm razão. Conheço pessoas do tipo NOVE que me disseram: "Você se mata de trabalhar, Richard, e eu não – e, no final, acontece conosco a mesma coisa. Por que vocês agem com tal frenesi?" É difícil refutar esta lógica do tipo NOVE. Seu lema é: *"Take it easy* (não esquente)! Fique frio! Relaxe! Ao fim das contas, não faz diferença se a gente se esfalfa ou não – e é mais cômodo e *melhor* não se aporrinhar". Esta é a *indolência* do tipo NOVE.

Pode acontecer que você tenha um amigo do tipo NOVE e passem seis meses sem receber dele um sinal de vida. Quando você escreve ou telefona, ele se alegra muito pelo fato de você se lembrar dele e querer falar com ele. Ao menos um tipo NOVE não redimido raras vezes chega à ideia de estabelecer contatos ou criar relacionamentos. Por isso, é possível se pensar que ele não gosta da gente. Mas se você tomar a iniciativa em relação a ele, perceberá que se alegra e reage – ainda que

---

3. PONTICUS, Evagrius. Capita practica ad Anatolium, apud GRÜN, Anselm. *Der Umgang mir dem Bösen.* Münsterschwarzach: [s.e], 1979, p. 37s.

não *imediatamente* (quando a reação está vinculada a um dever como, por exemplo, escrever uma carta, isto já pode demorar um pouco mais). É muito raro que uma pessoa do tipo NOVE chegue à ideia de dar o primeiro passo.

Pais que são do tipo NOVE têm muitas vezes dificuldades de se dirigirem ativamente a seus filhos. Pode acontecer, então, que os filhos tenham a falsa impressão de que são indiferentes a seus pais. Mas logo que os filhos tomam a iniciativa, os pais do tipo NOVE reagem prontamente e podem ser muito amorosos e carinhosos.

Frequentes vezes as pessoas do tipo NOVE são iludidas por elas mesmas. Uma jovem senhora contou o seguinte fato: Estava numa livraria e pegou nas mãos um livro com o sugestivo título *Indecisão*. Pesou os prós e contras para ver se comprava. Quando, finalmente, saiu da livraria com o livro, sabia que não o leria nunca. Isto é um tipo NOVE!

Por longos anos tive um diretor espiritual do tipo NOVE. Ele afirmava: "Nós do tipo NOVE somos no fundo grandes cínicos com relação a nós mesmos e com relação à natureza da pessoa. Cremos que não valemos nada e que, no fundo, tudo é imprestável. Temos grande tendência à resignação. Se alguém deseja ajudar a um tipo NOVE, deve prestar atenção para o que ele faz com este arraigado cinismo". Considera-se também a estrutura da personalidade do tipo NOVE como sendo *passivo-agressiva*. A atitude: "Não nos engajamos" inclui realmente uma mensagem negativa. No fundo, está por trás disso uma atitude arrogante para consigo mesmo e para com o mundo todo: "Vocês não merecem que eu me canse". Não se esqueça que o tipo NOVE, bem como os outros tipos da barriga pertencem aos "tipos hostis" de Karen Horney e que trazem em si uma profunda desconfiança contra a vida. Mas isto está bem escondido neles. A agressão passiva do tipo NOVE se manifesta sobretudo numa certa *teimosia*. Quando o tipo NOVE não quer, então simplesmente não quer. Nem uma parelha de dez cavalos pode levá-lo a fazer algo que lhe pareça muito complicado ou cansativo.

O tipo NOVE *evita conflitos*. Além da teimosia e do sono ainda possui duas modalidades de manifestar *indiretamente* seu não querer, sem se expor a grandes consternações: *abstenção* ou *sair fora*. Uma pessoa do tipo NOVE consegue recusar-se terminantemente a colaborar na mudança de uma situação. Não mexe uma palha e espera que o problema se resolva por si. Ou sai fora, retrai-se e prova dessa maneira sua recusa. Pelo fato de o tipo NOVE sentir claramente o que os outros dele esperam, pode manifestar sua irritação também procedendo como se nada tivesse percebido; expectativas não abertamente declaradas ele simplesmente não realiza. Esta é a única forma de "fingimento" que se pode esperar de um tipo NOVE.

Demora muito até o tipo NOVE externar sua raiva. Pode acontecer que provoque o outro com sua passividade por tanto tempo que este tenha uma explosão e abra, assim, o caminho para um confronto. Pode acontecer também que a explosão do tipo NOVE seja "preparada" por um processo mais longo: a princípio parece-lhe plausível e aceitável o ponto de vista do outro. Mas, depois de uma fase experimental mais longa, percebe que não é bem assim. O passo seguinte é convencer-se que a manifestação da ira é justificada. Então – mas somente então – pode chegar a uma irrupção vulcânica de raiva que deixa os outros pasmos e assustados porque estavam acostumados a ver o tipo NOVE sempre tão "bonzinho"[4].

O tipo NOVE não enche a cabeça com preocupações inúteis. Anseia por jogar fora pesos inúteis e achar algo mais simples e claro. Gosta de um livro ou contrato que sejam transparentes e concretos. Tudo o que é confuso e muito abstrato causa-lhe enfado. Procura o simples porque procura sua própria simplicidade e tem medo de não chegar lá.

O tipo NOVE não redimido consegue evitar *tudo*: a vida, o mundo, o bem *e* o mal, inclusive a si mesmo. Não dispõe de nenhum daqueles mecanismos de defesa com que os outros oito tipos procuram defender seu íntimo contra as agressões do mundo externo. Como filho do paraíso, o tipo NOVE não se sente preparado para enfrentar as seduções e perigos do mundo em que vive. Este despreparo tem como consequência que quase tudo o que vem do mundo externo se mostra penoso e estressante para o tipo NOVE. Gasta suas energias em evitar ou anestesiar conflitos internos e externos e em reprimir sentimentos fortes. Mesmo

---

4. Cf. PALMER, p. 360.

estando calmo externamente e se relacionando com os outros na maior paz, pode acontecer que internamente esteja fervendo. Mas não ferve sempre. O tipo NOVE pode também experimentar verdadeira paz interna. São os melhores momentos de sua vida.

Na procura de um parceiro de vida, o tipo NOVE pode experimentar a sensação de oscilar entre fortes desejos de simbiose e um arraigado desejo de autonomia. Segue disso que fica difícil dar o passo para uma união definitiva no casamento e pode levar anos para que cessem as restrições. Igualmente difícil é desfazer um relacionamento que durou anos: "Se não puder viver com e para esta pessoa, como poderei viver então?" Quando houver encontrado seu equilíbrio interno, o tipo NOVE se dará bem no amor se encontrar um parceiro com o qual não entre em simbiose.

Algumas pessoas do tipo NOVE não redimidas têm medo das energias incontroláveis como sexualidade e agressão. Pelo fato de ambas estarem ligadas a conflitos, o tipo NOVE procura mantê-las sob controle de modo que pareçam forças motoras. Resultado: uma indolência geral.

Muitas pessoas do tipo NOVE são bem-dotadas; mas seus dons não são valorizados porque elas não os manifestam. *A parábola dos talentos* Jesus a contou provavelmente a pessoas do tipo NOVE:

> Um homem nobre partiu para um país distante a fim de receber a dignidade de rei e voltar. Chamando seus dez empregados, entregou a cada um cem moedas de prata[5] e lhes recomendou: "Negociai enquanto estou de viagem [...]". Ao regressar [...] apresentou-se o primeiro, dizendo: "Senhor, as cem moedas produziram dez vezes mais!" Disse-lhe ele: "Muito bem, empregado bom, já que foste fiel no pouco, recebe o governo de dez cidades". Chegou o segundo e disse: "Senhor, as cem moedas renderam cinco vezes mais!" Disse também a este: "Recebe também tu o governo de cinco cidades". Chega o outro dizendo: "Senhor, aqui estão as cem moedas que guardei num lenço. É que eu tinha medo de ti, porque és um homem severo e queres exi-

---

5. Uma *mina* corresponde a mais ou menos 80 dólares.

gir o que não deste e colher onde não semeaste". Respondeu-lhe ele: "Por tuas próprias palavras eu te condeno [...] Sabias que sou homem severo, exijo o que não dei e colho onde não semeei? E por que então não depositaste o dinheiro num banco? E assim, no regresso, eu receberia com juros". E disse para os presentes: "Retirai-lhe as cem moedas e dai ao que tem mil". Disseram-lhe: "Senhor, ele já possui mil moedas!" O Senhor lhes respondeu: "Digo-vos que a quem tem, será dado, e a quem não tem, até mesmo o pouco lhe será tirado" (Lc 19,11-26).

No tipo NOVE estão bem próximas ambas as possibilidades: levar uma vida bonita, interessante, cheia de sentimentos, realizada, amorosa, verdadeiramente humana e "santa" ou nada fazer na vida e por isso ficar sem qualquer benefício da vida. Jesus se refere a esta segunda possibilidade de modo bem drástico. Os ditados a seguir não são verdadeiros: "Quem nada faz não erra" e "Quem dorme não peca". Mais do que os outros tipos, o tipo NOVE está propenso a cometer *pecados de omissão*. Também a *preguiça* pode ser mortal.

Se a Igreja Católica Romana é um sistema do tipo SEIS, então o protestantismo, sobretudo o *liberal*, tem muitos traços do tipo NOVE. Evita claras definições dogmáticas, procura contentar a todos e estar aberto a tudo e a todos. A falta de perfil que se encontra muitas vezes na eclesialidade evangélica popular faz com que muitas pessoas virem as costas a esta forma de cristianismo que funciona como uma espécie de "supermercado das possibilidades" e faz do pluralismo às vezes o objetivo em si. Também é verdade que muitos consideram esta abertura como benfazeja e veem a igreja evangélica como espaço livre onde eles podem ser o que realmente são. Para não incorrer em futilidade, o protestantismo deve voltar sempre às suas raízes reformatórias e, ao lado de uma abertura sem perfis que convida e acolhe a todos e a tudo, precisa manter sempre acesa a busca da verdade e da justiça (tipo OITO).

O dom ou *fruto do Espírito* do tipo NOVE é surpreendentemente a *ação*, uma espécie de ação premeditada. A princípio, o tipo NOVE vacila, hesita e vai empurrando as coisas de cá para lá. Mas ao tomar uma decisão, isto acontece num momento de grande clareza. Sem maiores considerações, sem recuo e sem a menor dúvida, sabe o que é preciso fazer – e ele o fará, sem que ninguém o impeça.

Meu paradigma é um jovem de *New Jerusalem*. Enquanto vigário da comunidade eu era também um bom alcoviteiro – é minha ala do tipo DOIS. Sabia que o rapaz, que vivia na mesma casa que eu, tinha os olhos voltados para certa moça. Eu lhe perguntava sempre de novo: "Já falou com ela?" E ele sempre se esquivava: "Não, ainda não. Tudo a seu tempo". Isto durou no mínimo um ano. E o rapaz já tinha 27 anos de idade. Certa noite, chegou em casa e me disse de repente: "Richard, conversei com ela. Vamos sair juntos". Após o primeiro encontro, animei-o a continuar se interessando por ela. Encontravam-se e saíam juntos constantemente – e também isto durou anos. E eu ia metendo minha colher: "É hoje que você vai fazer o grande pedido?" Respondia: "Não, não, ainda não. Não me pressione, Richard!" Mas foi outra vez numa noite que falou de repente: "Fiz-lhe o pedido! Vamos casar!" Será eternamente fiel a ela. Sabe o que quer. A coisa ficou decidida de vez.

O lado positivo de sua luta pela harmonia consiste em ser o tipo NOVE um excelente medianeiro e fautor da paz. Deseja um mundo sem conflitos e onde se possa viver em paz. O que ele mesmo procura, também o deseja a todos os outros. Não acredita que haja oposições intransponíveis. Pelo fato de o tipo NOVE não ter muitas vezes opinião bem definida, é capaz de assimilar qualquer ponto de vista e aceitá-lo. Toda a sua postura dá a impressão seguinte: "Sou capaz de compreender os dois lados e trazê-los para debaixo do mesmo teto – e aí vocês deveriam fazer o mesmo". Muitas pessoas confessam que inexplicavelmente sentem grande calma na presença de um tipo NOVE e conseguem relaxar. Na verdade, é difícil ficar realmente agressivo na presença de um tipo NOVE. Este muitas vezes não entende que, estando internamente dilacerado e em desarmonia consigo mesmo, esteja irradiando calma para os outros.

As pessoas do tipo NOVE são grande riqueza para os movimentos de paz e para os grupos que lutam por justiça. Não se deve esquecer que estas pessoas têm duas alas carregadas com energia de alta tensão: o tipo OITO e UM que superabundam de paixão e engajamento pelo direito e justiça e por um mundo melhor. O tipo NOVE é um *profeta manso*. Sua irradiação de paz desarma qualquer um. Consegue atuar eficazmente pelo fato de ser *indireto*. O tipo UM e, sobretudo, o tipo OITO assustam muitas vezes os outros; as pessoas se sentem ameaçadas por eles. O tipo NOVE, ao contrário, desperta confiança. A ele a gente "perdoa" muito mais. Entre as figuras clássicas da literatura mundial, temos o protótipo de um tipo NOVE: "Oblomow", de Iwan A. Gontscharow. O romance foi publicado em 1859[6]. Oblomow, um fazendeiro, que vive em Petersburgo, longe de sua fazenda Oblomowka, vegeta passivamente, com indolência e sem ânimo. A cama e um casaco são o seu mundo. Demora mais de 200 páginas do romance até o "herói" abandonar a cama.

Antes de meio-dia aparecem sete pessoas tentando fazê-lo se levantar. "Em analogia aos sete vícios capitais, personificam diversas tentações e fraquezas humanas"[7]. Mas todas as propostas sedutoras não conseguiram motivar Oblomow. Afundou num sonho com o paraíso perdido e com o mundo maravilhoso que teve na sua infância em Oblomowka.

Finalmente apareceu seu amigo alemão *Stolz* (orgulho) que o convenceu a mergulhar na vida social. Mas Oblomow sentiu ali a falta do "meio-termo em torno do qual tudo gira", percebeu o vazio, o tédio e a falta de sentido da vida atropelada.

Somente o amor a Olga faz Oblomow acordar e faz dele um "desvairado, alguém tomado de paixão". Olga sabe o que quer. E Oblomow se deixa dominar pelo pensamento e vontade dela. Mas não aguenta por muito tempo. Esta mulher exige demais dele. Só quer casar se ele prometer "aguentar" a vida toda. Ele, por sua vez, lhe propõe: "Aceite-me como sou; ame o que tenho de bom em mim!" Isto Olga não consegue.

Finalmente desperta nele o idílio de sua juventude para com a camareira de sua mãe Agafia ("a boa") e começa vida nova. "Como outrora em Oblomowka, transcorre a vida de Oblomow em meio a festividades religiosas e sociais, e termina um dia sem dor e sem consternação"[8].

A ortodoxa-russa Tatjana Goritschewa diz que Oblomow tem uma "alma emprestada e paradisíaca" e que deseja "viver de dentro para fora", mas não consegue dar o passo[9]. Apesar disso, seu sonho do paraíso, sua "uto-

---

6. GONTSCHAROW, Ivan A. *Oblomow*. Munique: [s.e.], 1980 [Traduzido do russo por Joseph Halm e posfácio de Rudolf Neuhäuser].

7. NEUHÄUSER, Rudolf. Ibid. p. 665 [no posfácio].

8. Ibid, p. 668.

9. GORITSCHEWA, Tatjana. *Die Kraft christlicher Torheit* – Meine Erfahrungen. Friburgo/Basileia/Viena: [s.e.], 1985, p. 97.

pia" é importante. O ideal de Oblomow é para Goritschewa "mais real do que qualquer afirmação do dia a dia"[10].

O dramaturgo de Munique Franz Xaver Kroetz que se ocupou por anos a fio dessa figura romântica levanta, em sua peça *"Oblomow"*, a questão se no "vício" do "oblomoverismo" não se trata talvez de uma *virtude*. Obviamente é adepto desse ponto de vista, pois apresenta o papel do Oblomow – diferentemente dos papéis de Olga e Stoltz – com muita simpatia[11].

Símbolos e exemplos

Os animais do tipo NOVE são o *elefante* que fica no zoológico sem fazer quase nada, que não age agressivamente, que tem gênio dócil, mas pode ser bem vingativo; naturalmente a *preguiça* e todos os *cetáceos,* sobretudo os *golfinhos.* As baleias e os golfinhos são os animais patronos do tipo NOVE redimido.

É de Günter Bruno Fuchs a bela poesia "A preguiça no zoológico":

A infantaria e a cavalaria querem portanto se acasalar.

Quem quiser me derrotar tropeçará em meu bocejo.

Para espanto do jogador de boliche que foi bom ontem, hoje e amanhã
rolei a bola mais silenciosa.

Oblomow
acariciou meu pelo,
eu o adoro[12].

Nos últimos anos muito se escreveu sobre baleias e golfinhos. O mundo fascinante desses animais merece uma exposição mais detalhada. O exuberante livro *Continente das baleias*, de Heathcote Williams[13], é um hino a esta espécie que o autor chama de "extraterrestre que veio aportar em nosso planeta".

As baleias gastam três vezes mais tempo brincando do que se alimentando. Emitem sons musicais e têm um sistema de entendimento bem complexo que certamente vai evoluindo sempre mais. Seu ouvido é vinte vezes mais sensível

---

10. Ibid., p. 98.

11. KROETZ, Franz Xaver. *Oblomow*. Munique: [s.e.], 1989. O aplauso cansado e os rostos de muitos espectadores da grã-fina sociedade de Munique faz supor que eles mesmos se tenham redescoberto na "bem-sucedida" ascensão de Stolz e Olga.

12. In: *Brevier eines Degenschluckers*. Munique: Hanser Verlag, 1960.

13. Frankfurt no Meno, 1988.

do que o do homem; o cérebro é no mínimo de igual tamanho e complexidade – inclusive o cérebro da baleia-azul é seis vezes maior do que o do homem. As baleias mantêm o equilíbrio ecológico do plâncton. Sem elas este cresceria exageradamente e tiraria o oxigênio do mar. As baleias só se multiplicam na medida em que há alimento para os descendentes. Os machos procuram atrair a atenção de suas amadas com cantos e exibições ousadas. Se morrer um filhote, a mãe o carrega nas costas até o corpo se decompor.

Já aconteceu muitas vezes que baleias, sobretudo golfinhos, tenham salvo a vida de pessoas. Ao que se saiba, nenhuma baleia agrediu alguma pessoa. Mas os homens prepararam para elas um verdadeiro "holocausto dos mares" para explorar seu corpo valioso. "Pelo fato de não possuir inimigos no mar, a baleia não acredita em ataques, assim como outrora os índios e os primitivos australianos"[14]. Os esquimós dizem: "Faz bem ao homem pensar numa baleia"[15].

Nós homens devemos aprender das baleias que seres inteligentes podem viver juntos sem se exteminarem mutuamente e sem destruir o mundo ambiente por causa de seus objetivos egoístas. Esta não agressividade é raro encontrá-la entre os homens; o tipo NOVE redimido a encarna melhor do que os outros tipos.

O *país* do tipo NOVE é qualquer um, antes de ser invadido pela civilização. Uma figura étnica muitas vezes usada é o *México*, mais especificamente o mexicano de *sombrero* que após o almoço faz a *siesta*. Esta imagem serve apenas de ilustração e não pretende atiçar preconceitos contra alguma nação.

A *cor* do tipo NOVE é o *ouro*, a cor dos deuses, reis e santos. Os monges budistas vestiam, como símbolo da iluminação, túnicas da cor ouro-açafrão. Assim como o ouro deve ser buscado no interior da terra, o tipo NOVE deve procurar seus dons e trazê-los à luz. A *época do ouro* e a *cidade de ouro* são imagens arquetípicas da paz, felicidade, harmonia e realização.

O patrono *bíblico* do tipo NOVE é o "profeta contra sua vontade" *Jonas*[16].

Recebera de Deus a incumbência de ir à cidade babilônica de Nínive, representante máxima do ateísmo, para anunciar-lhe o castigo de Deus. Jonas quer fugir dessa incumbência desagradável e toma um navio que vai na direção oposta: Társis. Deus faz surgir uma tempestade. O navio parece não resistir; todos os marujos rezam a seus deuses. Só Jonas dorme(!); o capitão precisou acordá-lo. Os marujos tiram a sorte para ver se um dos passageiros era o culpado da desgraça. A sorte caiu em Jonas. Ele mesmo sugere que o lancem ao mar; os marujos recusam a princípio, mas depois o fazem.

---

14. Ibid., p. 55.

15. Ibid., p. 50.

16. O livro de Jonas não é um relato histórico, mas uma parábola teológica sobre a tarefa do povo de Israel de anunciar a todos os povos a vontade salvífica de Deus.

A tempestade cessa de imediato. Um peixe enorme engole o profeta que sobrevive na barriga do animal; três dias mais tarde é cuspido na praia de Nínive. Cumpre então a tarefa e anuncia que Nínive será destruída daqui a 40 dias. Surpreendentemente os habitantes lhe dão ouvidos. O rei, a população toda e inclusive os animais começam a jejuar e usar vestes de penitência. Deus se arrepende do prometido e salva a cidade. Isto desagrada a Jonas que deseja novamente morrer. Saiu da cidade, construiu uma tenda e assentou-se à sombra para ver se a cidade seria destruída. Deus fez crescer uma mamoneira sobre Jonas para dar sombra à sua cabeça e sob a qual poderia tirar a *siesta*. Esta atenção especial agradou a Jonas. No outro dia, um verme picou a mamoneira e esta secou. Um vento oriental muito quente maltratou Jonas. Desejou novamente a morte. Mas Deus lhe deu uma lição de amor incondicional: "Tu tens pena da mamoneira que não te custou trabalho e que não fizeste crescer, que em uma noite existiu e em uma noite pereceu. E eu não deveria ter pena de Nínive, a grande cidade, onde há mais de cento e vinte mil homens que não distinguem entre direita e esquerda, assim como muitos animais?" (Jn 4,10s.).

A indolência de Jonas é na verdade resignação e vontade de morrer. Não lhe interessam nem a própria vida e nem a vida de Nínive. O sono e a morte parecem resolver todos os conflitos vitais. Deus chama a atenção de Jonas para um *ato de amor* que pode redimir ambos: o profeta e a cidade.

O psicólogo Abraham Maslow diz que muitas pessoas temem a própria grandeza e por isso fogem de uma vida plenamente vivida. Denominou esta atitude de vida de *síndrome de Jonas*: "Temos medo de nossos maiores potenciais (e também dos menores). Normalmente temos receio de nos tornarmos aquilo que vislumbramos em nossos momentos mais positivos. Nós apreciamos, nós vibramos com os potenciais quase divinos que em nós descobrimos nesses momentos de elevação. Ao mesmo tempo, porém, trememos de fraqueza, respeito e temor diante desses potenciais [...] Simplesmente não somos fortes o bastante para suportar ainda mais! – É perturbador e cansativo demais. Por isso dizem as pessoas em momentos de êxtase: 'É demais!' ou 'Não aguento mais!' ou 'Eu quase morro!' Nosso organismo simplesmente não está preparado para um excesso de grandeza. Para algumas pessoas este recuar assustado diante do próprio potencial de crescimento, este desatar das próprias expectativas, este medo de se expor totalmente, de mostrar a própria vulnerabilidade, a própria estupidez, a falsa modéstia, é, na realidade, medo da grandeza [...]"[17].

---

17. MASLOW, Abraham. Neurosis as a Failure of Personal Growth, apud BECKER, Ernest. *Dynamik des Todes* – Die Überwindung der Todesfurcht. Olten: [s.e.], 1976, p. 85.

Conversão e redenção

O *convite* ao tipo NOVE chama-se *amor* (incondicional). O tipo NOVE precisa sentir que é desejado, que é importante e que tem algo a dar. Precisa sentir que os outros – Deus e seus concidadãos – acreditam nele para que possa acreditar em si mesmo. O tipo NOVE redimido sabe amar incondicionalmente melhor que qualquer outro tipo. Já o comportamento do tipo não redimido assemelha-se ao seguinte amor total: Pelo fato de significar estresse e conflito julgar os outros ou com eles brigar, a aceitação das outras pessoas é, em certas circunstâncias, o caminho do menor esforço. Vemos, novamente, quão ambivalente é cada dom: Neste caso, existe o perigo de o tipo NOVE engolir também atitudes totalmente inaceitáveis das outras pessoas, só para não ter o trabalho da confrontação.

O tipo NOVE sabe melhor o que não quer do que o que quer. Por isso decide-se melhor quando possui varias opções que ele examina e vai eliminando tudo o que esbarra na resistência interna. A possibilidade que sobra, depois desse procedimento de escolha, deveria então ser experimentada.

Pertence às *tarefas vitais* do tipo NOVE superar o seu cinismo recôndito. Deve aprender a acreditar que existe dentro dele um núcleo de ouro e que possui uma fonte de energia capaz de fazê-lo agir de forma objetiva e decidida. O tipo NOVE é um tipo de barriga. Precisa *agir* com destemor e satisfação perante o perigo para testar-se a si mesmo. Enquanto permanecer por aí pensando, cairá em sempre maior resignação e finalmente se atolará de vez. Sua energia precisa de um ponto de referência. Precisa de algo para onde dirigir toda a sua força. Pessoas do tipo NOVE contam que ficam felizes quando conseguem distinguir o essencial do acessório, quando conseguem definir claramente as prioridades e agir consequentemente.

O lado positivo do anseio ambivalente que o tipo NOVE tem por harmonia e sossego é o desejo de conciliar tudo o que é contraditório, complexo e sem solução, de unir e integrar os opostos. As pessoas do tipo NOVE procuram a totalidade. O psicanalista Carl Gustav Jung era do tipo NOVE. Considerava uma de suas principais tarefas colaborar para integração da alma humana: bem e mal, masculino e feminino – tudo ele procurou unir. Descobriu também o "inconsciente coletivo", aquele nível psíquico mais profundo onde os opostos são abolidos porque lá todas as pessoas são iguais e "unas". O tipo NOVE sente-se profundamente ligado à origem do ser e pode ajudar os outros a fazerem o mesmo.

É bom que o tipo NOVE lute conscientemente para ter opinião própria, em vez de orientar-se pelos outros. Estruturas ordenadas e uma rotina diária sempre igual evitam que a energia global seja empregada já no planejamento ou que constantemente novos desvios retardem o "essencial". O tipo NOVE não deve abandonar-se ao fatalismo passivo, não deve deixar-se levar, ser totalmente cordato e entregar os pontos. É tarefa penosa, mas proveitosa para o tipo NOVE levar a bom termo projetos começados. Ao invés de planejar e querer demais, deveria executar o trabalho mais próximo e dar o primeiro passo.

Helen Palmer aconselha ao tipo NOVE vivenciar e expressar na fantasia raiva e agressões por tanto tempo até que os bloqueios sejam rompidos[18].

As pessoas do tipo NOVE redimidas talvez sejam as únicas a quem se poderia, de boa-fé, confiar o mundo, sem temer que se enriquecessem, explorassem os outros ou procurassem seu próprio proveito. Talvez pudessem salvar o mundo. O problema é que seriam as últimas a se animarem para isso ou de desenvolverem a ambição para subir a posições de influência.

Exemplo paradigmático de um tipo NOVE redimido é o *Papa João XXIII* (1881-1963), o "Papa pelo qual ninguém dava nada"[19]. Angelo Roncalli descendia de família camponesa, numerosa e pobre. Durante a vida toda conservou o hábito de camponês, acostumado a pouco conforto. Estava ligado de coração aos interesses dos pobres; já ao tempo que era secretário da diocese de Bérgamo apoiou os mineiros em greve. Não tinha ambição alguma por cargos eclesiásticos; sua preferência era ser pároco rural.

Mas, as coisas foram diferentes. Em 1925 foi enviado como Legado Papal à Bulgária e, pouco depois, a Istambul. Nesses anos teve que *intermediar* constantemente os interesses da Igreja Católica Romana e os de outras religiões (ortodoxa e islâmica). Chamavam-no de "Monsenhor cujo lema é: Vamos ter compreensão mútua". Durante a guerra conseguiu, através de certidões fictícias de batismo, que mais de 200.000 judeus fossem salvos das mãos dos nazistas.

---

18. PALMER, p. 377.
19. Epígrafe de FELDMANN, Christian. *Träume*, p. 186.

Nesse meio-tempo foi esquecido por Roma. Por isso todos – inclusive ele próprio – ficaram surpresos ao ser nomeado, em 1944, como Núncio em Paris. Novamente havia difíceis tarefas de intermediação. A Igreja Católica havia se envolvido demais com as forças de ocupação alemãs e tinha que ser "desnazificada", por assim dizer, para recuperar sua credibilidade. Desempenhou a tarefa com grande habilidade e espírito desarmado. Aos 72 anos de idade Roncalli tornou-se o Patriarca de Veneza. Finalmente podia estar de novo próximo do povo. Seu palácio episcopal mantinha as portas sempre abertas; o cardeal andava nas conduções coletivas e procurava contato com as pessoas simples. Em 1958, após longas e cansativas votações, foi eleito – certamente como candidato de compromisso e devido à idade avançada de 77 anos – como "papa de transição". Isto ele o foi de verdade, mas em bem outro sentido do que se imaginara. Cuidou para que a Igreja se renovasse radicalmente e se completasse a passagem para o ano 2000.

João XXIII sabia o que queria: abertura da Igreja para o mundo, simplificação e humanização do tratamento social e cooperação. "Simplificar o complicado e não tornar complicado o simples" era seu lema. Certa feita, surpreendeu seus cardeais com a ideia de realizar um concílio. Daí em diante perseguiu esta inspiração com tenacidade. Seu objetivo era trazer "novos ares" para a Igreja. Por meio do Concílio, o ecumenismo recebeu novo impulso, iniciou-se o diálogo com as outras religiões e com os não crentes, os bispos receberam mais voz ativa e a posição dos leigos dentro da Igreja mudou profundamente.

Além disso, o "papa bondoso" – como todos o chamavam – cuidava sobretudo da paz. Durante a crise de Cuba, intermediou, secretamente, as posições de Krutschov e Kennedy. Sua encíclica sobre a paz *Pacem in Terris* contém frases como estas: "Exige a justiça, o bom-senso e a noção de dignidade humana que cesse toda e qualquer corrida armamentista; que as armas estacionadas em vários países sejam reduzidas de parte a parte; que as armas atômicas sejam proibidas e que, finalmente, exerça-se um controle eficaz e bilateral de desarmamento"[20].

Expressões como as que seguem parecem o credo de um tipo NOVE redimido: "Paciência e calma são duas belas virtudes. Estar sempre ocupado, mas não padecer sob o aguilhão da pressa, isto é um pedaço do céu na terra. Além da vontade de Deus, nada há de interessante para mim". E: "Angelo, não te leves tão a sério"[21].

Isto faz lembrar Santa Teresa de Ávila que também era do tipo NOVE e que, como João XXIII, tinha o sentido da autoironia (uma consequência do fato de o tipo NOVE não se considerar muito importante). O lema de Teresa era: "Nada deve perturbá-la. Nada deve assustá-la. Só Deus basta!"

---

20. Ibid., p. 209.
21. Ibid., p. 197 e 200.

Parte III

DIMENSÕES PROFUNDAS

Conversão e nova orientação

O eneagrama distingue entre tipos da cabeça, do coração e da barriga (autoconservador, social e sexual), dependendo do centro a que estão *mais* ligados. No entanto, *cada* indivíduo é um microcosmo onde se encontram os três centros e que "funcionam" de forma específica em dado momento. Todos os nove tipos *pensam, sentem e agem*, possuem um *instinto sexual*, um *instinto de autoconservação* e *interesses sociais*. Todos os nove tipos cometem erros da cabeça e erros do coração. A seguir vamos dedicar-nos aos três centros separadamente e apontar quais os comportamentos especificamente errôneos e quais as possibilidades que existem em cada tipo. Muita coisa do que foi dito nas descrições dos tipos será aqui novamente sistematizada.

Armadilhas e convites

Quando Jesus convocou os homens à penitência, usou as seguintes palavras: "Está próximo o Reino de Deus. Convertei-vos e crede no Evangelho" (Mc 1,15). A palavra grega *metanoeite* – que consta no texto original do Novo Testamento – significa literalmente: "Mudai vosso modo de pensar, pensai diferente". Jesus convida as pessoas a olharem a si mesmas, o mundo e Deus de modo completamente diverso do que estavam acostumadas até agora. Convida-as a romperem com seu modo de pensar antigo e arriscarem "pensar de modo novo" aquilo que o Evangelho vem trazer, ou seja, que o Reino de Deus, feito de amor, está *próximo*.

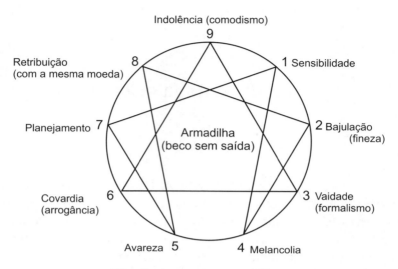

Fig. 3: As nove armadilhas

O eneagrama menciona as nove *armadilhas* do pensamento. Simultaneamente, cada tipo recebe um *convite* específico ou chamado para a conversão. Na maior parte da literatura sobre o eneagrama esses convites são chamados de "ideias sagradas" ou "ideias do centro espiritual mais elevado". Mas o conceito "convite", por nós escolhido, enfatiza que nós entendemos o convite à liberdade em primeiro lugar como proposta de Deus e não como obra nossa. Explicações mais pormenorizadas das diversas armadilhas e do convite encontram-se nas descrições dos tipos.

É de notar que o triângulo que vincula entre si os tipos centrais – da barriga, coração e cabeça – é formado pelas três "virtudes teologais" que Paulo enumera na Primeira Epístola aos Coríntios 13,13: "No presente permanecem estas três: fé, esperança e caridade; delas, porém, a mais excelente é a caridade". Também no eneagrama a caridade é a "mais excelente". Está no vértice que indica o começo e o fim do círculo.

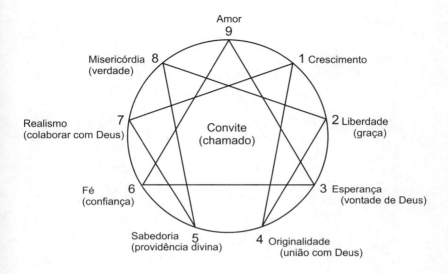

Fig. 4: Convite (chamado)

Pecados de raiz e dons do Espírito

Entende-se por *pecados de raiz* as compulsões *emocionais* ou atitudes errôneas. "Pecado" significa *separação* ou *errar o alvo*. Os nove pecados prometem intensificação da vida, mas produzem exatamente aquilo que desejam evitar: solidão, falta de sentido e vazio. Eles nos afastam de Deus, de nossos semelhantes, da natureza e de nós mesmos. Impedem que alcancemos o objetivo de nossa vida: *reconciliação* conosco mesmos, com nosso próximo e com Deus.

Os nove dons do Espírito são imagens da paixão ou pecado redimido. Não podem ser "produzidos", podem apenas *crescer*. São presentes da graça divina. Isto não nos condena à passividade. Paulo anima os coríntios: "Aspirai aos melhores dons" (1Cor 12,31). Esta "aspiração" pode assumir diversas formas: podemos pedir a Deus os seus dons; podemos também começar a viver "como se" já possuíssemos esses dons. Esses dons são expressão de nosso ser genuíno que não é deformado pelo poder do pecado.

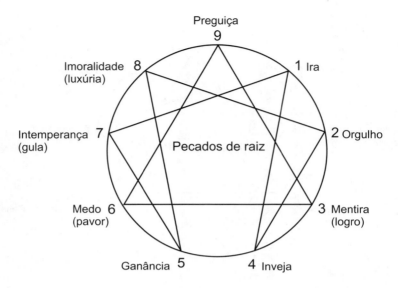

Fig. 5: Pecados de raiz

Fig. 6: Dons do Espírito

Subtipos: sexual – social – autoconservador

Ao âmbito da barriga são atribuídos os três instintos básicos: o *sexual*, o *social* e da *autoconservação*. Estes instintos fazem parte da "matéria-prima" de nosso ser; portanto, não são passíveis de conversão. Tentativas de "eliminar" os instintos, como as fizeram os ascetas de todos os tempos, levam à deformação da personalidade toda. Nossa proposta é "domar" os instintos para que não estraguem a vida, mas sirvam a ela. Às vezes os instintos nos parecem monstros maldosos que espreitam, incontroláveis, no fundo da alma. O símbolo do dragão foi sempre usado para descrever a essência dos instintos. Podemos tentar matar os dragões – como o fizeram São Jorge e o Arcanjo Miguel. Mas também há outra possibilidade: na legenda de Santa Marta consta que a santa domou um dragão que, então, passou a segui-la fielmente. Conta-se que Francisco de Assis fez amizade com o lobo de Gúbio, temido por todos os moradores da cidade. Neste sentido, aconselhamos a domar o dragão e a "abraçar" o lobo.

O eneagrama parte do princípio de que toda pessoa é dominada por *um* dos três instintos básicos. Por isso, surgem em cada um dos nove tipos três subtipos. A respectiva situação de vida vai determinar a que subtipo alguém pertence *em primeiro lugar* em dado momento: é de supor que na vida profissional alguém viva mais seu subtipo social; na vida casada, o sexual e em períodos de isolamento e reclusão, mais o autoconservador.

a) Subtipos sexuais

UM: *Ciúme*. O tipo UM sexual procura controlar o parceiro. Observa-o passo a passo e teme que outra pessoa possa ser mais atraente. Martiriza-se intimamente de ciúme e medo de perder, mas é incapaz de admitir este sentimento "imperfeito" e manifestá-lo. O ciúme nasce do medo de que outra pessoa possa ser "mais perfeita" e, por isso, mais atrativa. O tipo UM sexual também pode estender este "zelo" a seus "interesses" e ser muito impetuoso como Paulo que, antes de sua conversão, "respirava ameaças e morte contra os discípulos do Senhor" (At 9,1).

DOIS: *Sedução/agressão*: O tipo DOIS sexual esforça-se continuamente para obter sinais de simpatia e aproximação, tudo fazendo, por exemplo, para arranjar um ambiente agradável para um encontro amoroso. Tenta, por todos os meios, ignorar e vencer os empecilhos objetivos que tornam impossível uma relação, não aceitando qualquer argumento racional ("o amor supera tudo"). O amor do tipo DOIS sexual consiste sobretudo em vencer obstáculos. Como *auxiliares,* esses tipos são dominadores, tomam os outros pelas mãos e sabem o que é melhor para seus clientes.

TRÊS: *Masculinidade/feminilidade*: O tipo TRÊS sexual procura corresponder à imagem sexual ideal de seu tempo e de seu grupo. Desempenha com perfeição o papel masculino ou feminino que é valorizado em seu grupo ou na sociedade. Conquistas sexuais são importantes para sua autoavaliação como símbolos de sucesso.

QUATRO: *Concorrência*: O tipo QUATRO sexual deriva sua autoavaliação da comparação com os outros. Por isso é tentado a derrotar as pessoas – cuja atenção deseja – em seu próprio campo de conhecimentos, só para impressioná-las. Muitas vezes a outra pessoa entende esta atitude como concorrência *contra* ela. O lado destrutivo de um tipo QUATRO sexual não redimido manifesta-se quando engana os outros para derrubá-los. O logro bem-sucedido é prova suficiente de que é "igual" ou superior à pessoa invejada.

CINCO: *Confiança*: O tipo CINCO confia em poucas pessoas. Só em situações de especial relacionamento revela seus segredos. Só convida a entrar no seu "castelo" as pessoas em que realmente confia. A sexualidade é para ele uma forma não verbal de comunicação que livra da penosa tarefa de expressar seus sentimentos por meio de palavras. O tipo CINCO, de orientação sexual, age com relação ao meio ambiente de forma "fria" e autoconsciente, pode parecer aos outros muito convincente e, assim, exercer influência.

SEIS: *Força/beleza*: A vulnerabilidade de um relacionamento intenso mobiliza a desconfiança do tipo SEIS. O homem do tipo SEIS sexual tem normalmente uma orientação contrafóbica. Por meio de certa *frieza, dureza,* e *força* fingida, pode mostrar que ele tem o controle. A mulher do tipo SEIS sexual pode manifestar sua força na arte da sedução. Gosta de assumir o papel do meigo e arisco veado que se mostra inacessível. Dessa forma pode atrair e repelir o pretendente.

SETE: *Suscetibilidade*: O tipo SETE sexual aumenta a vivência da relação por meio de fantasias que são mais importantes do que os fatos. Ele é fetichista: um "artifício" pode ser mais interessante do que uma relação vivida e real. Nas relações sexuais, está aberto aos impulsos do parceiro, enquanto não estiverem ligados a dor, muita profundidade ou exigências penosas.

Fig. 7: *Subtipos sexuais*

OITO: *Procura de posses/dedicação*: O tipo OITO sexual quer controlar tudo e tomar posse de tudo, inclusive do parceiro. Espera do outro dedicação de corpo e alma. É capaz de igual dedicação se notar que o parceiro tem o mesmo sentimento e que não vá aproveitar-se de "posição de poder". Existem – não apenas em caricaturas – homens do tipo OITO que são fortes em relação ao mundo externo, mas que no lar se submetem à esposa. Pessoas do tipo OITO sexuais estão ligadas a "carros velozes, um estoque inesgotável de bebidas, belas mulheres e belos homens. Têm orgulho de sua dureza e são as mais rebeldes de todos os tipos".

NOVE: *União*: O tipo NOVE sexual preferiria viver em ou através de outro, seja uma pessoa ou Deus. Percebe com mais clareza os sentimentos do outro que os próprios e sente, até mesmo fisicamente, o que está acontecendo com a pessoa amada. O tipo NOVE sexual torna o parceiro feliz e ele mesmo fica feliz pelo reflexo da felicidade do outro. Mas o parceiro não deve exigir demais; a relação não deve exigir grande aplicação da sua parte.

b) Subtipos sociais

UM: *Inconformidade*: O tipo UM não está disposto a se identificar incondicionalmente com um sistema social imperfeito. Do contrário, parecer-lhe-ia estar acobertando as falhas dele. Considera, antes, sua tarefa reformar constantemente o sistema e tem, além disso, uma tendência moralizante. Ao mesmo tempo receia que os guardiães do sistema possam ter algo de que o acusar. É a posição da "solidariedade crítica" e do "sim-mas".

DOIS: *Ambição*: O tipo DOIS social procura influência social. A exemplo do Apóstolo João, quer estar perto do mestre e partilhar de sua força. Não precisa ele mesmo ter êxito, mas quer desempenhar papel importante na vida de pessoas influentes. O tipo DOIS social tem um instinto infalível para adivinhar quem são as "pessoas importantes" e delas procuram aproximar-se.

TRÊS: *Prestígio*: O tipo TRÊS social quer ser bem-visto e gozar de alto prestígio social. É indicador de tendências, manipulador de opiniões e tem bom faro para "o que está no ar". Consegue formular o consenso do grupo antes mesmo que o problema seja discutido. Muda de comportamento e de papel tão rapidamente quanto um camaleão e, devido a isso, consegue manter uma boa imagem. Sua atitude é determinada pelas possíveis reações dos outros, cujo aplauso é de vital importância para ele.

QUATRO: *Vergonha*: O tipo QUATRO social envergonha-se sem conhecer a verdadeira razão dessa vergonha. O tipo QUATRO social não redimido julga-se incompreendido; acha que será desprezado pelos outros e teme que seus companheiros possam ler e reprovar seus pensamentos e sentimentos. Teme igualmente que sua aparência externa possa não ser aceita. Tem vergonha inclusive do fato de não conseguir satisfazer os seus próprios padrões elitistas. O tipo QUATRO social emprega seu charme – muitas vezes irresistível – para atenuar a pressão social que pesa sobre ele.

CINCO: *Totens*: Para o tipo CINCO social é muito importante pertencer a um "grupo de iniciados" que estão ligados pelo mesmo conhecimento esotérico ou pelo mesmo *hobby* (abstruso) e em estreito contato com o "guru". O tipo CINCO social procura aproximar-se de outros entendidos e das pessoas-chave de um grupo, e espera ser reconhecido pelos verdadeiros mestres de seu grupo. Adora comunicar-se numa língua-código, só entendida pelos iniciados. Este subtipo vai atrás de títulos, diplomas e outros símbolos de poder espiritual.

SEIS: *Dever*: O tipo SEIS cumpre seu dever e se atém às obrigações de um grupo para assim conseguir a aceitação do grupo. É contra a quebra de regras, por mínima que seja, pois, segundo sua opinião, isto ameaça o sistema. Uniformes (mesmo os civis) e atitude correta são meios auxiliares de manter o grupo unido. Também no relacionamento a dois procura observar as regras que, segundo pensa, correspondem ao sistema de valores do outro. O tipo SEIS social é conservador e pode reagir com ansiedade quando se pretendem introduzir "novidades".

SETE: *Disposição ao sacrifício*: Em caso de necessidade o tipo SETE social pode arregaçar as mangas e fazer grandes sacrifícios em prol de sua família, de seu grupo, empresa ou povo. Seu otimismo lhe diz que as dificuldades são temporárias e que todos em breve serão novamente felizes e que novas opções se apresentarão. É capaz, inclusive, de dar sua vida por uma "boa causa" e pelo bem-estar da humanidade. Está consciente ao mesmo tempo de que todo "sacrifício" encerra suas próprias virtualidades.

OITO: *Amizades*: O tipo OITO social dá grande importância a relacionamentos harmoniosos, que todos sejam "felizes" e não tenham motivos para praticar a injustiça contra os outros. Cultiva as amizades e é capaz de dar a última camisa a seu amigo. As pessoas do tipo OITO social podem ser líderes de proa que mantêm unida a comunidade e permitem ao fraco encontrar nelas arrimo.

NOVE: *Participação*: O tipo NOVE quer estar junto e participar. Quando se dispõe a entrar numa comunidade, sabe que pode contar sempre com a energia vital dos outros e não precisa dar tratos à bola para saber como passar o tempo. Sua tendência é levar apenas parte de si mesmo para dentro da atividade do grupo e precisa aprender a participar sempre mais ativa e "plenamente".

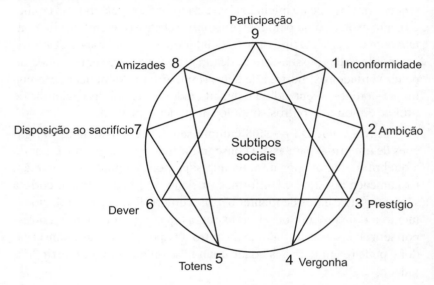

Fig. 8: Subtipos sociais

c) *Subtipos de autoconservação*

UM: *Ansiedade/timidez*: O tipo UM autoconservador teme por sua performance. Um único erro poderia levar tudo a perder. Devido à sua imperfeição, já mereceram naufragar, pois imperfeição é um *mal*. O tipo UM vive continuamente preocupado com a possibilidade de cometer um erro que seja arruinante. Por isso, tende sempre, entre outras coisas, a interromper e melhorar seu discurso.

DOIS: *Privilégio*: O tipo DOIS autoconservador acha que, devido à sua bondade, santidade e amabilidade merece privilégios especiais ("tenho direito a..."). Parte do princípio de que os outros precisam recompensar sua atenção e dedicação. Teme ser passado para trás se ele mesmo não cuidar para tomar a dianteira. Por trás da fachada abnegada do tipo DOIS existe uma pessoa que detesta a palavra renunciar.

TRÊS: *Segurança*: O tipo TRÊS autoconservador procura garantir seu *status*, seu êxito e sua reputação. Dinheiro e posses garantem o futuro. Para ter esta segurança o tipo TRÊS está disposto a grandes sacrifícios. Trabalha duro para conservar ou construir seu *status* social. Descer de padrão social e fracassos profissionais ou financeiros são pesadelos que devem ser evitados a todo custo.

QUATRO: *Defesa*: O tipo QUATRO autoconservador se recusa terminantemente a abandonar sua autoimagem de que é alguém especial. Qualquer um ou qualquer coisa que tente mudá-lo há de contar com sua resistência. As pessoas do tipo QUATRO autoconservadoras sentem-se incompreendidas, retraem-se e sofrem caladas. Sua fantasia é dominada pela lamúria da tragédia de sua existência.

CINCO: *Refúgio*: "My home is my castle": O tipo CINCO autoconservador precisa para sua autoconservação de um lugar reservado em que possa ficar à vontade, sem perturbação das expectativas e presença dos outros. Nessas horas de isolamento, recarrega as baterias para suportar melhor o cansaço do intercâmbio com os outros. Neste espaço limitado, pode esconder-se e dar vazão a seus pensamentos bastante incomuns.

SEIS: *Calor*: O tipo SEIS autoconservador irradia calor e simpatia para desarmar potenciais agressores. A atitude do tipo SEIS autoconservador está vinculada à sua profunda desconfiança e se assemelha à do tipo DOIS: "Se os outros gostam de mim, jamais vão me agredir". Às vezes apela para um humor grotesco a fim de ganhar a simpatia dos outros.

SETE: *Proteção*: Para minimizar a ameaça a seu mundo querido por inimigos ou outros perturbadores, o tipo SETE autoconservador procura cercar-se de pessoas com os mesmos pensamentos, que defendem os mesmos interesses e que visam aos mesmos objetivos. A família é muito importante para este subtipo. O tipo SETE autoconservador é um defensor ardoroso de associações: pode ser um clube carnavalesco ou de boliche, um coral ou um círculo carismático onde se festeja a alegria em *comum*: "Unidos somos invencíveis".

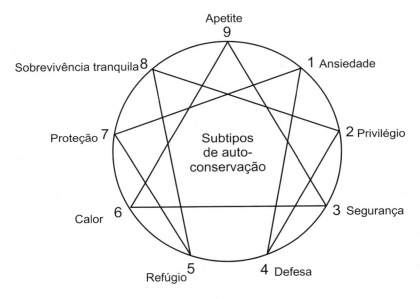

Fig. 9: Subtipos de autoconservação

OITO: *Sobrevivência tranquila*: O tipo OITO autoconservador acha injusto quando não consegue o que "merece". Controlando seu espaço vital, procura fazer frente à ameaça a seu "patrimônio". Não suporta que coisas pequenas não "funcionem". Se novamente alguém houver esquecido hoje de comprar pasta de dente, amanhã todo o sistema pode desmoronar.

NOVE: *Apetite*: O tipo NOVE autoconservador minimiza as ameaças da vida através da narcotização, seja no comer, no beber ou em ver televisão. Quando, por exemplo, está "devorando" um livro interessante, é capaz de esquecer o mundo à sua volta e negligenciar suas tarefas e necessidades. Estas pessoas são as "crianças desleixadas" que têm medo de não receber nada. Fazem provisões de comida, bebida, livros etc. para ficarem "calmas" e colecionam coisas de que nunca vão precisar, mas que estão disponíveis para "qualquer eventualidade". Após breves fases de atividade ou de execução de pequenas tarefas já podem estar completamente exaustas.

Autoimagem idealizada e sentimento de culpa

A pressuposição do eneagrama que existam nove tipos *fundamentais* de pessoas deixa em aberto uma série de questões: Como pode ser, então, que em cada um desses nove grupos haja pessoas tão *diferentes*? Existem tipos mistos? Não teria cada pessoa em si traços de todos os nove números do eneagrama? Como saber que pertenço a determinado grupo? O que fazer para superar minhas compulsões?

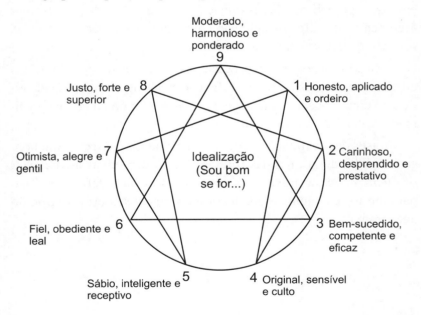

Fig. 10: Idealização

Algumas dessas questões já foram rapidamente abordadas. Nesta terceira parte do livro queremos aprofundá-las sistematicamente. Além disso, acrescentaremos certos aspectos que, por motivos de melhor compreensão, não foram incluídos na descrição dos tipos.

Devido à sua disposição de conformar-se aos pais ou ao mundo ambiente e devido a fatores sociais, cada pessoa constrói, ao longo de seu desenvolvimento, certos *ideais* que deseja realizar. Nossa autoimagem é determinada em primeiro lugar por esses ideais. E é também por esses ideais que avaliamos os outros.

Os sentimentos de culpa nascem quando ficamos aquém de nossos ideais. Acusamos os outros quando estes não levam em conta *nossos* ideais. Infelizmente esses ideais assumidos são muitas vezes falsos ou, no mínimo, exagerados. Sem considerar que na tentativa de concretizar nosso ideal corremos o perigo de cair em nossa armadilha ou em nosso pecado de raiz. Na maioria dos casos, só desenvolvemos sentimentos de culpa quando não conseguimos realizar nosso *ideal*, mas não quando "caímos na armadilha".

O tipo DOIS, por exemplo, desenvolve sentimentos de culpa quando acha que não está fazendo o suficiente pelos outros; mas sua identificação com o papel de ajudante é exatamente o ponto em que facilmente sucumbe a seu *orgulho*.

Frases de idealização podem ser formuladas assim: "Sou bom se for..." Os diagramas das figuras 10 e 11 contêm as nove *frases de idealização* e as nove *autoimagens*. Estas "autodefinições" são para muitos excelente ajuda na descoberta de seu próprio tipo do eneagrama.

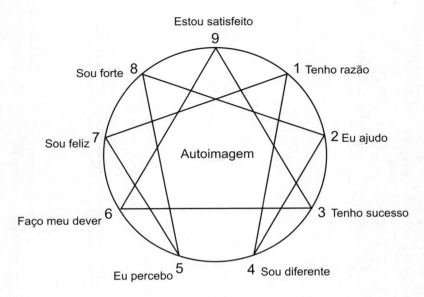

Fig. 11: Autoimagem

Tentação – fuga – defesa

Para maior clareza, apresentamos em forma de diagramas novamente as tentações, fugas e mecanismos de defesa específicos dos nove tipos.

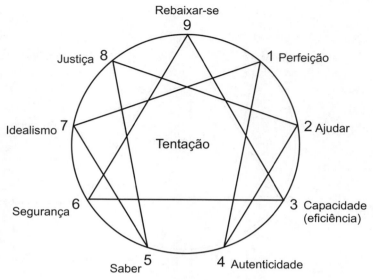

Fig. 12: Tentação

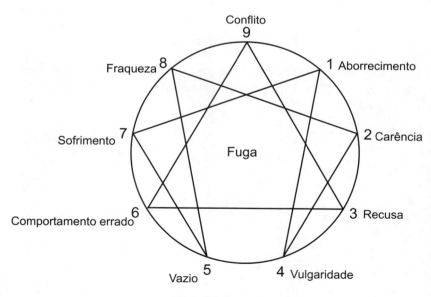

Fig. 13: Fuga

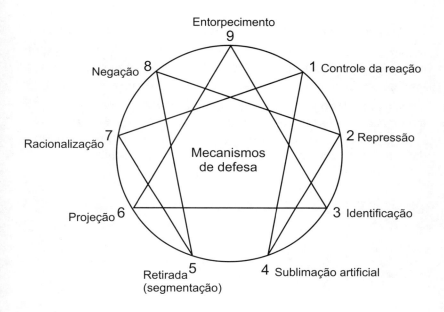

Fig. 14: Mecanismos de defesa

O tríplice contínuo

Não redimido – "normal" – redimido

Já mencionamos que cada um dos nove tipos apresenta um contínuo, ou seja, que em cada tipo há diversas graduações. Os tipos se movem entre dois polos: de um lado temos a personalidade *imatura, não redimida* ou *doente*; de outro, a personalidade *madura, redimida* e *sadia*. Entre os dois polos está o caminho do amadurecimento e da redenção; os representantes "normais" ou medianos de um tipo encontram-se em algum lugar entre dois extremos.

Usamos de propósito o jargão psicológico (*amadurecimento*) e o jargão religioso (*redenção*) para descrever o mesmo processo, pois num caminho autenticamente interior não é possível separar desenvolvimentos psíquicos e espirituais; eles se condicionam e se subsidiam.

Quando as coisas vão bem, todos passamos por um processo de integração; mas há também fases de *estagnação* ou de *recaída* num estágio imaturo (*regressão, desintegração*). Além disso partes redimidas e não redimidas da personalidade se misturam dentro de nós.

Fig. 15: Atitude não redimida

Fig. 16: Atitude "normal"

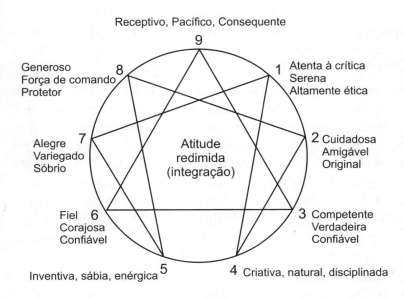

Fig. 17: Atitude redimida

As alas

Nas duas subdivisões a seguir, chegamos à parte do eneagrama impossível de fundamentar racionalmente. Só é possível aferir pela experiência a verdade das afirmações a seguir: mostrou-se que as pessoas que trabalharam a si mesmas com a ajuda das teorias do eneagrama mudaram positivamente. Por isso é provável que ninguém tenha construído ou inventado o eneagrama, mas que se trata da descoberta intuitiva das "normalidades" anímico-espirituais.

O círculo completo, abrangido pelo eneagrama, é uma espécie de *perpetuum mobile*, um sistema cíclico que se renova a si mesmo: na medida em que andamos numa ou noutra direção, as "energias" se modificam aos poucos e continuamente. O eneagrama não dá saltos entre os tipos. Isto significa que todo número contém em si parte de seus números vizinhos, sendo por eles codeterminado e contrabalançado. Os tipos que estão imediatamente à minha direita e esquerda são minhas *alas*. Por exemplo, o tipo CINCO contém em si partes de suas alas QUATRO e SEIS. É, antes de tudo, determinado pelas energias, bloqueios e dons do tipo CINCO, mas há dois "campos de batalha laterais". Também as energias de ambas as alas podem – independentemente do grau de desenvolvimento da energia principal – atuar de forma não redimida (imatura), "normal" ou redimida (madura).

O trabalho com as alas é um primeiro e importante passo para a integração de toda a personalidade. O tipo UM, por exemplo, que nada mais é do que um tipo UM, torna-se facilmente arrogante, presunçoso, hipercrítico e quer ensinar ao mundo todo o que é certo e errado. A ala DOIS equilibra isto; cuida para que o tipo UM não fique preso apenas em seus ideais morais, mas que procure o amor e a dedicação dos outros, na intenção de servi-los. A ala NOVE, do outro lado, equilibra a mania de trabalhar do tipo UM. O *trabalho-ólico* tem uma ala preguiçosa que – quando este volta a seu normal – providencia sua recuperação.

Na maior parte das vezes só é cultivada uma das alas na primeira metade da vida. Uma das tarefas da segunda parte da vida é procurar a segunda ala até agora subdesenvolvida. Mesmo as pessoas que não conhecem o eneagrama fazem isto inconscientemente.

O fato de cada tipo ter duas alas ajuda a determinar o número do eneagrama do indivíduo. Muitas vezes os "novatos" oscilam entre dois ou três números vizinhos. Se forem apenas dois números, então se trata provavelmente do tipo real e uma de suas alas; se forem três, o do meio indica muitas vezes o tipo real. Quem oscila entre dois números que vêm separados por um terceiro, por exemplo entre NOVE e DOIS, deveria ocupar-se com o número do meio (no nosso exemplo, o número UM). Dado o fato de sermos muitas vezes cegos para o nosso pecado de raiz, pode acontecer que nos identifiquemos mais com este "pecado lateral".

O fato de o círculo do eneagrama se mudar continuamente tem outra consequência. Para chegar a um ponto energético que não é meu vizinho direto tenho que percorrer os pontos que estão no meio. Quando eu (Andreas Ebert) iniciei um ano sabático, para me recuperar do trabalho pastoral de oito anos, procurei involuntariamente um ponto NOVE, quando sou um tipo DOIS. Isto na prática significou para mim que fiz arrumação, paguei contas, coloquei em dia a documentação. Só depois que a *ordem* foi feita (tipo UM) é que cheguei ao *descanso* (tipo NOVE). Nesta época intensifiquei as relações com algumas pessoas do tipo NOVE.

A preponderância de uma das duas alas pode influenciar fortemente a imagem da personalidade: um tipo SETE com ala SEIS dominante distingue-se notoriamente de um tipo SETE onde predomina a ala OITO. Há pessoas também que se identificaram por tanto tempo com sua ala que tiveram que ser "redimidas" aceitando a verdadeira energia desta.

Com ala NOVE	**UM**	Com ala DOIS
intolerante	não redimido	hipócrita
impessoal	normal	controlador
justo	redimido	misericordioso
Com ala UM	**DOIS**	Com ala TRÊS
condenador	não redimido	interesseiro
ambicioso	normal	adaptado
animador	redimido	cordial
Com ala DOIS	**TRÊS**	Com ala QUATRO
pérfido	não redimido	prosa
atraente	normal	exigente
sensitivo	redimido	intuitivo
Com ala TRÊS	**QUATRO**	Com ala CINCO
maníaco	não redimido	sovina
mania de êxito	normal	enigmático
simpático	redimido	criador
Com ala QUATRO	**CINCO**	Com ala SEIS
desesperado	não redimido	desconfiado
sensível	normal	bloqueado
inspirado	redimido	aplicado
Com ala CINCO	**SEIS**	Com ala SETE
arrogante	não redimido	em pânico
legalista	normal	rabugento
perito	redimido	caloroso
Com ala SEIS	**SETE**	Com ala OITO
mania de confirmação	não redimido	ávido
defensivo	normal	mundano
alegre	redimido	líder
Com ala SETE	**OITO**	Com ala NOVE
explosivo	não redimido	de sangue frio
negociante	normal	dominador afável
magnânimo	redimido	bondoso
Com ala OITO	**NOVE**	Com ala UM
vingativo	não redimido	arbitrário
sensual	normal	vaidoso
amável e forte	redimido	puro

Fig. 18: As alas

Na figura 18, "As alas", vem apresentado com três palavras-chave como uma ala dominante pode influenciar a respectiva imagem da personalidade. Mostram *um* traço característico do tipo não redimido, normal e redimido em relação à ala, mas não pretendem dizer que isto seja absolutamente exato[1].

As setas (verdadeiro e falso consolo)

O eneagrama contém um terceiro contínuo (duplo). Vem marcado pelas linhas unitivas (setas) que ligam *primeiramente* os pontos 9-6-3-9 e em *segundo lugar* os pontos 1-4-2-8-5-7-1.

A direção da seta marca o caminho da regressão e desintegração. Em situações de estresse, as pessoas se dirigem, na busca de alívio e consolo, *com a seta*, a um tipo do eneagrama que chamamos de ponto de estresse. Neste ponto, porém, só encontram *falso consolo* que, com o tempo, passa a ser destrutivo. O caminho oposto ao da seta é o caminho da integração. Em momentos de sensação positiva da vida, após vivências altas de libertação e a caminho da maturidade espiritual, a pessoa encontra *verdadeiro consolo* nas qualidades positivas da energia que desenvolve quando se dirigem a seu *ponto de consolo* contra a direção da seta. Por exemplo: um tipo DOIS, sobrecarregado e prestes a entrar em parafuso, é parecido com a imagem do tipo OITO não redimido (ponta da seta): torna-se autoritário, agressivo e, nos casos mais graves, violento. Seu falso consolo está na idealização do tipo OITO: "Sou poderoso". O mesmo tipo DOIS chega ao consolo e integração se for ao tipo QUATRO, descobrindo e vivendo seu lado estético e criativo: "Sou algo especial, mesmo que alguma vez não esteja disponível para os outros". O "discernimento dos espíritos" de que falam Paulo e Inácio significa desenvolver uma "certeza instintiva" espiritual que permite distinguir quais os meus impulsos que produzem vida e quais os que destroem a vida. Segundo Inácio, o falso consolo se manifesta em *confusão espiritual, alvoroço* e *trevas*, em *inquietação*, ou *repugnância*, em *desespero* e *egoísmo*. O verda-

---

1. WAGNER, p. 104.

deiro consolo, porém, manifesta-se na experiência de um *fogo espiritual, gratidão, paz* e *fortaleza*[2].

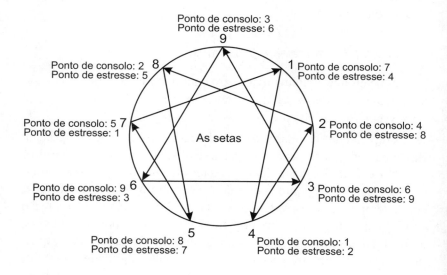

Fig. 19: As setas

As considerações a seguir pressupõem o conhecimento das descrições da personalidade e às vezes se referem a exemplos lá citados.

UM

Falso consolo: O tipo UM vai ao tipo QUATRO. O tipo UM não redimido quer ter razão a todo custo e condena os outros. É zeloso demais, impessoal e cheio de raiva reprimida. Quando o tipo UM está esgotado,

---

2. Uma apresentação mais pormenorizada temos em Riso, em adendo à sua descrição dos tipos. Riso discorda neste ponto de nós, uma vez que aceita apenas uma ala para cada tipo.

dirige suas agressões contra si próprio e assume os traços mais subjetivos, mais melancólico-depressivos e mais autodestrutivos do tipo QUATRO não redimido (as autoflagelações de Lutero quando monge). O autorretrato do tipo QUATRO ("Sou algo especial") pode levar também a que pessoas do tipo UM "estressadas" comecem a incensar-se a si mesmas. Paulo, em sua polêmica desagradável com a comunidade de Corinto, nem sempre escapou desse perigo: "Que ninguém me tenha por insensato ou senão tomai-me por insensato para que também eu possa gloriar-me um pouco [...] Vós, sendo homens sensatos, suportais de boa vontade os insensatos [...] De tudo que qualquer outro ousa contar vantagens, digo em loucura, também ousarei eu. São hebreus? São israelitas? Também sou. São da descendência de Abraão? Também sou. São ministros de Cristo? Falando como louco, eu sou mais ainda. Muito mais pelos trabalhos, muito mais pelas prisões, pelos açoites sem conta. Muitas vezes vi a morte de perto [...] Três vezes fui flagelado com varas. Uma vez, apedrejado. Três vezes naufraguei, uma noite e um dia passei no alto-mar. Viagens sem conta, exposto a perigos nos rios, perigos de assaltantes, perigos da parte de pagãos, perigos na cidade, perigos no deserto, perigos no mar, perigos entre falsos irmãos. Trabalhos e fadigas, repetidas vigílias, com fome e sede, frequentes jejuns, frio e nudez [...]" (2Cor 11,16s.). Nos piores casos, o tipo UM desintegrado termina em completa resignação e já não é capaz de fazer nada para melhorar sua situação (ou do mundo).

Consolo verdadeiro: O tipo UM vai ao tipo SETE. O tipo UM concentrado e controlado precisa aprender a se soltar, ser alegre, festejar e "não fazer caso das coisas". O tipo UM redimido continua trabalhando duro, mas encontrou certa facilidade e paz interior; é capaz de aceitar que está *a caminho* e não no objetivo. Em Lutero, podemos encontrar uma alegria descontraída depois de sua experiência da torre: ficou sociável, gostava de ter convidados à sua mesa, cantava e festejava. É célebre a afirmação dele: "Aqui estou, tomando minha cerveja de Wittenberg, enquanto o Reino de Deus avança sozinho e cresce sem que nós o percebamos". Tons de alegria também soam em Paulo quando escreve à comunidade de Filipos que – ao contrário da de Corinto – sempre o tratou com amor e respeito: "Dou graças a meu Deus cada vez que de vós me recordo. Em todas as minhas orações rezo sempre com alegria por todos vós [...] Alegrai-vos sempre no Senhor, repito: alegrai-vos [...] Não vos inquieteis por coisa alguma. Em todas as circunstâncias apresentai a Deus vossas necessidades em oração e súplica, acompanhadas de ações de graças" (Fl 1,34; 4,4.6).

DOIS

Falso consolo: O tipo DOIS vai ao tipo OITO. O tipo DOIS se considera "insubstituível" e quer que os outros tenham a culpa dele. Nele ferve bastante raiva incógnita pelo fato de seus companheiros (e Deus) serem tão ingratos. Normalmente o tipo DOIS é amoroso para não sofrer qualquer perda de amor. Mas quando se sente humilhado, rejeitado e explorado por muito tempo, parte para o contragolpe e se assemelha ao tipo OITO não redimido ("Sou poderoso"). Neste período o tipo DOIS é regido por uma *escuridão* que extingue sua capacidade amorosa. Seu ódio e amargura para com as pessoas que não corresponderam "de modo adequado" a seu amor podem ser ilimitados. Normalmente a manifestação se dá através de comportamento passivo-agressivo, mas em casos excepcionais também pode ser através de ações violentas. Vimos anteriormente como a serviçal Marta agride sua irmã Maria e também seu hóspede Jesus porque se sentia explorada e passada para trás. Também vimos o lado agressivo do discípulo preferido João: Queria destruir a vila onde Jesus e seus discípulos não foram recebidos.

Consolo verdadeiro: O tipo DOIS vai ao tipo QUATRO: O tipo DOIS no caminho da integração abandona a ideia fixa de fazer justiça a todos e de salvar o mundo. Também sua autoimagem irreal "Sou o amor em pessoa" pode, em última análise, ser relativizada. O tipo QUATRO assume o lado escuro da *própria* alma, em vez de – como o tipo OITO – procurar a culpa nos outros. A constatação de sua própria fragilidade e pecaminosidade quebra o orgulho do tipo DOIS e lhe abre os olhos para ver que também ele precisa de redenção e que vive da graça de Deus. A experiência do amor de Deus leva a uma autêntica aceitação de si mesmo ("Sou alguém especial") que se manifesta principalmente no fato de o tipo DOIS fazer amizade consigo próprio, suportar a solidão, descobrir e aceitar as próprias necessidades e desenvolver seu lado criativo *por causa dele mesmo* – e não *só* para poder fazer o "bem" aos outros. O tipo DOIS no ponto QUATRO é capaz de ser *agradecido* e se alegrar pela vida que tem. O amor do tipo DOIS integrado já não é pegajoso e interesseiro, mas permite ao ser amado seu próprio desenvolvimento. O tipo DOIS "consolado" consegue alegrar-se devido a pequenos sinais de atenção e não exige de si ou dos outros coisas extraordinárias. Quando faz o bem, visa sobretudo à pessoa que precisa de ajuda e não tanto ao agradecimento.

Eu (Andreas Ebert) tive, há uns dez anos, uma experiência que ilustra o que pode acontecer a um tipo DOIS quando está em seu ponto de consolo QUATRO: Nas férias estive hospedado na casa dos pais de um amigo meu norueguês e fui muito bem recebido. O estresse e demais pesos sumiram. Nesta situação de aconchego, sentei-me ao piano e em questão de uma hora compus a "canção que dá coragem às crianças":

Quando alguém diz: "Eu gosto de você; eu acho você o máximo", então me arrepio todo e recebo um pouco de coragem.

Quando alguém diz: "Preciso de você; não consigo sozinho", então sinto um frio na barriga e já não me considero pequeno.

Quando alguém diz: "Vem comigo; juntos somos muito mais", então fico vermelho porque me alegro e a vida me dá prazer.

Deus lhe diz: "Amo-o e gostaria de ser seu amigo! E o que você não consegue sozinho nós o faremos unidos"[3].

Quanto ao *conteúdo*, esta canção é o credo de um tipo DOIS. Mas precisei de uma situação de aconchego para admitir minha carência, traduzi-la em palavras, colocá-la em forma criativa e proclamar *Deus* como a fonte que pode saciar minha sede de amor.

---

3. Cf. Beesing/Nogosek/O' Leary, p. 199-210.

TRÊS

Falso consolo: O tipo TRÊS vai ao tipo NOVE. Devido aos muitos papéis que representa, é difícil para o tipo TRÊS, desde sua infância, perceber seus verdadeiros sentimentos. No ponto de estresse do tipo NOVE entra no sorvedouro do desespero, perde o interesse de si mesmo e já não consegue manter sua *imagem* que sua identidade lhe arranjou. Isto acontece sobretudo quando falta o reconhecimento. Os papéis já não funcionam, mas não há motivação e nem força para tentar procurar o "verdadeiro eu". A vida de um tipo TRÊS desintegrado parece vazia e sem sentido. No ponto de estresse do tipo NOVE, o tipo TRÊS dirige toda a sua raiva e a animosidade, que geralmente despeja contra seus concorrentes, contra si mesmo. O tipo TRÊS extremamente não redimido, cujo jogo é descoberto ou não mais funciona, corre o perigo de suicídio: a morte como "sono eterno" é o lugar de refúgio definitivo. Pode acontecer também que um tipo TRÊS desintegrado fique desmazelado ou se entregue a um vício. Precisa de pessoas que o ajudem a descobrir valores e objetivos "honestos" na vida, a desenvolver novas perspectivas de vida para sair desse buraco.

Consolo verdadeiro: O tipo TRÊS vai ao tipo SEIS: O tipo TRÊS tem dificuldade com fidelidade, dependência e confiança. Fidelidade significa ter com o outro camaradagem incondicional. No casamento significa estar unido "nos dias bons e maus". Mas o tipo TRÊS tem a tendência de derrubar projetos quando se sente ameaçado pelo fracasso ou de tratar esses projetos como casos perdidos. Além disso, a união faz com que seus papéis e máscaras sejam postos a nu e percam sua eficácia. O medo do tipo TRÊS de não encontrar, além dessas inúmeras máscaras, um verdadeiro "eu" pode traduzir-se num medo de vinculações. Mas, na verdade, a união é a única possibilidade de o tipo TRÊS superar sua fixação em papéis e crescer internamente. É de suma utilidade quando o parceiro ou o grupo ajudam o tipo TRÊS a mostrar seu lado interno, subdesenvolvido e necessitado. O ponto SEIS ("Sou leal") ajuda também o tipo TRÊS a colocar seus dons a serviço de uma causa que é maior do que ele, ao invés de usá-los exclusivamente para sua própria carreira. "O tipo TRÊS integrado desenvolve sua consciência reconhecendo valores que estão acima dele. Reconhece seus próprios limites e os limites daquilo que pode esperar dos outros, de si mesmo e da vida"[4]. Sem engajamento e subordinação, o tipo TRÊS corre o perigo de se tornar vítima da própria ambição.

QUATRO

Falso consolo: O tipo QUATRO vai ao tipo DOIS: O tipo QUATRO é melancólico, atrapalhado, alheado e duvida de si mesmo. Quando o tipo QUATRO está derrotado, pode acontecer que procure recobrar o contato com a realidade apresentando-se como indispensável aos outros ("Eu ajudo"). Como caricatura de um tipo DOIS procura alcançar sua identidade através do amor e dedicação aos outros. A dificuldade que o tipo QUATRO tem, desde a infância, com relacionamentos vinculantes aumenta sempre que fica desolado. Neste estado é totalmente incapaz de voltar-se realmente para outra pessoa, e quer apenas receber compaixão e apoio. Ao mesmo tempo, começa a odiar a pessoa da qual depende. E, desse modo, qualquer relação terá fim mais cedo ou mais tarde.

Esta dinâmica nós a encontramos na relação amorosa do jovem Søren Kierkegaard, de 24 anos, com Regine Olsen, moça de 15 anos. Ele está apaixonado e quer se casar com ela. Mas a ideia de que o casamento obriga a uma abertura absoluta o apavora. Vai ao extremo de falar mal de si mesmo na esperança de que ela o repudie, desfaz o noivado, mas permanece a vida toda preso nesta relação. O fato de ela *não* ficar dependente dele, mas se unir a outro, causa-lhe grande sofrimento. Seu comportamento corresponde à problemática distância-proximidade do programa não redimido do tipo DOIS.

Consolo verdadeiro: O tipo QUATRO vai ao tipo UM: O mundo dos valores, da confiança e da consciência do tipo UM é um equilíbrio salutar para o caos sentimental, a autodesconfiança e o subjetivismo do

---

4. In: EBERT, Andreas & HANNEMANN, Klaus (orgs.). *Feiert Gott in eurer Mitte* – Liederbuch der Teestube Würzburg. Neuhausen/Stuttgart: Hanser Verlag, 1979, n. 256.

tipo QUATRO. A idealização do tipo UM ("Tenho razão") ajuda o tipo QUATRO a conseguir uma sadia autoaceitação. Para o tipo UM, os valores são mais importantes do que os sentimentos, o trabalho mais do que a genialidade, a razão mais do que a inspiração. A sobriedade do tipo UM ajuda o tipo QUATRO a tomar distância de si mesmo e a adquirir a capacidade de examinar criticamente suas próprias fantasias. Um artista, que é do tipo QUATRO, precisa do trabalho e do perfeccionismo do tipo UM para transformar suas intuições geniais em realidade. A "matéria-prima" que a alma do tipo QUATRO produz continuamente precisa de purificação pela "forma" do tipo UM. Ir ao tipo UM significa para o tipo QUATRO aceitar a crítica *objetiva* sem se deixar diminuir como *pessoa*. O relacionamento que o tipo UM mantém com a natureza ajuda o tipo QUATRO a entrar em contato com sua própria naturalidade e originalidade.

Para o crescimento de um Thomas Merton foi decisivo submeter-se à disciplina de um mosteiro bem severo. A luta com seu abade que sempre chamava a atenção para o subjetivismo desse monge genial foi uma escola dura, mas necessária. Provavelmente colaborou para que as experiências subjetivas de Merton fossem tão purificadas e formadas a ponto de adquirirem validade geral e serem, hoje, fonte de inspiração para muitos.

CINCO

Falso consolo: O tipo CINCO vai ao tipo SETE. O tipo CINCO não redimido assume traços niilistas, esquizoides e autistas. Ameaça perder o contato com a realidade e viver em jogos ilusionários de pensamentos. Para aliviar-se, o tipo CINCO não redimido torna-se egoísta, procura diversões e se recolhe para dentro de um de seus muitos segmentos do pensar que diz: "Estou muito bem". Em vez de tornar-se *objetivamente ativo*, o tipo CINCO estressado perde-se num *ativismo sem objetivo* ou cultiva caprichos tolos. Neste estágio procura às vezes também "consolo" em prazeres sensuais. Com isso, o tipo CINCO comete traição contra sua verdadeira força: profundidade de reflexão, contemplação e lúcida sabedoria. Além disso, permanece no âmbito da *cabeça*, em vez de perceber as próprias *emoções* e ousar o passo do *pensar* para o *fazer*. A figura do *dandy* inglês decadente pode representar o tipo CINCO neste estágio. *Consolo verdadeiro: O tipo CINCO vai ao tipo OITO.* O pensar do tipo CINCO tende a perturbar o fazer. Um tipo CINCO que vai ao tipo OITO está disposto a converter seu conhecimento – por mais imperfeito e provisório que pareça – em *prática*. Isto é manifestação de autêntica ousadia. O tipo CINCO maduro acredita que nem sempre tenha que *tomar*, mas que tem algo original e irrenunciável a *dar* que pode enriquecer ou mudar o mundo. Isto pode chegar ao ponto de uma Hildegard von Bingen *comunicar* suas visões ao mundo externo e intervir ativamente, com suas intuições, na confusa política mundial e da Igreja. Isto pode levar a que um Dietrich Bonhoeffer se torne um conspirador, esteja disposto a sujar as mãos e eliminar o tirano. O desafio de agir no ponto OITO consiste em trocar os conhecimentos provisórios e confiar em que, a partir da experiência, novos conhecimentos podem ser adquiridos que não nascem numa escrivaninha. O passo para a ação significa que o tipo CINCO entra em contato corporal com a realidade e que cabeça e barriga se encontram.

SEIS

Falso consolo: O tipo SEIS vai ao tipo TRÊS. O tipo SEIS não redimido é autoritário e doentiamente desconfiado. Pelo fato de não possuir qualquer sentimento de valor próprio, entrega-se à dependência de alguma "força maior". O fascismo é exemplo histórico do que pode acontecer quando um sistema do tipo SEIS vai ao tipo TRÊS e se vê orientado para o êxito. O tipo SEIS não atinge a competência e eficiência no ponto TRÊS, mas sucumbe à hostilidade escondida do tipo TRÊS: de masoquista passa a sádico que dirige seu ódio acumulado contra os outros e quer compensar seu *sentimento de inferioridade* por um *complexo de superioridade*: de vítima do medo passa a causador do medo.

Na Igreja Católica dos primeiros tempos e da Idade Média acreditava-se que uma das recompensas pelas renúncias terrenas consistia em que a pessoa, no paraíso, pudesse deleitar-se com os sofrimentos dos ateus. São fantasias de sucesso de pessoas que, no fundo, consideram-se perdedoras.

Neste estágio o tipo SEIS já não presta atenção a seus sinais internos de alerta; é capaz de mentir, trair e ser infiel para salvar a própria pele – e ao final acabar perdendo. O instante em que Pedro cai no pecado do tipo TRÊS e nega seu mestre é o ponto mais baixo de sua vida. *Consolo verdadeiro: O tipo SEIS vai ao tipo NOVE.* A calma e serenidade do tipo NOVE são os melhores remédios para o medo do tipo SEIS. Na história do aplacamento da tempestade, Jesus dorme na proa do barco enquanto o lago levanta grandes ondas em torno do barco. Os discípulos acordam o mestre; Ele censura-lhes a pouca fé e, com uma palavra, acalma o lago (Mc 4,35-41). Numa outra passagem, Jesus anda sobre as águas e anima o medroso Pedro a sair do barco e vir até Ele. Enquanto Pedro olha para Jesus, tudo vai bem. Assim que olha as ondas e começa a ter medo, afunda (Mt 14,22-33). Oscar Romero é o exemplo típico de como a confiança em Deus pode transformar um funcionário do sistema em pessoa livre e sem medo da morte. "O tipo SEIS integrado não só alcança a segurança, mas é capaz de também confiar nos outros"[5].

SETE

Falso consolo: O tipo SETE vai ao tipo UM. O mecanismo de repressão do tipo SETE não redimido deixou de funcionar; por isso cresce o medo de entrar em contato com a dor e a escuridão. A simples ideia de aconselhamento espiritual ou de terapia mobiliza pressentimentos terríveis. Tudo isso fortalece o ativismo febril do tipo SETE e/ou seu pendor para prazeres excessivos. O passo para o ponto de estresse do tipo UM pode ser uma tentativa de recuperar o *controle* sobre o mundo de seus sentimentos. No ponto UM pode o tipo SETE assumir um sistema ideológico "impermeável" que defende com unhas e dentes. O tipo SETE desintegrado pode maldizer tudo o que, de acordo com sua ne-

---

5. RISO, p. 101.

cessidade, impede o caminho para uma cosmovisão "positiva". Em alguns setores do movimento carismático é possível encontrar esta singular mistura de alegria e intolerância. Assim como no tipo DOIS que vai ao tipo OITO também aqui soa o lema: "Se não quiseres ser meu irmão, racho-lhe a cabeça!" Sempre sorrindo e em nome do bem, estas pessoas são capazes, em casos extremos, de prejudicar profundamente os outros – e, no final das contas, a si mesmas.

Consolo verdadeiro: O tipo SETE vai ao tipo CINCO. O otimismo do tipo SETE nasce de seu medo da profundidade, pois nesta espreita o sofrimento. A "viagem para o interior" significa, por um lado, renunciar às falsas consolações do mundo externo. Após a conversão, Francisco de Assis retirou-se para a solidão e rezava sem cessar: "Senhor, quem sois vós e quem sou eu?" Para rezar, escolhia lugares de rara beleza para aí defrontar-se com sua profundidade. Surpreendentemente não descobriu dentro de si abismos monstruosos, mas a fonte de verdadeira e profunda alegria. Quando o tipo SETE vai ao tipo CINCO para de reprimir o sofrimento e confia em que sua alegria e gratidão pela vida são fortes o suficiente para suportar um confronto *profundo com a vida toda*. No ponto do tipo CINCO, o tipo SETE torna-se mais recolhido e sóbrio. Já não explora o mundo, mas aprende a ter responsabilidade pela sua conservação.

OITO

Falso consolo: O tipo OITO vai ao tipo CINCO. A energia do tipo OITO não redimido é hostil e violenta. No ponto do tipo CINCO ("Sou sábio"), o tipo OITO começa a matutar, duvidar e repensar. Os temores crescem, sobretudo o medo de perder o poder. São poucos os que se retiram livremente para lugares tranquilos. Muitas vezes isto ocorre como consequência de doenças ou fraqueza corporal. No caso de criminosos violentos, pode ocorrer o isolamento involuntário numa cela de prisão. Neste estágio o tipo OITO experimenta pela vez primeira profunda impotência cuja presença nunca havia permitido até agora. Toma conta dele o temor de que os outros aproveitem sua fraqueza e se vinguem das humilhações que dele sofreram. Surgem sentimentos de culpa. O senso de justiça do tipo OITO faz com que tome consciência de repente de sua própria injustiça que exige punição e retribuição. Finalmente volta sua agressividade contra si mesmo. Um tipo OITO não redimido, sem poder, sem raio de ação, sem metas de agressão e sem "súditos" está em grande perigo de cometer suicídio.

Consolo verdadeiro: O tipo OITO vai ao tipo DOIS. O tipo DOIS desativa o instinto de poder do tipo OITO e incentiva o lado "macio" que deseja ajudar, nutrir e proteger. Um tipo OITO que vai ao tipo DOIS já não quer apenas dominar, mas também curar; abandona seu isolamento voluntário, torna-se mais sociável, terno e vulnerável. Martin Luther King é exemplo de um tipo OITO integrado que colocou seus dons de liderança a serviço da justiça e, *ao mesmo tempo,* a serviço do amor. O tipo OITO integrado é capaz de iniciar uma *revolução do amor.* King aprendera a lição de Jesus de renunciar voluntariamente à tirania e, ao invés disso, na qualidade de *senhor* ser *servo.* Ser fraco, vulnerável e meigo é o maior *feito heroico* que um tipo OITO pode realizar.

NOVE

Falso consolo: O tipo NOVE vai ao tipo SEIS. O tipo NOVE não redimido pode perder qualquer contato com a vida. Esteve a vida toda ocupado em reprimir impulsos fortíssimos de ordem positiva e negativa. Seu único mecanismo de defesa cai por terra: a retirada. Todos os temores do mundo o assaltam e afogam; a falta de orientação tornou-se insuportável. Também pode entrar em ação a tendência do tipo SEIS, isto é, a tendência de se punir. Pelo fato de o tipo NOVE não ter mecanismos de defesa propriamente ditos, pode acontecer que seu pendor à narcotização tome conta ou, mesmo, que a morte – como "sono eterno" – se torne atraente. Vimos no caso do Profeta Jonas que, em situações de crise, queria morrer ou, ao menos, estava disposto a morrer. Outra possibilidade é que o tipo NOVE neste ponto – como o tipo SEIS não redimido – se torne masoquistamente dependente dos outros ("autoridades") que por ele devem viver, decidir e lhe devolver a paz da alma.

Consolo verdadeiro: O tipo NOVE vai ao tipo TRÊS. O tipo TRÊS diz ao tipo NOVE o que ele precisa aprender: agir com objetividade e construtivamente. No ponto do tipo TRÊS o tipo NOVE supera sua *síndrome de Jonas*, para de se vender abaixo do preço e começa a descobrir e a empregar os seus dons. O tipo NOVE que vai ao tipo TRÊS torna-se autônomo, autoconsciente e não mais se define a partir das expectativas e impulsos dos outros. Toma iniciativas e constata, admirado, que os outros se sintam enriquecidos com isso. O tipo NOVE integrado pode mudar o mundo. Jonas suspendeu a destruição de Nínive quando assumiu o papel de profeta. João XXIII revolucionou a Igreja Católica. A gente gosta de confiar num tipo NOVE integrado porque se sente que coloca seus dons a serviço do amor e não a serviço de seus interesses pessoais.

Eu (Andreas Ebert) tenho um amigo e colega que é um tipo NOVE bem sadio. Só trabalha meio expediente numa paróquia porque precisa de tempo "para viver". Suas poucas, mas bem orientadas ações são planejadas de tal forma que os leigos assumam grande responsabilidade. Delegar é para ele um alívio. Recentemente, numa série de pregações sobre os sete pecados capitais, aproveitou o tema "impureza e preguiça" para organizar um culto sobre "Aids e o pecado da Igreja".

Poucas vezes ouvi sermão mais inteligente. Mas meu amigo abordou o assunto de modo tão calmo que não provocou nenhuma agressão e, sim, profunda reflexão. Após o sermão, recebeu a palavra um portador do vírus da Aids e teve oportunidade de declarar sua decepção com a Igreja. Mesmo os frequentadores mais conservadores da Igreja vieram agradecer ao final do culto.

Este meu amigo não empreende muitas coisas, mas o que ele faz sempre tem êxito. E, em tudo, transparece nele grande calma e serenidade que – como diz – ele muitas vezes nem percebe.

Do dito anterior se depreende que a luta com os respectivos pontos de regressão e integração é importante para o crescimento da personalidade. Precisamos aprender a ser sensíveis para aquilo que realmente nos constrói e nos consola e para aquilo que nos destrói.

Helen Palmer lembrou a respeito disso que devemos nos apoiar nos *pontos de consolo* e reprimir os *pontos de estresse.*

Nesse caso pode acontecer, por exemplo, que eu, tipo DOIS, me identifique com a energia "positiva" do tipo QUATRO e tente ser uma espécie de tipo QUATRO. Mas com isso assumo também inconscientemente os lados negativos do tipo QUATRO, tornando-me melancólico, narcisista e hipersensível. De repente acho que, como tipo DOIS, tenho direito, através de meu ponto de consolo do tipo QUATRO, a ser "algo de especial" – e alimento assim meu pecado de raiz: o orgulho.

Se, por outro lado, evito o tipo OITO, a energia destrutiva deste pode atuar livremente no meu inconsciente e irromper violentamente a qualquer hora. Além disso, a força de vontade, a clareza e a decisão do tipo OITO redimido são dons de que precisa exatamente o "macio" tipo DOIS (para aprender, por exemplo, a dizer não). "Cultivar os dons terapêuticos do chamado ponto de estresse faz parte de técnicas como terapia da forma [...], em que são introduzidas propositalmente emoções negativas. O objetivo desse método é levar intencionalmente nossas paixões ao exagero e curar um mau costume pelo fato de ser vivido ao extremo"[6].

Crescer com o eneagrama

Com o eneagrama é possível trabalhar em planos bem diversos e nos mais diferentes contextos. As sugestões a seguir indicam como o eneagrama já foi usado com sucesso e como talvez possa ser usado em outros casos.

Estudo de si mesmo

Este livro pode ser uma ajuda para a compreensão de si mesmo. Em primeiro lugar, o eneagrama é uma chave para o *autoconhecimento.* Não se trata de determinar os outros ou de se deixar determinar por eles, mas de perguntar-me quem sou, que perigos e potencialidades

---

6. RISO, p. 185.

existem dentro de mim e como encontrar o "verdadeiro eu" que Deus em mim colocou. Em última análise, só eu mesmo posso me identificar com determinado tipo ou programa de vida contido no eneagrama. Isto pode ir bem depressa ou demorar muito. A velocidade sou eu que a determino. Quem não consegue identificar imediatamente seu tipo, pode procurar na descrição dos nove tipos o que mais se aproxima de seu modo de vida e disso tirar proveito. A alguns poderá ajudar se eles – estimulados pelo eneagrama – escreverem vivências-chave de sua biografia, meditarem sobre elas ou trocarem ideias com outras pessoas como, por exemplo, com um pastor de almas.

Parceria

É uma falha que dois solteiros tenham escrito este livro. Mas sabemos de nossos amigos que o eneagrama pode ser um eminente auxiliar na conversa entre parceiros. Muitos conflitos que pesam sobre um casal e que até agora não puderam ser abordados aparecem agora – dizem alguns casais – em nova luz. O eneagrama ajuda a olhar com mais clemência as peculiaridades do outro e com mais senso crítico as próprias. Uma senhora que ultimamente se vem ocupando muito com o eneagrama disse: "Quanto mais estudo os nove tipos, tanto mais sinto que se deve amar a todos".

O jogo "Quem é de quem", muito praticado pelos adeptos da astrologia, não pode ser aplicado ao eneagrama. Não existem "superparceiros" que automaticamente se coadunam. O eneagrama ajuda a entender melhor a dinâmica específica de certa constelação relacional. Fugiria do âmbito deste livro e de nosso horizonte experimental se quiséssemos detalhar isto para cada tipo. Por isso damos apenas algumas indicações básicas:

Cada qual com seu igual: A experiência mostra que isto não funciona no casamento. Existem poucas pessoas que se casam com o mesmo tipo do eneagrama. Tal união alberga três perigos específicos: 1. A energia unilateral de cada tipo se vê duplicada e domina a vida toda do casal. 2. Pelo fato de ambos os parceiros "jogarem o mesmo jogo", pouco podem se estimular e completar mutuamente. 3.

Quando um deles descobre seus próprios mecanismos no outro, pode ficar muito chateado (projeção da sombra). Mas este último perigo encerra também uma chance específica; parceiros do mesmo tipo entendem-se perfeitamente e, com o passar do tempo, não conseguem enganar um ao outro.

Tipos das alas como parceiros: Tipos vizinhos entendem-se frequentes vezes muito bem. São diferentes o bastante para não se chatearem mutuamente; mas também são parecidos o bastante para se entenderem bem. Esses parceiros podem ajudar-se mutuamente a integrar sua ala e, assim, viver melhor o próprio potencial.

Tipos das setas como parceiros: Os tipos que, no eneagrama, estão unidos por setas encontram-se numa dinâmica especial. O problema disso é que nestas relações o parceiro A representa *o ponto de estresse* do parceiro B, enquanto o parceiro B é *o ponto de consolo* do parceiro A. Exemplo clássico: O homem do tipo OITO e a mulher do tipo DOIS. Ela padece sob a dureza, inacessibilidade e modo rabugento dele; ele encontra nela calor e abrigo. Esta união trará muito mais sofrimento subjetivo para ela do que para ele. Mas ambos podem beneficiar-se desta constelação: ele, na medida em que descobre e deixa atuar seu lado terno e carinhoso; ela, na medida em que é estimulada por ele a lidar com as próprias agressões e aspirações de poder, a ter uma opinião clara e a formular suas próprias necessidades e limites.

Os opostos se atraem: Muitas pessoas procuram inconscientemente parceiros que sejam "bem diferentes". Este relacionamento jamais será enfadonho. Ambos os parceiros têm o mesmo problema: às vezes acham que vivem em dois mundos diferentes: não se entendem *diretamente* um ao outro e no fundo permanece cada qual *estranho* a si mesmo. Por outro lado incentivam-se mutuamente à tolerância e à tarefa vital de abrir-se ao "totalmente outro", ao não eu. Na dinâmica do eneagrama estas pessoas só se encontram *indiretamente*: por intermédio de suas alas ou setas. Dois exemplos como ilustração:

Os tipos DOIS e NOVE: Não estão ligados diretamente, mas de três formas indiretas: a) O tipo UM é a ala comum a ambos; podem, por exemplo, encontrar-se numa ação política pela melhoria do mundo ou num movimento pela reforma da família ou de uma comunidade maior, e provavelmente serão ambos "progressistas". b) O tipo OITO é o ponto de estresse do tipo DOIS e ao mesmo tempo uma ala do tipo NOVE. O tipo NOVE consegue entender e aceitar o tipo DOIS sem maiores problemas quando este cai no seu ponto de estresse. A energia do tipo OITO não mete medo ao tipo NOVE; pode nestes momentos proporcionar aceitação ao tipo DOIS. c) O tipo TRÊS é o ponto de consolo do tipo NOVE e ao mesmo tempo uma ala do tipo DOIS. O tipo DOIS pode motivar o tipo NOVE a trabalhar de modo objetivo e concentrado e a aspirar ao sucesso. Outro ponto pode ser considerado nesta constelação DOIS/NOVE: o tipo DOIS vive muitas vezes para os outros, mas gostaria de contar com aceitação incondicional. Isto vem ao encontro do tipo NOVE: provavelmente é o único tipo que pode proporcionar ao tipo DOIS esta aceitação; por sua vez o tipo DOIS vem ao encontro do desejo do tipo NOVE de ser motivado e estimulado de fora.

O tipo TRÊS e o tipo SETE: Os dois tipos só se encontram indiretamente num ponto: O tipo SEIS é ala do tipo SETE e ponto de consolo do tipo TRÊS. A procura do tipo TRÊS por *segurança* e a tendência do tipo SETE de *defender* a família encontram-se neste ponto. Ambos os tipos são otimistas, feras no trabalho e "voltados para o crescimento". Precisam prestar atenção para que as tendências à superficialidade e à orientação de fora, que estão em ambos os tipos, não se fortaleçam reciprocamente. Boa chance para isso oferece o tipo CINCO que está entre ambos. O tipo SETE encontra no tipo CINCO o seu ponto de consolo, aqui pode concentrar-se e limitar-se as coisas essenciais. O tipo TRÊS chega ao tipo CINCO através de sua ala do tipo QUATRO: harmonia externa e equilíbrio interno ajudam o tipo TRÊS a "purificar" seu mundo sentimental. O passo para o tipo CINCO exige do tipo TRÊS capacidade de distanciar-se, freia seu hiperativismo e o ajuda a entender-se criticamente consigo mesmo. Os tipos SETE e TRÊS podem tentar juntos, no tipo CINCO, olhar para a profundidade. Uma cosmovisão ou uma atitude de fé comum estabiliza esta parceria que pode unir criativamente a riqueza inventiva e a força de agir.

Certamente seria muito proveitoso recorrer ao eneagrama no trabalho pastoral com casais e também para compreender e lidar com os conflitos matrimoniais. Não temos conhecimento de tentativas neste campo.

Relações de autoridade e família

A dinâmica relacional que existe, por exemplo, entre patrões e empregados, entre pais e filhos ou entre alunos e professores é mais facilmente compreendida e trabalhada com a ajuda do eneagrama. Resultam perspectivas interessantes ao se empregar o eneagrama em terapias familiares. Ao se traçar a árvore genealógica de uma família podemos constatar que certos tipos do eneagrama são abundantes, enquanto outros pouco aparecem ou não aparecem nunca (basta lembrar uma família de artistas como os Bach, uma família de eruditos como os Bonhoeffer ou a estirpe de comerciantes como os Fugger). Vemos, portanto, no eneagrama uma ajuda valiosa na identificação e superação de conflitos familiares.

Retiros e acompanhamento espiritual

Faz alguns anos que o eneagrama é usado nos retiros. Retiros são vários dias "de recolhimento" em que se oferece ajuda espiritual através de conferências, meditações, horas de solidão, aconselhamento e celebrações cultuais. Os retiros procuram fazer com que o indivíduo chegue mais perto de si e de Deus e que tente dar passos concretos no caminho espiritual. Papel central desempenham a meditação e a oração, pois o eneagrama não se deixa dominar por um tipo CINCO puramente intelectual. Trata-se de uma *experiência* pela qual descubro, através de uma espécie de "escuta interior", quais são as "vozes" atuantes em mim. O "discernimento dos espíritos" é aquela "certeza espiritual instintiva" que me ajuda a reconhecer quais dessas vozes me libertam para uma "vida de plenitude" (Jo 10,10) e quais as que me levam para a prisão e a morte.

Trabalho e crescimento comunitários

Muitos cristãos procuram aproveitar o eneagrama nos trabalhos da comunidade. Com o auxílio do eneagrama é possível entender melhor certas correntes e grupinhos dentro da comunidade. Se na diretoria da Igreja, no presbitério ou no conselho da comunidade surgem conflitos, isto se deve muitas vezes aos diferentes temperamentos dos membros da comunidade e da visão diferente que têm da Igreja. Aqui o eneagrama ajuda a ter uma visão mais ampla e a atentar para unilateralidades e deficiências. Mostra quais as energias que estão "soterradas" numa comunidade e onde o grupo todo peca por falta de força e irradiação. No livro *Erfahrungen mit dem Enneagramm* (Experiências com o eneagrama) este aspecto é abordado com mais detalhes.

Grupos de conversa

Sugerimos que se organizem grupos de conversa onde se estude por certo tempo o eneagrama: talvez numa das reuniões à noite se aborde um dos nove tipos. Os círculos bíblicos e de oração podem refletir sobre as nove faces de Jesus, com os correspondentes textos bíblicos que apresentamos no capítulo "Jesus e o eneagrama", a seguir.

Talvez um dia se reúnam também "grupos de autoajuda" de um determinado tipo. O diálogo com pessoas que têm problemas semelhantes e que sintonizam a "mesma onda" pode ser de grande alívio e libertador.

Jesus e o eneagrama

Os sufistas chamavam o eneagrama de "a face de Deus" porque consideravam as nove energias que aparecem nos nove tipos de personalidade como propriedades de Deus (nove reflexos da luz de Deus). Os cristãos reconhecem em Jesus Cristo a face de Deus, o Deus feito homem, o revelador e a revelação do amor divino: "Ele é a imagem do Deus invisível, primogênito de toda criatura; porque nele foram criadas todas as coisas, nos céus e na terra, as visíveis e as invisíveis: tronos, dominações, principados, potestades; tudo foi criado por Ele e para Ele. Ele é antes de tudo e tudo subsiste nele [...] Aprouve a Deus fazer habitar nele a plenitude e por ele reconciliar tudo" (Cl 1,15-17.19).

Cristo representa Deus e, portanto, a essência do mundo, o verdadeiro ser. Mas ao mesmo tempo era verdadeiro homem que suportou as condições da existência, com suas ameaças, tentações e seus abismos: "Porque não temos um Sumo Sacerdote incapaz de compadecer-se de nossas fraquezas. Ao contrário, passou pelas mesmas provações que nós, com exceção do pecado" (Hb 4,15).

Ao apresentarmos, a seguir, o eneagrama como *ícone* da face de Cristo, isto se entende como "a face de Deus" e *ao mesmo tempo* como "a face do (verdadeiro) homem".

Os sufistas designaram Jesus como "tipo DOIS redimido" e o cristianismo como a religião de tipo DOIS. Sem negar este aspecto, queremos ir um passo além e fazer uma *profissão de fé*: Jesus Cristo encarnou de tal forma a "verdadeira humanidade" que qualquer fixação a *um* tipo de personalidade está fora de cogitação. Realmente encontramos nos relatos dos evangelhos referências de que se defrontou com as mais diversas tentações e, em várias situações, demonstrou possuir os nove "frutos" do eneagrama. É a figura perfeita de uma pessoa que *ouviu* o "convite" de Deus e teve a liberdade de a ele *responder*. Se tivesse sido diferente, certos tipos não poderiam orientar-se por Cristo em sua situação específica[7].

Vamos apresentar a seguir a maneira como os nove tipos do eneagrama podem apoiar-se em Jesus Cristo. A meditação dos textos bíblicos sugeridos pode ser proveitosa para, espelhando-se em sua pessoa e por meio da oração, reconhecer as próprias tentações e descortinar o panorama dos dons que residem dentro de nós.

---

7. PALMER, p. 44s.

Tipo UM: Pedagogia, tolerância, paciência

Jesus era judeu praticante que não queria abolir a Lei judaica (a *Torá*), mas "completá-la" (Mt 5,17). Sua pregação convida à conversão com referência às armadilhas espirituais e intelectuais deste mundo. Não pretendia um "rearmamento moral". Quer antes que a Lei não seja cumprida apenas *formal* e *externamente,* pois desse modo torna-se facilmente uma superestrutura do próprio egoísmo. Por isso, no sermão da montanha, exige de seus discípulos "melhor justiça" do que a dos fariseus (Mt 5,20) e "boas obras" que brotem de um coração reconciliado e que não sejam apenas cumprimento do dever.

No sermão da montanha encontra-se também a frase muito discutida: "Sede perfeitos como vosso Pai celeste é perfeito" (Mt 5,48). Jesus também chama o jovem rico à perfeição (Mt 19,21). O caminho para a perfeição cristã passa sempre por cima da derrocada das tentativas morais e dos ideais que cada qual se impõe. Só a experiência do amor incondicional de Deus leva ao conhecimento dos próprios pecados, desperta a contrição e torna possível a conversão. "Para o tipo UM, um grande paradoxo do evangelho é o fato de que nos tornamos perfeitos se aceitarmos nossa imperfeição. Temos que reconhecer que faz parte do processo de crescimento cometer muitos erros"[8].

Jesus não reprimiu sua ira e nem a escondeu atrás de fachada amigável. Na história da cura do homem da mão seca (Mt 3,1-6), Jesus olha para os fariseus e escribas com *"indignação e tristeza"* porque queriam atraí-lo para uma armadilha, escondendo os motivos escusos. Quando seus discípulos não conseguiram libertar um jovem de seus sofrimentos, mostrou evidentes sinais de impaciência! "Ó gente incrédula, até quando vou suportá-los?" (Mc 9,19).

Jesus não tinha moral dupla. Aquilo que pregava Ele mesmo o havia vivido e realizado. Não tirava partido de nada e, nos últimos três anos, sua atuação foi de um desgaste físico e psíquico enorme.

---

8. NOGOSEK, Robert J., C.S.C. descobriu que com o eneagrama é possível desvendar os vários aspectos de Jesus. Dedicou a este tema um livro inteiro: *Nine Portraits of Jesus*. Denville/Nova Jersey: [s.e.], 1987. Devemos a este livro várias inspirações e citações bíblicas pertinentes, sem fazer menção em particular a cada uma.

Jesus era um professor de talento. As parábolas e comparações, bem como seu *exemplo*, constituíram uma escola espiritual de vida para seus discípulos. Apesar da lentidão deles, nunca negou o amor a seus amigos e amigas, mas fazia sempre novas tentativas de apresentar-lhes sua mensagem de forma mais plástica.

Ao contrário dos fariseus, nunca condenou os pecadores ou "decaídos", mas os recebeu. Vinculava a aceitação incondicional a um claro desafio. Não tolerava a condenação de pessoas por outras pessoas; também não tolerava um comportamento objetivamente destrutivo pelo qual as pessoas mesmas se destruíam. Perdão e reconciliação são os elementos-chave da conversão e do novo começo. Quando salvou de seus acusadores a mulher que deveria ser apedrejada por causa do adultério, disse a ela: "Não te condeno. Vai e não peques mais" (Jo 8,11).

As parábolas de Jesus sobre o crescimento (Mc 4) são um convite aos perfeccionistas a não estarem sempre apavorados, mas a confiarem na evolução do Reino de Deus. A paciência consigo mesmo, a paciência com os outros homens e a paciência com Deus faz das pessoas que tentam melhorar furiosamente o mundo reformadores eficazes e mestres da verdade e da justiça.

Tipo DOIS: assistência, misericórdia, solidariedade

O nome Jesus significa "Javé ajuda" ou "Javé salva". Todos conhecemos bem a imagem do *Salvador* que vê e remedia as necessidades corporais e espirituais dos homens, que, na figura do pastor, procura a ovelha perdida e que abraça e abençoa as crianças. Não é por acaso que Jesus é considerado um tipo DOIS. Jesus entendeu ser o *escravo* dos homens e afirmou: "Não vim para ser servido, mas para servir" (Mt 20,28). A morte na cruz é o último ato de sua entrega total.

Na narrativa da cura dos dez leprosos (Lc 17,11-18) temos a decepção de que apenas um – e ainda por cima um samaritano – volta para agradecer. Jesus esperava o agradecimento. Manifesta diretamente sua decepção – e assim parece que o assunto fica resolvido.

Apesar de sua solicitude e solidariedade, Jesus não foi um "ajudante sem mais". Está claro que o principal objetivo de sua dedicação foi a misericórdia e a amizade, e não manipular a necessidade escondida dos outros ou "comprar" o amor de Deus e o reconhecimento humano.

Jesus percebeu e viveu suas próprias necessidades. Após ter estado com as pessoas, retirava-se para conversar com Deus e reunir novas forças. Jesus não só dava amor, mas também sabia aceitá-lo: Antes de lavar os pés dos discípulos (Jo 13,1s.), permitiu que uma mulher ungisse seus pés com perfume caro e os secasse com seus cabelos (Jo 12, 1s.). Nesta passagem refutou de plano o argumento do tipo DOIS de que se poderia vender o perfume e dar o valor apurado aos *pobres*.

No jardim do Getsêmani pediu aos discípulos que vigiassem e suportassem com Ele a luta espiritual. Partilhou com eles o seu pavor e ficou triste porque se refugiaram no sono quando teria realmente precisado deles.

Jesus sabia não querer tudo para si. Mandou para casa pessoas que apressadamente haviam resolvido segui-lo. Após apenas três anos de vivência comum confia a seus discípulos continuarem a obra começada sem a presença física dele.

O convite ao tipo DOIS é o chamado à *liberdade*. Trata-se da liberdade de se amarrar e deixar soltos os outros, da liberdade de ajudar e se deixar ajudar, da liberdade de estar só e na companhia de outros. O tipo DOIS encontra em Jesus o modelo de uma pessoa que ama sem perder a liberdade e sem abusar da liberdade dos outros.

Tipo TRÊS: ambição, ativismo, visão

Jesus queria realizar algo. Tinha a visão do Reino de Deus e tudo fazia para anunciar e perseguir esta visão, empenhando nisto sua vida toda. Assumiu o papel que Deus lhe confiou na história da salvação e com ele se identificou. Em seu "sermão inaugural" na sinagoga de sua cidade, Nazaré, apresenta claramente o seu programa. Cita uma passagem do livro de Isaías: "O Espírito do Senhor está sobre mim porque

Ele me ungiu para evangelizar os pobres; enviou-me para anunciar aos aprisionados a libertação, aos cegos a recuperação da vista, para pôr em liberdade os oprimidos, e para anunciar um ano de graça do Senhor". Começa então sua fala com a seguinte frase: "Hoje se cumpriu a Escritura que acabais de ouvir" (Lc 4,16-21). O sermão da montanha (Mt 5–7) pode ser entendido como programa de governo ou *Magna Charta* do Reino de Deus.

Pelo fato de se ter concentrado totalmente em seu papel e tarefa, surge também a maior tentação. É a única tentação de Jesus narrada, como tal, pelos evangelhos. Depois de quarenta dias de jejum no deserto, o "tentador" lhe propõe transformar pedras em pão para satisfazer sua fome. Jesus o repele com as palavras: "O homem não vive só de pão, mas das palavras de Deus". Então, o demônio levou-o ao pináculo do templo e lhe pediu uma demonstração miraculosa. Deveria atirar-se para baixo e demonstrar que era o filho de Deus. Jesus o contesta com uma citação bíblica: "Não tentarás o Senhor, teu Deus". Finalmente o demônio mostrou-lhe todas as riquezas do mundo e prometeu que tudo seria dele se se prostrasse por terra e o adorasse. Jesus respondeu: "Afasta-te, satanás. Ao Senhor teu Deus adorarás e só a Ele servirás" (Mt 4,1-11). Após a multiplicação dos pães, quando as pessoas quiseram fazê-lo rei, Jesus se retirou. Não era este o seu objetivo. Jesus resistiu à tentação do tipo TRÊS: procurar o sucesso sem fracasso e rejeição, o milagre como fator de relações públicas, a vitória sem a cruz, a vida sem a morte. Por isso chamou Pedro de "satanás" porque este não queria aceitar que o caminho de seu mestre passasse pela cruz (Mc 8,33).

Jesus tinha qualidades de líder. Escolheu seus companheiros de luta e tornou-os capazes de agirem responsavelmente. Já delegara em vida aos discípulos sua atividade pregadora e curadora, por seus ensinamentos e exemplo passou-lhes aquele *know-how* do Reino de Deus de que precisariam mais tarde para levar avante sua obra. Jesus não deixou dúvidas de que eles haveriam de compartilhar um dia de seu destino: rejeição, prisão, morte violenta. Jesus jogava às claras e não fazia promessas que mais tarde não poderiam ser cumpridas.

Era impressionante a capacidade comunicadora de Jesus. Sabia dirigir-se às massas e encontrava para cada situação as palavras adequadas a fim de levar sua mensagem ao povo. Sabia discutir com os mais letrados e também atingir o coração das pessoas ignorantes do campo. O fracasso não deixava Jesus indiferente. Após a entrada em Jerusalém, chorou sobre a cidade porque não reconheceu o que lhe podia trazer a paz (Lc 19,4 1s.). Lamentou a cidade: "Jerusalém, Jerusalém... Quantas vezes quis reunir teus filhos como a galinha reúne os pintinhos debaixo das asas, e tu não quiseste" (Mt 23,37).

Contudo Jesus sabia: a vitória que deveria alcançar tinha que passar pelo paradoxo da derrota. Escolheu um caminho que parecia rejeição. Isto Ele só podia fazer porque a confiança que tinha em seu Pai – que podia fazer da morte vida – era maior do que o medo do fracasso. Somente esta confiança pode impedir que o tipo TRÊS se aferre a sucessos aparentes e à "segurança" do *status* e do dinheiro, deixando escapar, assim, as oportunidades muito maiores do Reino de Deus.

Tipo QUATRO: criatividade, sensibilidade, naturalidade

Jesus era muito sensível ao meio ambiente e tinha uma vida sentimental muito rica. Tinha "rompantes de alegria" (seu "canto de louvor" em Mt 11,25-27) e se "entristecia mortalmente": Chorava, tremia, tinha medo, suava sangue e água quando no Horto do Getsêmani se preparava para a última batalha (Lc 22,39-46). Várias vezes os evangelhos narram que Ele chorou. Ao ouvir a notícia da morte de seu amigo Lázaro "Jesus chorou" (Jo 11,35); vendo a inconsolável situação de seu povo, "sentiu compaixão" (Mt 9,36; 15,32). Deixava-se possuir pela tristeza e não se envergonhava de suas lágrimas.

Jesus tinha um sentido especial para a beleza da natureza. A flora e a fauna o inspiravam: os lírios do campo que se vestiam com mais esplendor do que Salomão (Mt 6,28s.) ou o pardal que não cai ao chão sem a vontade de Deus (Mt 10,29).

Também não se pode negar que Jesus tinha um sentido especial para símbolos e efeitos dramáticos. A água no poço, a mulher que procura a moedinha perdida, a disputa de trabalhadores eventuais sobre seus salários – tudo o que Jesus vê leva-o a falar em imagens ou parábolas que aproveitam o simples e casual para ilustrar os segredos e verdades absolutos de Deus. Tudo pode reverter em benefício de Deus. O Evangelho de João entende os milagres de Jesus como "sinais" que ultrapassam sua própria materialidade. O fato de Jesus fazer uma mistura de saliva e terra e passá-la sobre os olhos do cego de nascença é um gesto bem dramático (Jo 9,6). A entrada de Jesus em Jerusalém, montado num burrinho, parece um fato apenas casual, mas foi devidamente encenado (Mt 21,1-9). Todo judeu conhecia a promessa de que o rei messiânico viria um dia montado num jumento (Zc 9,9) e logo relacionava esta "entrada" com esta palavra da Escritura. Pouco depois, Jesus faz secar uma figueira em que não encontrou fruto (Mt 21,18-22). Isto lembra o emprego dos sinais pelos profetas do Antigo Testamento. Na última ceia pascal, junto aos discípulos, Jesus vincula sua futura presença "mística" ao pão e ao vinho.

Após a ascensão Jesus aguarda os discípulos no Lago de Genesaré. Havia preparado um lanche na praia; havia brasas acesas – como naquela noite em que Pedro o renegara. Junto a este fogo Jesus pergunta três vezes ao apóstolo: "Você me ama?" (Jo 21,1-17). A cena funciona como antecipação da moderna técnica psicológica do *psicodrama*.

Apesar dos efeitos dramáticos, o modo de viver e falar de Jesus era natural e sem afetação. Como todo tipo QUATRO, não admitia que o mundo fosse dividido em "profano" e "sacro". O mundo *todo* era sagrado para Ele e estava na intenção de Deus. O mais sagrado do mundo também era o mais natural.

A escolha de um círculo mais fechado de amigos pode parecer à primeira vista que Jesus tinha interesse em cercar-se de um grupo elitista ou esotérico (a consciência elitista do tipo QUATRO). Mas, olhando melhor, estava longe de querer isto. A reunião do grupo dos discípulos faz desaparecer qualquer critério de elite. Na maioria, eram simples pescadores: pessoas "especiais" faltavam completamente. Quando os discípulos discutiam sobre a posição que ocupariam, Jesus chamou uma criança e disse: "Pois aquele que se fizer humilde como esta criança, será o maior no Reino dos Céus" (Mt 18,4).

Apesar de rejeitado por sua família, sua aldeia e pelas elites poderosas de Israel, apesar de os próprios discípulos não o entenderem, Jesus não cai em autocomiseração melancólica. Apesar do medo da derrota, não se afasta do caminho que deve trilhar. Coloca seus medos e necessidades subjetivos a serviço de Deus e dos homens e os eleva assim à posição de universais.

Tipo CINCO: distância, sobriedade, sabedoria

A exemplo do tipo CINCO, Jesus sabia distanciar-se, retrair-se, reclamar para si um lugar sossegado e rejeitar exigências de sua família e do meio ambiente.

A história da visita de Jesus ao templo – quando tinha doze anos – descreve o garoto como nova geração de escribas bem-dotados e precoces. Seus pais o levaram pela primeira vez à Festa da Páscoa em Jerusalém. A caminho de casa percebem a falta dele. Após três dias de procura, encontram-no no templo, "sentado entre os doutores", ouvindo-os, interrogando-os e a todos causando admiração devido à sua inteligência. Não acatou a censura de sua mãe e disse: "Por que me procuráveis? Não sabíeis que eu devia estar na casa de meu Pai?" O Evangelista Lucas frisa nesta história duas vezes a extraordinária sabedoria do Menino Jesus (Lc 2,40-52).

Muitas vezes também se afastou das exigências da família. Certa vez, quando pregava ao povo, sua mãe e seus irmãos mandaram dizer-lhe que queriam falar com Ele. Recusou-se a recebê-los e disse: "Quem é minha mãe e quem são meus irmãos?" E estendendo a mão sobre os discípulos, disse: "Eis aqui minha mãe e meus irmãos. Porque todo aquele que fizer a vontade do Pai que está nos céus, este é o meu irmão, minha irmã e minha mãe" (Mt 12,46-50).

Jesus recusou algumas pessoas que, num arroubo de entusiasmo, queriam segui-lo (cf. Lc 9,57s.). Exigia de todos que queriam segui-lo ponderassem com bastante lucidez as "custas" de sua atitude: "Quem de vós, ao construir uma torre, não senta primeiro e calcula os gastos para ver se tem com que terminar? Para não suceder que, lançados os alicerces, não possa terminá-la" (Lc 14,28-30). No sermão da montanha exorta seus discípulos a serem "sábios" e a não construírem sua vida sobre areia, mas sobre sólidas rochas para que resista às catástrofes (Mt 7,24-27).

A doutrina de Jesus era maduramente pensada e vivida. Cativava as pessoas porque sentiam que Ele sabia o que estava falando. Ao final do sermão da montanha diz Mateus: "Ao terminar Jesus estas palavras, a multidão do povo se admirava de sua doutrina, porque ensinava como quem possui autoridade e não como os escribas" (Mt 7,28s.).

Jesus sempre se retirava para a solidão para ordenar suas impressões e para reencontrar seu meio-termo através da oração. Esta retirada não tinha finalidade em si. Servia para uma "avaliação posterior" e para uma "preparação" de seu serviço ativo em favor dos homens. Jesus não sucumbiu à tentação de ser espectador imparcial ou observador dos acontecimentos do mundo. A doutrina cristã da *encarnação* de Deus em Cristo revela um Deus que procura contato corporal com as pessoas e se deixa envolver na sujeira e "baixezas" da história. O "Verbo" não permanece "Verbo", pensamento, explicação filosófica do mundo ou ideia metafísica, mas tornou-se "carne" e ação transformadora do mundo.

Cristo não é nenhum esotérico! Recusava a arrogância intelectual e não se furtava a partilhar com os outros seus conhecimentos, mesmo que não os entendessem. Em seu "discurso de despedida", prometeu enviar aos apóstolos o seu Espírito que "lhes ensinará toda a verdade" (Jo 16,13).

Tipo SEIS: fidelidade, obediência, confiança

Jesus tinha uma "autoridade interior" que nasceu de sua relação de confiança com o Pai celeste. Esta autoridade interna mantinha-o livre com relação a autoridades e normas externas: Tinha a liberdade de observar leis, regras e tradições até o ponto em que não eram consideradas como o "essencial". Tinha o costume de frequentar o culto na sinagoga (cf. Lc 4,16). Opunha-se às regras quando estas não ajudavam os homens, mas serviam à sua escravidão. Isto aparece claramente em sua posição diante do *sábado*. Gostava de curar doentes no dia do descanso sagrado dos judeus para demonstrar: o sábado foi introduzido por Deus para que a criação se regenerasse e recuperasse. As curas visam a este objetivo e são sinais de que Deus quer recompor a totalidade original: "O sábado foi feito para o homem, e não o homem para o sábado" (Mc 2,27).

Pelo fato de Jesus ficar discutindo com os dirigentes religiosos sobre a interpretação correta da lei, tinha pouco tempo para se ocupar das estruturas civis de poder. Chama o Rei Herodes de "raposa" (Lc 13,32); à pergunta capciosa se se devia pagar impostos, responde de maneira enigmática. Pede que lhe mostrem a moeda do tributo; e, vendo nela a efígie de César, diz: "Dai a César o que é de César e a Deus o que é de Deus" (Mc 12,17). Esta frase, tantas vezes usada para legitimar o espírito submisso dos cristãos, contém na verdade uma grande relativização da autoridade estatal. A moeda que traz a efígie de César pode pertencer a César. Mas o homem que traz e é a imagem de Deus pertence a Deus. Seus adversários entenderam isto muito bem. A posição de Jesus quanto à questão do imposto é uma das acusações em seu processo: "Proíbe pagar impostos a César" (Lc 23,2).

Obediente, no próprio sentido da palavra, Jesus só era a Deus e à sua missão. Na Epístola aos Filipenses Paulo interpreta a vida de Jesus, de acordo com um hino cristológico da comunidade primitiva, como um ato de obediência: "Ele, subsistindo na condição de Deus, não pretendeu reter para si ser igual a Deus. Mas aniquilou-se a si mesmo, assumindo a condição de servo, tornando-se solidário com os homens. E, apresentando-se como simples homem, humilhou-se, feito obediente até a morte, até a morte da cruz" (Fl 2,6-8).

Constantemente Jesus convidava as pessoas a vencerem seu medo e a confiarem em Deus: "Não tenhas medo. Basta crer" (Mc 5,36) ou: "No mundo tereis aflições. Mas, coragem! Eu venci o mundo" (Jo 16,33). Também superou seu medo da morte na confiança de que o caminho de Deus parecia incompreensível, mas que haveria de se mostrar certo e bom: "Abba, Pai, tudo te é possível: afasta de mim este cálice, mas não seja o que eu quero senão o que tu queres" (Mc 14,36).

Entre seus discípulos Jesus não queria hierarquia: "Sabeis que os príncipes das nações as subjugam e os grandes dominam sobre elas. Assim não há de ser entre vós. Ao contrário, aquele que desejar ser grande, seja vosso servidor, e aquele que desejar ser o primeiro, seja vosso escravo" (Mt 20,25-27). É quase incompreensível que a Igreja, que deseja seguir a Jesus Cristo, tenha colocado, no decorrer da história, tanto valor no poder, hierarquia e normas. Neste ponto não pode basear-se em seu fundador.

Tipo SETE: festividade, alegria de viver, sofrimento

Jesus não era nenhum filho da tristeza; também não era um asceta. Entre outras coisas, o seu movimento se distinguia do grupo de discípulos de João Batista porque em companhia de Jesus não se jejuava. Quando os discípulos de João o questionaram sobre isso, respondeu: "Por acaso os amigos do noivo podem ficar tristes enquanto o noivo estiver com eles?" (Mt 9,15). Sua mensagem da proximidade do Reino de Deus é mensagem *alegre*; gosta de enfeitar a descrição desse reino com a imagem da festa de casamento.

A alegria de viver era tão evidente em Jesus e seus discípulos que foram acusados de "comilões e beberrões" (Mt 11,19). Realmente gostava de ser convidado para comer e não fazia diferença se o convite partisse de um fariseu observante da Lei, de um leproso ou de um coletor de impostos, politicamente suspeito.

Nas bodas de Caná (Jo 2,1-11) providenciou para uma multidão de convidados grande quantidade do melhor vinho (em torno de 600 litros). A história da miraculosa multiplicação dos pães (Jo 6,1-15) mostra que se interessava não só pelo bem espiritual, mas também corporal dos homens.

Poderíamos resumir a mensagem de Jesus numa frase: Deus gostaria que os homens se alegrassem. Já por ocasião de seu nascimento, o anjo anuncia aos pastores "uma grande alegria", que é para todo o povo (Lc 2,10). No "discurso de despedida", deseja aos discípulos que sua "tristeza se converta em alegria" e que sua "alegria seja completa" (Jo 16,20; 15,11).

Mas Jesus também adverte para uma alegria falsa e superficial. Na redação mais primitiva das "bem-aventuranças" que se encontra no "discurso da planície" do Evangelho de Lucas, encontram-se muitos "ais": "Ai de vós, ricos, porque já recebestes o consolo! Ai de vós, fartos de agora, porque tereis fome! Ai de vós, sorridentes de agora, porque gemereis e chorareis! Ai de vós, quando todos os homens falarem bem de vós, porque assim fizeram seus pais com os falsos profetas" (Lc 6,24-26). Está evidente que tipo de "alegria de viver" vem condenado aqui: o gozo inescrupuloso às custas dos pobres. É a dívida que nós, cristãos ricos do Ocidente, temos para com o "pobre Lázaro" de nossas sociedades periféricas e para com o Terceiro Mundo. A alegria que Jesus promete passa pelo fundo da agulha da renúncia e da partilha fraterna.

A alegria pascal, para a qual o mundo está destinado, não existe sem a cruz. A morte de Cristo na cruz não é um "sofrimento substituto" no sentido de estarmos nós dispensados da cruz e do sofrimento, ou de chegarmos ao céu sem passar pela angústia, dor e separação. O teólogo greco-ortodoxo Kallistos Ware exprime isto assim: "Jesus não nos mostra um caminho que dá a volta pelo sofrimento, mas que passa pelo sofrimento, isto é, não o sofrimento de um representante, mas um padecer junto redentor"[9].

Mateus conta que Jesus, pouco antes de morrer, recusou-se a beber a mistura de fel e vinagre, usada naquele tempo como entorpecente. Suportou dores corporais e espirituais e, ao final, a profunda dor do abandono de Deus: "Meu Deus, por que me abandonaste?" (Mt 27,34-46). Este ponto mais baixo que Jesus viveu e sofreu é a porta para a alegria pascal.

---

9. WARE, Kallistos. *Aufstieg zu Gott. Glaube und geistliches Leben nach ostkirchlicher Überlieferung.* Friburgo: [s,e,], 1986.

Tipo OITO: confrontação, clareza, plenos poderes

Jesus sabia o que queria. Defendia suas opiniões de forma independente e suportava as consequências de seu falar e agir. Nunca usou de rodeios. Quando exigia de seus discípulos: "Que vosso sim seja sim e que vosso não seja não" (Mt 5,37), então isto é algo que Ele já havia praticado antes. Paulo o expressou assim: "O filho de Deus... não foi sim e depois não" (2Cor 1,19).

A atitude decidida de Jesus era ameaçadora para os círculos dominantes. O povo sentia sua autoridade interna; sobretudo os simples, que sofriam as injustiças sociais e religiosas, corriam em bandos atrás dele. Os adversários procuravam sempre de novo pegar Jesus com perguntas ardilosas. Nestas situações virava normalmente o jogo de modo que os perguntadores hipócritas saíam, ao final, desmascarados e envergonhados.

Jesus não ficava devendo nada a seus opositores e os jogava contra os profetas do Antigo Testamento. Pouco antes de sua prisão, aumentou a provocação. Entrou em Jerusalém, montado num jumento, como fora anunciado que o faria o Messias. Entrou no Templo com um chicote, expulsou os cambistas da casa de Deus e soltou as pombas. Contava uma série de parábolas que enfureciam os dirigentes religiosos de Israel; e havia frases como estas: "Os cobradores de impostos e as prostitutas vos precedem no Reino de Deus", ou: "Será tirado de vós o Reino de Deus e entregue a um povo que procura os devidos frutos". Sobre os escribas e fariseus disse o seguinte: "Todas as suas ações eles as praticam para serem vistos pelos homens"; "Ai de vós, escribas e fariseus, hipócritas que fechais aos homens o Reino dos Céus! Nem entrais vós nem permitis entrarem os que desejam"; "Ai de vós, guias cegos de outros cegos" (Mt 21–23). Não é de admirar que Jesus tenha sido preso. A imagem do meigo e "doce" Jesus é unilateral. Quando preciso, era muito severo no tom e no assunto abordado.

Será que isto está em contradição com o que Jesus diz no sermão da montanha, onde parece convidar à passividade e à renúncia de oposição? Diz a seus ouvintes que ofereçam também a face esquerda a quem lhes bate na face direita; que carreguem a mochila por dois quilômetros se alguém os obrigar a carregá-la por um quilômetro; que deixem também o manto para aquele que, em juízo, lhes reclamar a túnica (Mt 5,39-41). Walter Wink afirma que estas exigências nada têm a ver com passividade, mas é uma forma altamente subversiva de oposição não violenta. Wink a compara às formas de ação desenvolvidas pelo americano Saul Alinsky em prol dos direitos cívicos. Devido a gestos tão surpreendentes, a "vítima" tira do agente a possibilidade de impor a lei do agir, recupera a própria dignidade e oferece ao agente a chance de se mudar. Mas o próprio Jesus não ofereceu, calado, a outra face quando foi esbofeteado diante de Caifás (Jo 18,23)[10]. No sermão da montanha chamou de "bem-aventurados os que têm fome e sede de justiça" (Mt 5,6).

Jesus está do lado dos fracos e toma seu partido. Foi severo com os poderosos, mas muito carinhoso com os fracos e desamparados (cf. a bênção das crianças, em Mc 10,13s., e a mulher adúltera, em Jo 8,3s.).

Jesus era forte, mas não invulnerável. Resistiu à tentação do poder; teria conseguido o poder se tivesse querido. Não quis chamar "legiões de anjos" (Mt 26,53) para o defenderem. Sua Igreja muitas vezes sucumbiu à tentação da força, da política do poder e do militarismo. Jesus, ao contrário, escolheu a *força da fraqueza,* para desmascarar a *fraqueza da força*: "Despojando os principados e as potestades, degradou-os publicamente" (Cl 2,15). Pessoas do tipo OITO como Martin Luther King seguiram seu modelo até as últimas consequências.

Tipo NOVE: serenidade, pacifismo, amor

Apesar de incansável no trabalho, Jesus irradiava calma e paz. Em seu "apelo salvífico", convida as pessoas: "Vinde a mim todos vós, fatigados e sobrecarregados, e eu vos aliviarei. Tomai sobre os ombros o meu jugo e aprendei de mim, que sou manso e humilde de coração, e achareis descanso para vossas almas. Pois meu jugo é suave e meu peso é leve" (Mt 11,28-30). Nas situações mais críticas, Jesus era "a

---

10. Cf. WINK, Walter. *Angesichts Feindes...* Munique: [s.e.], 1988. • ALINSKY, Saul D. *Anleitung zum Mächtigsein.* Bornheim-Merten: [s.e.], 1984.

calma em pessoa". No meio da tempestade, dormia dentro do barco. Esta calma é sinal de grande paz interior e de confiança em Deus. O medo de seus discípulos Ele o denomina "pouca fé" (Mc 4,35-41).
Já no Antigo Testamento o sono era considerado dom de Deus. Assim rezava um salmista: "Em paz me deito e logo adormeço, porque só Tu, Senhor, me fazes viver em segurança" (Sl 4,9). E um outro: "[...] pois Ele o dará igualmente ao amigo durante o sono" (Sl 127,2). Mas também é conhecido o *outro* lado do sono: a Bíblia condena às vezes o sono como estultície ou fuga, no qual é possível se refugiar para escapar de decisões ou responsabilidades. No Getsêmani os discípulos caíram no sono porque não se sentiam preparados para enfrentar conflitos. Jesus ordena a eles: "Vigiai e orai para não entrardes em tentação" (Mt 26,41). Algo semelhante encontramos na Epístola aos Efésios: "Desperta tu que dormes, levanta-te dentre os mortos e Cristo te iluminará" (Ef 5,14). A calma de Jesus nada tinha a ver com falta de iniciativa. O amor o tornava ativo. Agia de modo objetivo e decidido. Só era *passivo* na medida em que passava adiante o que antes recebera do Pai.

Fig. 20: O eneagrama de Cristo

Seu amor não condenava e não excluía ninguém. Neste sentido, Jesus era um bom tipo NOVE. Sua missão era reconciliar os homens com Deus e os homens entre si. Paulo o expressa muito bem: "Deus nos reconciliou por Cristo e nos confiou o ministério desta reconciliação [...] Portanto, desempenhamos o encargo de embaixadores em nome de Cristo [...] Em nome de Cristo vos pedimos: reconciliai-vos com Deus" (2Cor 5,18-20); "Cristo estabeleceu a paz reconciliando ambos (judeus e não judeus) com Deus num só corpo pela cruz e matando em si mesmo a inimizade. Veio para anunciar a paz a vós que estáveis longe e também àqueles que estavam perto de Deus" (Ef 2,15-17).

O tipo NOVE gosta e precisa de companhia para se motivar e inspirar. Cristo viveu em comunidade e confiou em seus discípulos para que se tornassem ativos. Toda pessoa lhe era cara; também dava importância ao tipo NOVE que, normalmente, passa despercebido.

O eneagrama e a oração

Três modos de rezar

Em todas as religiões do mundo há três tipos básicos de oração e meditação: 1. *De fora para dentro*: Algo vem de fora sobre mim, pode ser uma imagem, um símbolo ou um texto. Por causa desse impulso, que assumo, acontece algo em mim. 2. *De dentro para fora*: Sento-me e deixo aflorar o que existe em mim. Deixo que minhas vozes e imagens interiores cresçam e, então, expresso isto, por exemplo, através de palavras ou desenhos. 3. *Vazio*: O terceiro caminho é o do vazio, onde se trata de abandonar os impulsos exteriores e interiores para alcançar a calma total. Aqui se inclui o caminho Zen.

Estes três caminhos podem ser referidos aos três centros do eneagrama[11]. *Os tipos do coração* querem *manifestar-se; os tipos da barri-*

---

11. Cf. a minuciosa exposição em Metz/Burchill, *Enneagram and Prayer*.

ga procuram o *vazio; os tipos da cabeça* procuram *o estímulo de fora.* A tendência "natural" à meditação e oração é determinada pelo centro mais forte em mim. Por isso é recomendável começar por aquilo que parece ser mais fácil. Mas, a longo prazo, isto pode converter-se em armadilha. Um tipo do coração que sempre apenas se exterioriza precisa, em seu caminho para a integração e redenção, abandonar este espaço e dedicar-se aos espaços interiores, que estão mais longe dele (por exemplo, formas de meditação que o ajudem a se recolher e a refletir com calma sobre si mesmo).

O Pai-nosso eneagramático

O discípulo de Gurdjieff, J.G. Bennett, coordenou a dinâmica do eneagrama com o *Pai-nosso*[12]. À primeira vista parece um jogo aleatório. Mas é impressionante como os elementos desta oração condizem com os tipos individualmente considerados.

Tipo NOVE: *Pai-nosso.* O ponto NOVE é o começo e o fim do eneagrama e apresenta a soma de todos os tipos. Deus, o pai de todos os homens, é o criador e a meta do universo. A esperança bíblica parte do princípio de que Deus, ao final dos tempos, será "tudo em todos" (1Cor 15,28). Deus não é apenas "meu" Pai, mas o Pai de "todos nós". A exemplo do tipo NOVE que se relativiza e se considera parte de um todo, não podemos apossar-nos de Deus para satisfazer os nossos interesses pessoais, mas temos que "dividi-lo" com todos e com tudo.

---

12. BENNETT, p. 132.

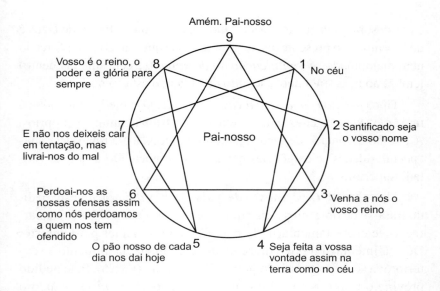

Fig. 21: Pai-nosso

Tipo UM: *No céu*. O céu é o símbolo da consumação e perfeição que ainda estão por vir. Mas, ao mesmo tempo – segundo a doutrina de Jesus – está "entre nós" e "em nós" (Lc 17,21; ambas as traduções são possíveis). Jesus descreve o "Reino dos Céus" como algo que avança irresistivelmente para a plenitude.

Tipo DOIS: *Santificado seja o vosso nome*. O tipo DOIS procura aproveitar suas "boas ações" para fazer seu próprio "nome" e para se afirmar em nome de Deus (complexo de santo e mártir). Este pedido do Pai-nosso lembra o tipo DOIS a sempre examinar criticamente seus motivos e não tomar em vão o nome de Deus (cf. o segundo mandamento: "Não tomar seu santo nome em vão").

Tipo TRÊS: *Venha a nós o vosso reino*. O tipo TRÊS está sumamente ocupado em construir seu próprio reino e em procurar sua própria glória. O pedido pelo Reino de Deus relativiza qualquer reino humano e nos desobriga da lei do "fazer". Indica, antes, que o Reino de Deus é um evento e um presente que nos sobrevém e que não pode ser forçado nem manipulado. A *santificação do domingo* (terceiro mandamento) lembra ao tipo TRÊS que o sentido da vida não está só no fazer.

Tipo QUATRO: *Seja feita a vossa vontade.* O subjetivismo induz o tipo QUATRO a fazer exigências elitistas e a trilhar caminhos próprios. A adesão à vontade de Deus ajuda o tipo QUATRO a relativizar suas "peculiaridades" e exigências narcisistas, submetendo-as a uma vontade superior.

Tipo CINCO: *O pão nosso de cada dia nos dai hoje.* Neste pedido trata-se de obtermos *hoje* aquilo de que precisamos *hoje*. Na narração veterotestamentária da peregrinação de Israel pelo deserto, Deus alimentava o povo diariamente com maná. O alimento se deteriorava se fosse guardado para o dia seguinte (Ex 16). Este pedido previne o tipo CINCO contra sua compulsão de *armazenar* tudo o que acha importante para a vida. Quem assim reza confia na providência diária de Deus.

Tipo SEIS: *Perdoai-nos as nossas ofensas assim como nós perdoamos a quem nos tem ofendido.* O tipo SEIS tem tendência ao legalismo e toma nota das infrações que ele e os outros cometem com as normas. O perdão liberta da coação da lei: "Cristo é o fim da lei" (Rm 10,4). Este pedido mostra que o perdão não vai numa só direção. A reconciliação com Deus e a reconciliação com o próximo estão em última e inseparável conexão.

Tipo SETE: *Não nos deixeis cair em tentação, mas livrai-nos do mal.* Mais do que os outros, o tipo SETE está ameaçado por tentações diretamente sensuais. Tende a abafar a experiência da dor e do mal através do prazer e do otimismo. Este pedido convida o tipo SETE a deixar para Deus a solução do mal, em vez de ele mesmo procurar sempre soluções fictícias.

Tipo OITO: *Vosso é o reino, o poder e a glória para sempre.* "Força", "poder" e "glória" são temas vitais do tipo OITO. Esta última frase do Pai-nosso relativiza qualquer autoconfiança que se baseia *apenas* na própria força, poder e glória. Convida, dessa forma, o poderoso e inflexível tipo OITO a dobrar-se diante de alguém mais poderoso e a entender que suas forças são "dom emprestado por tempo limitado". Tipo NOVE: *Amém* (Assim seja!). Com o amém, voltamos ao ponto inicial. O círculo se fecha, o ciclo se repete. Esta dinâmica percebeu intuitivamente e colocou em prática o antigo costume de repetir muitas vezes o Pai-nosso.

O fim da determinação

O eneagrama explica como é. Na qualidade de "espelho da confissão", chama a atenção para os bloqueios e abismos que nos escravizam. Todas as religiões sentem a escravidão e a necessidade de redenção. O hinduísmo e o budismo falam do *carma* que precisa ser "processado" no decorrer de muitas reencarnações a fim de podermos entrar no estado da ausência total de desejos e paixões (nirvana). O próprio marxismo ateu parte da "alienação" dos homens, determinada pela economia, mas que deve ser superada no processo histórico, para no fim chegar ao paraíso sobre a terra, à "sociedade sem classes". O cristianismo chama o estado não redimido de "domínio da lei".

Paulo descreve o homem "sob a lei": "Não entendo absolutamente o que eu faço: pois não faço aquilo que quero, mas aquilo que mais detesto [...] Querer o bem está em mim, mas não sou capaz de fazê-lo [...] Por conseguinte encontro em mim esta lei: quando quero fazer o bem é o mal que se encontra em mim. No íntimo de meu ser amo a lei de Deus. Mas sinto nos membros outra lei que luta contra a lei do espírito e me prende à lei do pecado" (Rm 7,15s.). E, no final, Paulo suspira como representante de todos nós: "Infeliz de mim! Quem me livrará...?"

O Novo Testamento conta que o próprio Deus assumiu este dilema. Em Jesus Cristo "submeteu-se à lei" e se expôs às coações, provações e castigos dessa lei "para resgatar os que estavam sob a lei" (Gl 4,4-5).

Cristo é o modelo do homem novo, libertado. A "fé" nele, com uma relação de amizade viva, pessoal e confiante, liberta-nos dos grilhões da inexorável lei. Podemos encarar com toda franqueza nossas armadilhas e mecanismos de defesa, e, passo a passo, abandoná-los porque a morte e ressurreição de Cristo nos dizem: "A guerra acabou! Podeis jogar vossas armas no lixo! Deus não é vosso inimigo, mas amigo! Já não precisais de todos estes dispositivos de proteção".

Se confiarmos em Cristo, já não precisamos considerar-nos exclusivamente como escravos da lei, como produtos de nossos pais, como vítimas do meio ambiente e como rodas predeterminadas na engrenagem do mundo. Tudo isto *também* é verdadeiro, mas não é a *última* verdade. Já não somos escravos, mas livres: filhos e filhas de Deus. Como filhos de Deus podemos chamar a Deus de "pai" (Jesus disse carinhosamente *Abba,* o que significa algo como papai ou paizinho) sem termos, agora, medo de que esta figura paterna nos diminua, tutele, castigue ou limite. "E, como prova de serdes filhos, Deus enviou a nossos corações o Espírito de seu Filho que clama: Abba, Pai" (Gl 4,6).

O Evangelho de João narra a história de um fariseu que veio à noite falar com Jesus: Havia um homem entre os fariseus, chamado Nicodemos, príncipe dos judeus. De noite foi falar com Jesus, dizendo: "Rabi, sabemos que vieste como Mestre da parte de Deus, pois ninguém poderá fazer os sinais que fazes se Deus não estiver com ele". Em resposta Jesus lhe disse: "Em verdade, em verdade, te digo: quem não nascer do alto, não poderá ver o Reino de Deus". Perguntou-lhe Nicodemos: "Como o homem pode nascer, se já é velho? Acaso pode entrar de novo no seio da mãe e tornar a nascer?" Respondeu Jesus: "Em verdade, em verdade, te digo: quem não nascer da água e do Espírito Santo não pode entrar no Reino de Deus. O que nasce da carne é carne, mas quem nasce do Espírito é espírito. Não te admires de ter dito: é preciso nascer do alto. O vento sopra onde quer e lhe ouves a voz, mas não sabes de onde vem nem para onde vai. Assim é todo aquele que nasceu do Espírito" (Jo 3,1-8).

Nicodemos está à procura. É um representante da *Lei* religiosa e pública, um fariseu e membro do conselho. Obviamente, já não se contentava com observar leis e normas. Seu anseio por algo mais levou-o de noite a Jesus. Começa fazendo referência elogiosa ao Mestre ("sabemos...") que a maioria de seus colegas não subscreveria. Mas

Jesus vai direto ao assunto. Mostra um novo caminho que vai da escravidão da Lei para a liberdade, e chama este caminho de "novo nascimento" ou "nascimento do alto". Este novo nascimento não o entende, em absoluto, como *reencarnação* (volta ao seio materno), mas como *obra do Espírito*, possível a qualquer tempo. O batismo com *água* é o sinal externo de que o "homem velho" morre; a experiência do *Espírito* é a confirmação interior e a habilitação do homem novo e libertado. Jesus compara a vida desse novo homem com o soprar do vento. A direção do vento só é possível determiná-la mais ou menos e por certo espaço de tempo; pode mudar repentinamente: "Não sabes de onde vem e nem para onde vai". Enquanto estivermos sob o domínio da lei, sabemos nós e os outros que entendem um pouco de psicologia humana bem rapidamente "donde sopra em nós o vento". Vivemos como máquinas (Gurdjieff) e seguimos imposições e programas aos quais fomos atrelados ou nós mesmos nos atrelamos. No entanto, a pessoa cheia do Espírito está pronta às surpresas. Poderá experimentar que é capaz de coisas de que jamais "ouviu falar".

Mas o homem repleto do Espírito *também* continua vinculado às suas características. O homem novo e o homem velho estão numa continuidade; a renovação é um processo de vida toda que conhece momentos de estagnação e regressão. Lutero fala que a pessoa é sempre *justo e pecador ao mesmo tempo*. Mas as leis antigas já não comandam minha identidade. Meu "verdadeiro eu" é livre: "O Senhor é Espírito e onde está o Espírito do Senhor, há liberdade" (2Cor 3,17).

Também o eneagrama pertence ao campo de coisas que a Bíblia chama de "lei". Ele revela o que existe. Não é a própria liberdade, mas pode ser um indicador para a liberdade. Mas podemos esquecer o indicador se tivermos a própria meta diante dos olhos que é descrita na Bíblia, com muitas imagens e cores, *como cidade de Deus, grande festa, colheita da vida*.

"O arrependimento de que ninguém se arrepende"

Meditação de Dieter Koller

I. Arrependimento – Diante de quem?

1. Arrependimento monológico e dialógico

O eneagrama como "face de Deus" ajuda a perceber-me como sou. Faz parte da verdade que ele revele minha realidade escondida. Antes de libertar-me, isto dói e me envergonha: "Abriram-se os olhos de ambos e viram que estavam nus" (Gn 3,7). É vergonhoso descobrir que pratiquei um jogo durante metade de minha vida. Corro o perigo agora de continuar fazendo este jogo, intensional ou desesperadamente, inclusive com a ajuda do eneagrama e em cabal oposição às intenções dele: "O homem e a mulher se esconderam do Senhor Deus no meio do arvoredo do jardim" (Gn 3,8). Após haver-me descoberto e examinado, tenho a possibilidade de fugir da face de Deus: "O Senhor Deus chamou o homem: Onde estás?" (Gn 3,9). Já não se trata de uma verdade apenas psicológica, mas também de uma verdade espiritual.

É grandioso quando a pessoa se encontra a si mesma e se contempla sem disfarces no espelho do autoconhecimento. E mais grandioso ou mais profundo ainda é quando a pessoa não quer encontrar-se apenas consigo mesma, mas com o *não eu*, o *totalmente outro*, a face de Deus. É importante que reconheça nesta face da verdade absoluta a *face amorosa do hornem-Deus Jesus Cristo* e não a face de um tirano implacável. Certamente a muitos acontece o mesmo que a mim: Sempre de novo esqueço que minha psique não é a última realidade. Mas quando penso na face oculta de Deus, surge em mim novo estado de consciência. Já não me encontro em atitude monológica diante do espelho do autoconhecimento e falo comigo mesmo. Estou, agora, diante da face de Deus que tudo entende e lhe digo: "Aqui estou; eu me arrependo; vou começar de novo". Qual a diferença? É a diferença entre o *monólogo* e o *diálogo*. Pela minha experiência, o diálogo liberta em mim os processos criativos com mais rapidez e profundidade do que o monólogo. No diálogo experimento que dou e recebo amor. No diálogo, isto é, na oração ouvida, sou tomado por bem outras ideias e inspirações. Sempre de novo esqueço este diálogo interno e recaio na pura autocorrelação. Quando me lembro, porém, da possibilidade e necessidade de vir à "presença de Deus", envergonho-me do fato de havê-lo esquecido. Alegro-me, então, por ter reencontrado meu *modelo*. Somente ali descubro minha dignidade como *imagem e semelhança de Deus*. O livro do Eclesiastes chama isto de "ilusão, pura ilusão" (*vanitas vanitatum*). Lutero traduz assim: "É tudo vaidade" (Ecl 1,2). A *vaidade* é produto direto do *orgulho* delirante que na Bíblia e na tradição cristã é considerado como a natureza destruidora de satanás.

2. *A atenção para com Deus traz uma série de conhecimentos*

É possível usar o eneagrama como refinada cultura da vaidade. Mas a sabedoria bíblica diz: "O temor do Senhor é o princípio da sabedoria" (Pr 1,7). "Temor" é uma palavra mal compreendida e mal empregada que pode causar dificuldade a pessoas nas quais se incutiu uma imagem severa e autoritária de Deus. Tais medos e resistências caem por terra quando se descobre e se aceita que por "temor de Deus" se entende nada mais do que *atenção interna*.

A atenção – ao contrário da falta de reflexão ou do esquecimento – é o pressuposto de qualquer aprendizado ou ciência. A pessoa voltada exclusivamente sobre si mesma pode atingir altos cumes de autoconhecimento. Mas a sabedoria bíblica chamará isto de "vaidade" ou "ilusão".

A atenção para com Deus apressa o processo de conhecimento; descubro mais depressa que aquilo que vinha usando como técnica de vencer na vida era na verdade, uma armadilha ou erro de alvo. *Errar o alvo* é o sentido original da palavra hebraica *chatat* (pecado). A palavra deriva da arte de atirar com o arco[1].

A atenção para com Deus faz com que eu reconheça minha *atitude psíquica errônea* como *erro de alvo* e, portanto, como *culpa*. Contudo, esta culpa não pode ser confundida com as normas superficiais da moral. O eneagrama fala do *pecado de raiz* só naquele sentido mais profundo.

A atenção para com Deus faz com que eu experimente, ao invés do autoconsolo monológico, a força criadora do perdão (absolvição). Esta absolvição é parte essencial do diálogo. Por isso é preciso perguntar se o eneagrama consegue seu objetivo sem uma *confissão* e *absolvição* pessoais (não importa a maneira como isto é feito)[2].

A atenção para com Deus faz com que a *amargura* do arrependimento seja impregnada pela *doçura* do amor de Deus. Johann Scheffler (1657) diz na terceira estrofe de seu canto *Quero amá-lo, minha força*: "É pena que eu tenha conhecido tão tarde, minha bem-aventurada beleza; que não me tenha aproximado antes, ó máximo bem e verdadeiro repouso; sinto pesar, estou triste por ter amado tão tarde"[3]. Aqui se manifesta uma tristeza que não é sentimental e não fica presa a sentimentos infrutíferos de culpa. É aquela tristeza da qual fala Paulo: "A tristeza segundo Deus produz arrependimento salutar, de que nunca há razão para arrepender-se; a tristeza segundo o mundo produz a morte" (2Cor 7,10). O arrependimento produzido por Deus salva e liberta da armadilha que nós mesmos nos colocamos.

---

1. Observe-se a importância que tem no zen-budismo a técnica do tiro com arco. A concentração total num alvo externo é símbolo e expressão daquela concentração a atenção internas, necessárias a qualquer caminho espiritual sério.

2. Muitos católicos tiveram péssima experiência com a confissão; a maioria dos protestantes nunca a praticaram. Dietrich Bonhoeffer escreveu, em 1939, para o seminário ilegal dos pregadores da *Igreja confessional*, uma pequena introdução à prática da confissão individual que está no seu livro *Gemeinsames Leben* (Munique, 1983, 19. ed., p. 95-104). Estas poucas páginas são talvez a melhor coisa que já foi dita sobre este tema e podem ajudar a desfazer equívocos e temores com referência à confissão.

3. *Evangelisches Kirchengesangbuch* (EKG) 254, 3.

O arrependimento puramente mundano produz a persistência na armadilha mortal da *autocomiseração*, do *automenosprezo* ou da *autopunição*. Tem razão Erich Kästner no epigrama *Ao camundongo na ratoeira*: "Andas em círculos e procuras um buraco? É em vão! Entenda de uma vez por todas que só te resta uma saída; Entra em ti mesmo"[4]. Mas pode ser perigoso entrar em si mesmo sem, ao mesmo tempo, entrar no Deus de amor[5]. Igualmente perigoso e unidimensional pode ser entrar em Deus sem entrar realmente em si mesmo. Neste caso usamos Deus para confirmar nosso ser-no-mundo destrutivo.

No uso do eneagrama, psicologia e teologia devem questionar-se *mutuamente*. Caso contrário, os psicólogos se tornarão fundamentalistas teológicos, e ambos se afastarão da verdade global.

II. Arrependimento – saída da armadilha

1. É possível falar de arrependimento?

Gostaria de escrever sobre arrependimento só depois que eu já tivesse resolvido *totalmente* meu problema com ele. Mas ainda estou metido nisto. Longo caminho ainda me espera; é verdade que já descobri alguns contornos de meu tipo, bem como algumas de suas raízes e armadilhas específicas. Será que o período de minha vida será suficiente para inteirar-me com perfeita compreensão e sem piedade dos nove pontos do eneagrama? Um longo caminho! E já desperdicei levianamente dezenas de anos.

O livro de meditação escrito na Idade Média e mais lido até hoje é *A imitação de Cristo*, de Tomás de Kempis, datado de 1441. Já no primeiro capítulo diz: "Prefiro sentir penitência e arrependimento dentro de mim para então poder dizer e explicar o que seja arrependimento [...] é tudo pura ilusão e vaidade amar fora de Deus". Isto me toca o co-

---

4. KÄSTNER, Erich. *Gesammelte Schriften für Erwachseite*. Vol. 1. Munique/Zurique: [s.e.], 1969, p. 325.

5. A argúcia da piada berlinense captou isto muito bem: Dois amigos se encontram. Diz o primeiro: "Rapaz, entre uma vez dentro de você". Responde o outro: "Estive lá, mas aí também não tem nada que preste".

ração. Mas como acho que "arrependimento" é um tema de toda vida de qualquer pessoa consciente, escrevo estas linhas provisórias.

"Não há ponto final na integração", diz o terapeuta do gestaltismo Fritz Perl. Com isso quer dizer que nunca deixaremos de recolher camadas da alma que foram seccionadas ou mortas e nunca deixaremos de recuperar a vida não vivida. O arrependimento é um processo inesgotável de vida. O arrependimento é o tema secreto de toda biografia.

2. Como arrepender-se?

Traduzo propositalmente o conceito bíblico *metanoia* pela antiga palavra arrependimento. Traduzi-la por *penitência* não vai bem porque lembra castigo e reparação e porque é um resquício vergonhoso da história da Igreja ao tempo da missão na Alemanha. A tradução por *mudança de modo de pensar* esquece o campo do coração e da vontade.

O *arrependimento* é a constante recusa a identificar-se com o falso eu, este ego que, desde criança, estabeleceu-se a duras penas no ambiente social adverso e que deseja afirmar-se e satisfazer-se não de modo constante e espontâneo, mas arbitrário. Pelo arrependimento, eu me distancio dessa criança cheia de caprichos que mora em mim para me identificar com o observador atento e sincero dentro de mim que *percebe* e *encara sem preconceitos* as maquinações do "macaco" (como os mestres Zen denominam o falso eu).

Os padres orientais do deserto designam o emprego dessa capacidade de observação, inata em toda pessoa de qualquer cultura, com o nome de lucidez. No silêncio do deserto, ficavam plenamente lúcidos e percebiam quão turvados, embriagados, ciumentos, preguiçosos e sem contato consigo mesmos tinham sido até então. Quem não aproveita a capacidade inata de observação permanece eternamente numa imaturidade de cunho neurótico. Está plenamente identificado com ações, ideias e sentimentos instintivos. É a falta de lucidez. Quem, no entanto, permanece interiorizado e mantém distância das coisas, assusta-se e se torna lúcido.

Nicéforo, o eremita, um monge do Monte Atos no século XIII, diz: "Atendei bem! A vigilância é o sinal de arrependimento perfeito

[...] A vigilância é o repouso do espírito, a aquietação ou silêncio que foram doados à alma pela misericórdia de Deus. É a purificação dos pensamentos, o templo da lembrança de Deus e a fonte de energia para suportar as provações"[6]. Aqui aparece novamente a atenção, no sentido de vigilância. Ela vigia, primeiro, as portas do *corpo* sensual. O que e como olho, ouço, cheiro, degusto, como e bebo agora?

A atenção vigia, em segundo lugar, as portas mais profundas da *psique*. Quais os sentimentos e emoções que me querem dominar agora?

A atenção vigia, em terceiro lugar, as portas mais íntimas do *espírito*. Quais os juízos, preconceitos, comparações, imputações, intenções, lembranças e desejos que querem agora predominar em mim?

A atenção me previne de cair sempre nas armadilhas preparadas. O arrependimento me ajuda a sair novamente da armadilha após cair nela.

3. O arrependimento pode chegar tarde?

Meu pai dizia quando eu chegava em casa com notas baixas: "O arrependimento é um mensageiro capenga". A frase poderia até servir de consolo se eu não tivesse caído na armadilha da resignação: "É tarde demais, todo resto não importa". Em vez disso, deveria ter ouvido o que diz o mensageiro capenga: "Chego atrasado sim, mas a tempo de recomeçar". Nada há mais belo do que um recomeçar lúcido, sem ilusões.

Jacó, o (auto-)impostor, que com astúcia e malícia chegou à prosperidade abençoada (cf. tipo TRÊS), lutou com um estranho, antes do amanhecer, perto de seu antigo lar. Era um demônio? Um anjo? Uma sombra? Era Deus? Lutou a noite toda e conseguiu a bênção, mas recebeu uma pancada na coxa que o deixou manco a vida toda. Este é o tipo de arrependimento lúcido que não se arrepende. Segundo Jesus, é melhor entrar manco na vida do que andar com os dois pés para o abismo da própria ilusão (cf. Mt 18,8).

Na noite antes da sexta-feira, Pedro jurou espontaneamente fidelidade a seu Mestre. Juramentos e apostas são típicos do saber presun-

---

6. *Kleine Philokalie*. Zurique/Einsiedeln/Colônia, 1976, p. 129.

çoso e fictício. Pouco depois negava, por três vezes, conhecer Jesus. Somente o cantar do galo lhe devolveu a lucidez. Chorou amargamente. Após a ressurreição, às margens do lago, foi perguntado três vezes por Jesus: "Pedro, tu me amas?" Na terceira vez Pedro ficou triste. E falou com humildade: "Senhor, Tu sabes que te amo". Agora está maduro para começar de novo: "Apascenta minhas ovelhas". O arrependimento não chegou tarde demais, chegou na hora certa. É o fundamento da sabedoria da segunda metade da vida, quando a gente já não consegue com tanta facilidade ir aonde quer, mas se deixa guiar por uma sabedoria maior (Jo 21,15-18).

O arrependimento é, pois, a esperteza do homem que percebe que a casa de sua vida anterior se tornou frágil. Até o momento pode ter sido muito útil. Mas, agora, trata-se de sair o mais rápido possível, antes que desabe sobre mim. A crise da meia-idade – por que não poderia estender-se dos trinta até os setenta anos? – pode operar, graças ao arrependimento de que ninguém se arrepende, a necessária mudança do conceito de vida. Até parece que o arrependimento é nossa obra maior. Será que devemos orgulhar-nos dele se está "dando bons resultados"?

4. O arrependimento é dom de Deus

Quem mergulhou no arrependimento sabe: "Deus concedeu a conversão para a vida" (At 11,18). Se, portanto, o arrependimento é dom de Deus, não posso *produzi-lo*, mas apenas *pedi-lo* a Deus. Igumen Nikon, um pastor de almas russo que atuou no tempo da perseguição de Krutschov, escreveu em uma de suas cartas pastorais o seguinte: "Pedi ao Senhor Deus o maior e mais necessário dom: o reconhecimento dos próprios pecados e chorar sobre eles. Quem possuir este dom possui tudo"[7].

Recentemente um jovem me contou que rezara com fé: "Senhor, mostra-me quem sou, mostra-me os meus pecados". Duas semanas depois esta oração teria sido atendida. Realmente, esta oração recebe

---

7. NIKON, Igumen. *Briefe eines russischen Starzen an seine geistlichen Kinder.* Friburgo: [s.e.], 1988, p. 50.

atendimento rápido, pois ela é sinal da disposição da psique de aceitar a verdade. Naturalmente também se pode desperdiçar a chance da mudança. Apenas pessoas vigilantes e lúcidas percebem o tipo de "trabalho inacabado" (Perls) que aí existe por fazer. Enquanto estamos vivos, é possível recuperar da armadilha a redenção postergada.

Apesar de luterano, acredito, conforme o fez a Igreja Católica, que o processo de purificação e mudança continue depois da morte. No *purgatório*, vestíbulo do paraíso, completa-se o arrependimento inacabado. O céu significa o desenvolvimento infindo da vida eterna. O inferno é, já agora, estagnação de crescimento e fixação neurótica. Os monges da Igreja Oriental chamam o arrependimento também de *segundo batismo*.

III. O arrependimento fingido é uma segunda armadilha

Alguém reconhece sua armadilha, foge dela e incorre em outra armadilha, ou seja, num arrependimento que nada mais traz do que nova ilusão: "A tristeza segundo o mundo é que produz a morte" (2Cor 7,10).

1. Renascimento aparente

É comparável a uma gravidez aparente. Alguém ajuntou algum conhecimento cristão novo. Ele "se converteu". Isto o inchou. Com a paixão do fariseu jura seu novo conhecimento e amaldiçoa sua vida passada. "Agora eu sei; agora consegui; fique quieto, irmão, para que eu tire o cisco de seu olho". Quanto mais inflacionada a consciência, mais cega é para a trave do próprio olho. Quanto mais absolutas as afirmações, mais insegurança existe no inconsciente. Alguns mudam apenas seu *consciente,* mas não o seu *ser.* Aqui falta a lucidez (talvez seja este o perigo no arrependimento de um tipo CINCO).

2. Compunção

Alguém pode não se perdoar. A autodilaceração, a autopunição e a autoflagelação são sinais de amor-próprio ferido. Um arrependimento remoído não é sinal de lucidez (talvez esta espécie violenta de arrependimento aparente ocorra sobretudo no tipo OITO).

3. Sentimentos de culpa

Surgem no lugar do verdadeiro conhecimento de culpa. Nada mais são do que rancor projetado contra si mesmo e contra os outros. A acusação clara e lúcida ou a autoacusação são reprimidas e esmagadas por deslealdade ou medo (um tipo SEIS talvez pudesse reagir assim). Somente quando se faz uma acusação clara e justificada pode seguir uma clara reconciliação. Sentimentos eternos de culpa são sinais da falta de lucidez.

4. Autocomiseração

No controvertido filme *A última tentação de Cristo* aparece uma cena em que Jesus, no deserto, traça um grande círculo em volta de si, senta-se no meio e decide não sair dali até saber exatamente o que em sua vida é *missão* e o que é *tentação*. Ouve então uma voz consoladora: "Pobre Jesus. A situação está difícil". Por uma fração de segundo, parece que Cristo finalmente se sentiu compreendido. Mas a voz provém da boca de uma serpente preta que brota da areia do deserto. Jesus reconhece logo a tentação da autocomiseração e diz apenas: "satanás!" Imediatamente a serpente desaparece em forma de labareda.

Tomás de Kempis diz: "O consolo externo é grande empecilho e dano para o consolo interno que vem de Deus". "É bom que às vezes tenhamos cruzes e adversidades. Pois, assim, o homem entra em seu coração para conhecer sua miséria e não colocar sua esperança em coisas vãs e passageiras [...] e, assim, podemos tomar a Deus como testemunha interna quando somos desprezados externamente pelos homens"[8].

5. Melancolia

A "tristeza do mundo" transparece neste dito preferido de um parente meu que, às vezes, o aplicava de forma irônica a si mesmo: "Tudo está tão triste". A tristeza duradoura da resignação parece às vezes a última palavra em sabedoria, mas é apenas a visão de um desilu-

---

8. KEMPIS, Tomás de. *A imitação de Cristo* – Livro 1, capítulos 10 e 12 [s.n.t.].

dido que colocou óculos escuros, em vez de ficar alegre por ter escapado de tantas ilusões (talvez se trate aqui do arrependimento aparente do tipo QUATRO).

6. *Arrependimento fugaz*

Talvez um perigo para o tipo SETE? O Profeta Oseias o descreve muito bem: "Vosso amor é como orvalho que desaparece de manhã" (Os 6,4). Em oposição a isto, o filme *A última tentação de Cristo* mostra um Jesus cheio de radical arrependimento, no sentido de *atenção*, e assim – sobretudo no último instante – vence todas as tentações.

7. *Arrependimento entalado*

Perto do lugar onde moro existe uma formação rochosa onde havia outrora, em uma de suas cavernas, um santuário dedicado ao deus Donar. Por ocasião dos ritos de iniciação, era preciso rastejar através de uma passagem longa e estreita até chegar ao interior. Tentei certa vez fazê-lo, mas fui tomado pelo medo e retrocedi. Acreditava estar poupando minha roupa e minha pele. Mas, na verdade, senti que as coisas se haviam tornado *estreitas* e *escuras* demais. Com esta atitude de *evitar* deixamos passar anos preciosos. Encontro muitas vezes pessoas que estão diante da "porta estreita" e têm medo daquilo que realmente pode ajudá-las: passar por ela (Mt 7,13).

Thomas Merton fala em sua autobiografia da "escuridão de uma estranha conversão parcial e semiconsciente" que ele enfrentou quando estudante em Cambridge[9]. Parece-me que também o protestantismo se tornou um movimento de conversão bastante entalado. No início figurava a primeira tese de Lutero de 13/10/1517: "Quando nosso Mestre e Senhor Jesus Cristo diz 'Fazei penitência', então Ele quer que toda a vida dos fiéis seja um constante arrependimento e penitência". A Reforma começou como movimento pastoral no confessionário. Foi a ruptura com as coações religiosas e com a leviana hipocrisia

---

9. MERTON, Thomas. *A montanha dos sete patamares* [s.n.t.].

da Idade Média. Mas acabou voltando para uma piedade coercitiva e amedrontadora ou se voltou para uma práxis vital da "graça barata" (Bonhoeffer) com uma doutrina da graça que levava a psique a uma total passividade ou infantilidade: "Não gostaria de andar sozinho nem um passo. Leva-me contigo para os lugares onde fores"[10]. Este hino "Segura minhas mãos" tornou-se mais popular do que a afirmação do Apóstolo Paulo: "Trabalhai para vossa salvação com temor e tremor [...] porque é Deus quem realiza em vós o querer e o fazer" (Fl 2,12s.). Esta afirmação paradoxal nos reconduz ao

IV. Arrependimento de que ninguém se arrepende

A dor é o sinal de um arrependimento frutuoso. Fico sempre impressionado como as

1. Grandes biografias

Descrevem com lealdade impiedosa a cegueira da primeira metade da vida. Thomas Merton, em seu livro *A montanha dos sete patamares,* volta-se com pesar, vergonha e raiva contra seus anos de estudante. Escreve assim sobre seu estudo da *Divina comédia,* de Dante:

"No semestre do inverno, começamos com o *inferno* [...] E agora, no tempo do jejum cristão que eu observava sem mérito e sem fundamento como um esporte que eu detestava cada vez mais porque dele não tirava nenhum proveito, galgava uma etapa após outra do *purgatório.* Aplicar essas ideias moralmente a mim seria exigir demais, uma vez que não lhes dedicava veneração estética. Ao contrário, sete muros intransponíveis pareciam encerrar meu eu deslumbrado e imperfeito – os sete pecados capitais que somente o fogo do purgatório ou o amor divino, o que é mais ou menos o mesmo, poderiam queimar. Contudo, era livre para manter longe de mim estas chamas se minha vontade delas se desviasse. Realmente fiz tudo para tornar meu cora-

---

10. HAUSMANN, Julie von (1862). *EKG.* Baviera, p. 679.

ção insensível ao amor e fiz dele, pensava eu com meu egoísmo indomável, uma fortaleza inexpugnável"[11].

A primeira autobiografia ocidental e também a primeira autodescrição psicológica da literatura universal brotaram da pena de Agostinho. Trata-se da história de uma conversão desde a infância. Considerada em geral, é um diálogo em face do amor. Agostinho descreve assim os últimos dias em Milão, antes de sua ruptura espiritual no ano de 386:

"Assim sofria e me atormentava, acusando-me muito mais asperamente que de ordinário, rolando-me e revolvendo-me nas minhas cadeias, até que totalmente se rompessem, pois só tenuemente estava atado a elas. Mas enfim ainda estava preso. E vós, ó Senhor, insistíeis nos recônditos do meu coração [...] Dizia dentro de mim mesmo: Vai ser agora, agora mesmo. E pelas palavras caminhava para a decisão final [...] Faltava pouco. Já quase a atingia e segurava. Mas ainda lá não estava, nem a tocava, nem a alcançava, hesitando em morrer na morte ou viver na vida. A paixão, arraigada em mim, dominava-me mais do que o bem, cujo hábito desconhecia. Ao passo que se vinha aproximando o tempo em que devia transformar-me noutro homem, maior era o horror que me incutia. Mas este não me repelia para trás nem me desencaminhava. Simplesmente se mantinha indeciso. Retinham-me preso bagatelas de bagatelas, vaidades de vaidades, minhas velhas amigas, que me sacudiam o vestido carnal e murmuravam baixinho: Então estás nos mandando embora?"[12]

A ruptura decisiva aconteceu pela força criadora da palavra divina, conforme se lê na Epístola aos Romanos.

O despertar do observador interno e inato não basta para gerar um renascimento. Para isso é necessário o Espírito de Deus. É o que diz Paulo: "O próprio Espírito dá testemunho a nosso espírito que somos filhos de Deus" (Rm 8,16). O lúcido testemunho interno precisa do testemunho que vem de Deus. Primeiro vem a ruptura envergonhada, depois a ruptura feliz para a verdade.

---

11. MERTON, Thomas. *A montanha dos sete patamares* [s.n.t.].
12. AGOSTINHO, Santo. *Confissões* [s.n.t.].

2. O encontro com a verdade dói e faz feliz

Minha mentira vital é desmascarada e meu falso eu morre. Isto dói. Mas, por sua vez, o *homem novo* se alegra. Por isso diz Igumen Nikon na tradição dos Padres do Deserto: "Você escreve o tempo todo sobre seus pesares presentes e futuros [...] Deus quer nossa salvação em seu amor; por isso não permite nenhum sofrimento que ultrapasse nossas forças e que não seja absolutamente necessário. O sofrimento é necessário, mas o homem só percebe isto depois que se tiver purificado pelo arrependimento [...] Por mais que caiamos, não podemos desanimar; arrependamo-nos e vamos adiante na luta. Assim podemos, inclusive, tirar proveito da queda"[13].

Sem sofrimento não podemos rezar a "oração do publicano", tão estimada na Igreja do Oriente: "Senhor, tem compaixão de mim, pecador". Nikon, inclusive, escreve: "Recusando-se uma acusação justa ou injusta, recusa-se a redenção dela"[14]. Pois "a medida do crescimento espiritual do homem é sua humildade. Quanto maior for sua espiritualidade, mais humilde será"[15].

Recentemente "caí sem querer entre os demônios". Com esta expressão os monges da Igreja Oriental designam a ação das paixões não redimidas que, segundo a concepção deles, reside nas *extremidades dos nervos*. Estava numa companhia elegante, sob influência de bons fumos e vinho francês, quando senti dores de cabeça. Alguém me disse num tom de preocupação pastoral: "Que bom você ter vivido isto. Vai trazê-lo para a verdade e a humildade". Surgiu realmente em mim um "arrependimento de que não me arrependo". Nossos maiores erros e quedas podem levar-nos a um amadurecimento espiritual muito grande.

---

13. *Biriefe eines russischen Starzen...*, p. 79s.
14. Ibid., p. 92.
15. Ibid., p. 81.

Quando experimentamos isto, não nos arrependemos do arrependimento e nem nos arrependemos da culpa posterior. Esta ousada afirmação provém da antiquíssima liturgia da noite pascal, onde se diz no *Exultet*: "O salutar pecado de Adão que se transformou em bênção [...] Ó feliz culpa que nos trouxeste tão maravilhoso Salvador".

O eneagrama pode conduzir-nos à presença de Cristo através de uma práxis de arrependimento consequente. Na medida em que isto se reproduz em nós, vai se operando em nós a salvação.

Tipo	Autoimagem	Fuga de	Tentação	Qualidades de Cristo	Pai-nosso
UM	Tenho razão	Irritação	Perfeição	Pedagogia, tolerância, paciência	No céu
DOIS	Eu ajudo	Carência	Ajuda	Solicitude, misericórdia, solidariedade	Santificado seja o vosso nome
TRÊS	Tenho êxito	Recusa	Esperteza (eficiência)	Ambição, energia, visão	Venha a nós o vosso reino
QUATRO	Sou diferente	Simplicidade	Pureza (autenticidade)	Criatividade, sensibilidade, naturalidade	Seja feita a vossa vontade assim na terra como no céu
CINCO	Vejo através	Vazio	Conhecimento	Distância, sobriedade, sabedoria	O pão nosso de cada dia nos dai hoje
SEIS	Faço meu dever	Atitude errada	Segurança	Fidelidade, obediência, confiança	Perdoai-nos as nossas ofensas assim como nós perdoamos a quem nos tem ofendido
SETE	Sou feliz	Sofrimento	Idealismo	Festividade, alegria de viver, sofrimento	Não nos deixeis cair em tentação, mas livrai-nos do mal
OITO	Sou forte	Fraqueza	Justiça	Confrontação, clareza, onipotência	Vosso é o reino, o poder e a glória para sempre.
NOVE	Estou satisfeito	Conflito	Autorrebaixamento	Serenidade, amor à paz, amor	Amém. Pai-nosso

Tipo	Animais	País	Cor	Mecanismo de defesa	Armadilha	Pecado de raiz
UM	Terrier, formiga, abelha	Rússia	Prata	Controle de reação	Melindre	Ira
DOIS	Jumento, gato, cachorrinho novo	Itália	Vermelho	Opressão	Lisonja (fineza)	Orgulho
TRÊS	Camaleão, pavão, águia	Estados Unidos	Amarelo	Identificação	Vaidade (formalidade)	Mentira (logro)
QUATRO	Bassê, pomba, ostra, cavalo preto	França	Violeta-claro	Sublimação artificial	Melancolia (depressão)	Inveja
CINCO	Marmota, raposa, coruja	Grã-Bretanha	Azul	Retirada (segmentação)	Avareza	Ganância
SEIS	Lebre, veado, camundongo, rato, lobo, cão pastor	Alemanha	Marrom/bege	Projeção	Covardia/Ousadia	Medo (temor)
SETE	Macaco, víbora, borboleta	Irlanda, Brasil	Verde	Racionalização	Planejamento	Intemperança (gula)
OITO	Touro, rinoceronte, tigre, cascavel	Nações subjugadas	Branco/preto	Negação	Retribuição	Imoralidade (incontinência)
NOVE	Preguiça, elefante, golfinho	México	Ouro	Narcotização	Preguiça (comodismo)	Preguiça

Tipo	Convite	Fruto do Espírito	Estilo de falar	Subtipo sexual	Subtipo social	Subtipo auto-conservador
UM	Crescimento	Serenidade jovial (paciência)	Professoral moralizante	Ciúme	Inadaptação	Ansiedade
DOIS	Liberdade (graça)	Humildade	Bajulador aconselhante	Sedução/agressão	Ambição	Privilégio
TRÊS	Esperança (vontade de Deus)	Veracidade (honestidade)	Propagandístico entusiasmante	Masculinidade/ feminilidade	Prestígio	Segurança
QUATRO	Originalidade (união com Deus)	Equilíbrio	Lírico choroso	Concorrência	Vergonha	Defesa
CINCO	Sabedoria (providência divina)	Objetividade	Explicativo sistematizante	Confiança	Totens	Refúgio
SEIS	Fé (confiança)	Coragem	Advertindo limitante	Força/beleza	Dever	Calor
SETE	Realismo (colaborar com Deus)	Sobriedade (alegria sóbria)	Tagarela contando histórias	Irascibilidade	Espírito de sacrifício	Justificação (defesa)
OITO	Compaixão (verdade)	Inocência	Provocador desmascarador	Ambição de bens/dedicação	Amizades	Sobrevivência sossegada
NOVE	Amor	Ação	Monótono divagador	União	Participação	Apetite

Índice

Sumário, 7
Prefácio – Um espelho da alma, 9
Parte I – O gigante adormecido, 17
Uma tipologia dinâmica, 19
  Sabedoria milenar – descoberta outra vez, 22
  Irrupção para o totalmente outro, 26
  Um cardeal acorda, 28
  Reação de desencanto, 30
  Pecadores talentosos, 32
  A verdade é simples e bela, 35
  Somos escravos de nossos hábitos, 37
  Obsessões, 39
  O caminho para a dignidade própria, 40
  Caminhos de erro e caminhos de deslize, 40
  Os três centros: ventre-coração-cabeça, 44
  As nove faces da alma, 49
Parte II – Os nove tipos, 53
Tipo Um, 55
Tipo Dois, 73
Tipo Três, 93
Tipo Quatro, 111
Tipo Cinco, 130
Tipo Seis, 148
Tipo Sete, 166
Tipo Oito, 184
Tipo Nove, 202
Parte III – Dimensões profundas, 221
Conversão e nova orientação, 223
  Armadilhas e convites, 223
  Pecados de raiz e dons do Espírito, 225
  Subtipos: sexual – social – autoconservador, 22
Autoimagem idealizada e sentimento de culpa, 235
  Tentação – fuga – defesa, 237

Tentação – fuga – defesa, 237
O tríplice contínuo, 239
Não redimido – "normal" – redimido, 239
As alas, 242
As setas (verdadeiro e falso consolo), 245
Crescer com o eneagrama, 258
Estudo de si mesmo, 258
Parceria, 259
Relações de autoridade e família, 262
Retiros e acompanhamento espiritual, 262
Trabalho e crescimento comunitários, 263
Grupos de conversa, 263
Jesus e o eneagrama, 263
O eneagrama e a oração, 279
Três modos de rezar, 279
O Pai-nosso eneagramático, 280
O fim da determinação, 283
"O arrependimento de que ninguém se arrepende" – Meditação de Dieter
Koller, 286
I. Arrependimento – Diante de quem?, 286
1. Arrependimento monológico e dialógico, 286
2. A atenção para com Deus traz uma série de conhecimentos, 287
II. Arrependimento – saída da armadilha, 289
1. É possível falar de arrependimento?, 289
2. Como arrepender-se?, 290
3. O arrependimento pode chegar tarde?, 291
4. O arrependimento é dom de Deus, 292
III. O arrependimento fingido é uma segunda armadilha, 293
1. Renascimento aparente, 293
2. Compunção, 294
3. Sentimentos de culpa, 294
4. Autocomiseração, 294
5. Melancolia, 295
6. Arrependimento fugaz, 295
7. Arrependimento entalado, 295
IV. Arrependimento de que ninguém se arrepende, 296
1. Grandes biografias, 296
2. O encontro com a verdade dói e faz feliz, 298